デジタル時代の
ブランド戦略

Brand Strategy
in the Digital Age

田中 洋［編］

有斐閣

はしがき

　デジタル時代にブランドは重要であり続けるのだろうか。現代においてもっとも著名な投資家として知られているウォーレン・バフェット氏（バークシャー・ハサウェイ社 会長兼CEO）は，iPhoneについて次のように語っている。

　　あなたがAppleユーザーだとしよう。今持っているiPhoneを処分して，今後二度とiPhoneを買わないなら，1万ドルをあげると誰かにいわれても，あなたはそれを受け取ったりしないだろう。しかし，1万ドルをあげるから，フォードの車を買うなと言われたら，あなたは1万ドルをもらってシボレー（注：GMの車）の車を買うだろう 1）。（田中洋訳）

　ここでは現代におけるブランドの重要性が端的に示されている。デジタル時代になっても，他のブランドでは代替できない強力なブランドがありうるのだ。
　それではデジタル時代に強いブランドを築くにはどうしたらよいだろうか。また，これまで，ブランド戦略はどのように変化してきたのか，今後どのように変化していくのだろうか。そもそもデジタル時代とはどのような時代なのだろうか。本書はこのような疑問に答えるために書かれている。

　本書を編むきっかけとなったのは，2022年に東京で開催された2つの研究セミナーである。1つは「ブランド研究の過去・現在・未来——30年間の発展を振り返る」（2022年6月18日，法政大学イノベーション・マネジメント研究センター主催）で，原正樹・新倉貴士・澁谷覚・田中洋の4名がスピーカーとなり，ブランド研究の発展と今後を展望した。もう1つは，日本マーケティング学会リサーチプロジェクト「ブランド＆コミュニケーション研究会」（杉谷陽子リーダー）主催の「ブランド戦略トーク・セッション——ブランド戦略論の歩みと今後」（2022年6月25日）である。髙田敦史・久保田進彦・青木幸弘・田中洋の4名が登壇してブランド戦略論のこれまでと未来について語った。
　これら2つのセミナーの開催にあたっては，丸岡吉人・大西浩志・菅野佐

織・杉谷陽子・外川拓の 5 氏からの強力なサポートとアドバイスを頂戴した。セミナーには多くのオーディエンスが集まり，こうしたテーマについての潜在的な関心の高さを窺い知ることができた。

　では，なぜ，デジタル時代のブランド戦略について考察する必要があるのだろうか。その大きな理由は，私たちの社会と経済が，デジタル化によって大きく変貌すると予見できるにもかかわらず，どのような変化があるのかがまだ正確には予見できていない点にある。状況への予見ができていない現在，どのような企業活動が必要なのかもわかっていないことになる。本書がこのような不確実性の高い時代の羅針盤の役割を果たすことができないだろうか，と考えている。

　ブランド戦略とは，ブランドの価値を高めるための企業のアクションである。またブランドは，顧客がもつ商品や企業についての認知システムであり，それは企業が顧客に対してもつ重要な影響力の源泉ともなっている[2]。先に引用したウォーレン・バフェット氏の言葉のように，ブランドはデジタル時代にいっそう重要になると考えられる。

　ブランド戦略とは単に表層的な「ブランド・イメージ」を高めるということではないことに注意したい。また，ブランドの品質が優れていればすぐに高いブランド価値が生まれるともいえない。ブランド価値を高めるためには経営，マーケティング，コミュニケーションの総合的な活動が必要となる。経営力・技術力・営業力・マーケティング力など，種々の力が統合されてはじめて強いブランドができるのである。

　本書は 2014 年に出版された『ブランド戦略全書』（田中洋編，有斐閣）の姉妹編ともいえる。日本でトップに位置する研究者・実務家の協力を得てできあがった本書をぜひ研究と実務に役立てていただきたいと希望している。

　　2023 年 10 月

　　　　　　　　　　　　　　　　　　　　　　編者として　田中　洋

【注】
1）iPhone Mania（2023）「バフェット氏『1万ドルあげると言われても iPhone を一生諦める人はいない』」（https://iphone-mania.jp/news-532520/）。
2）田中洋（2017）『ブランド戦略論』有斐閣。

執筆者紹介 （執筆順）

田中　洋（たなか　ひろし）　編者，はしがき，第 **1** 章執筆
　現職：中央大学名誉教授。京都大学博士（経済学）。
　略歴：株式会社電通，法政大学経営学部教授，コロンビア大学ビジネススクール客員研究員，
　　中央大学大学院戦略経営研究科教授を経て現職。日本マーケティング学会会長，日本消費
　　者行動研究学会会長等を歴任。
　主著：『ブランド戦略論』（有斐閣，2017 年），『現代広告全書──デジタル時代への理論と
　　実践』（共編，有斐閣，2021 年），『ブランド戦略ケースブック 2.0──13 の成功ストーリ
　　ー』（編著，同文舘出版，2021 年）など。

青木　幸弘（あおき　ゆきひろ）　第 **2** 章執筆
　現職：学習院大学経済学部経営学科教授。
　略歴：一橋大学大学院商学研究科博士課程単位修得，一橋大学商学部助手，関西学院大学商
　　学部助教授を経て現職。
　主著：『消費者行動の知識』（日本経済新聞出版社，2010 年），『消費者行動論──マーケティ
　　ングとブランド構築への応用』（共著，有斐閣，2012 年），『ケースに学ぶマーケティン
　　グ』（編，有斐閣，2015 年）など。

新倉　貴士（にいくら　たかし）　第 **3** 章執筆
　現職：法政大学経営学部市場経営学科教授。博士（経営学）（慶應義塾大学）。
　略歴：関西学院大学商学部教授を経て現職。日本消費者行動研究学会会長，日本商業学会副
　　会長，日本マーケティング学会常任理事等を歴任。
　主著：『マーケティング・リボリューション──理論と実践のフロンティア』（共編，有斐閣，
　　2004 年），『消費者行動研究の新展開』（共編著，千倉書房，2004 年），『消費者の認知世界
　　──ブランドマーケティング・パースペクティブ』（千倉書房，2005 年）など。

杉谷　陽子（すぎたに　ようこ）　第 **4** 章執筆
　現職：上智大学経済学部経営学科教授。博士（社会学）（一橋大学）。
　略歴：慶應義塾大学商学部卒業，一橋大学大学院社会学研究科博士後期課程修了。上智大学
　　経済学部経営学科助教，同大准教授を経て現職。日本消費者行動研究学会理事，同学会
　　『消費者行動研究』副編集長等を歴任。
　主著：『産業と組織の心理学』（分担執筆，サイエンス社，2017 年），"The effect of self-and
　　public-based evaluations on brand purchasing: The interplay of independent and inter-
　　dependent self-construal," *Journal of International Consumer Marketing*, 30 (4) (2018
　　年)，『消費者行動の心理学──消費者と企業のよりよい関係性』（分担執筆，北大路書房，
　　2019 年）など。

菅野　佐織（かんの　さおり）　第 **5** 章執筆

現職：駒澤大学経営学部市場戦略学科教授。

略歴：学習院大学大学院経営学研究科博士後期課程単位取得退学，千葉商科大学商経学部専任講師，駒澤大学経営学部准教授を経て現職。日本消費者行動研究学会理事，日本商業学会理事，日本マーケティング学会理事等を歴任。

主著："Romantic self-gifts to the 'hidden true self': Self-gifting and multiple selves" in Y. Minowa and R. W. Belk eds., *Gifts, Romance, and Consumer Culture*（2018 年），「ブランド・リレーションシップの再考──ブランド・リレーションシップの類型に着目して」『駒大経営研究』51（3/4）（2020 年），「マーケティングにおける心理的所有感の研究──近年の研究のレビューを中心に」『マーケティングジャーナル』43（1）（2023 年）など。

丸岡　吉人（まるおか　よしと）　第 **6** 章執筆

現職：跡見学園女子大学マネジメント学部マネジメント学科教授。

略歴：東京大学大学院社会学研究科修士課程修了（社会心理学），株式会社電通 iPR 局長，デジタルマーケティングセンター長，電通総研所長，株式会社電通デジタル代表取締役社長を経て現職。

主著：『新広告心理』（共著，電通，1991 年），『広告心理』（共著，電通，2007 年），『現代広告全書──デジタル時代への理論と実践』（分担執筆，有斐閣，2021 年）など。

久保田　進彦（くぼた　ゆきひこ）　第 **7** 章執筆

現職：青山学院大学経営学部マーケティング学科教授。博士（商学）（早稲田大学）。

略歴：日本消費者行動研究学会会長，日本マーケティング学会常任理事，日本商業学会理事，日本広告学会理事等を歴任。

主著：『リレーションシップ・マーケティング──コミットメント・アプローチによる把握』（有斐閣，2012 年），『そのクチコミは効くのか』（共著，有斐閣，2018 年），『はじめてのマーケティング〔新版〕』（共著，有斐閣，2022 年）など。

澁谷　覚（しぶや　さとる）　第 **8** 章執筆

現職：早稲田大学大学院経営管理研究科教授。博士（経営学）（慶應義塾大学）。

略歴：東京電力株式会社，新潟大学経済学部助教授，東北大学大学院経済学研究科教授，学習院大学国際社会科学部教授を経て現職。日本消費者行動研究学会会長，日本商業学会『JSMD レビュー』編集長，日本マーケティング学会『マーケティングジャーナル』副編集長等を歴任。

主著：『類似性の構造と判断──他者との比較が消費者行動を変える』（有斐閣，2013 年），『そのクチコミは効くのか』（共著，有斐閣，2018 年），『1 からのデジタル・マーケティング』（共編著，碩学舎，2019 年）など。

外川　拓（とがわ　たく）　**第9章執筆**

現職：上智大学経済学部経営学科准教授。博士（商学）（早稲田大学）。

略歴：早稲田大学大学院商学研究科博士後期課程単位取得。早稲田大学商学学術院助手，千葉商科大学商経学部専任講師，同大准教授を経て現職。

主著：『消費者意思決定の構造――解釈レベルによる変容性の解明』（千倉書房，2019年），"Looks far beyond my reach: The Zoom effect in product videos influences luxury perception and purchase intention," *Journal of Consumer Psychology*, 32 (4)（共著，2022年），『マーケティングの力――最重要概念・理論枠組み集』（分担執筆，有斐閣，2023年）など。

大西　浩志（おおにし　ひろし）　**第10章執筆**

現職：中央大学大学院戦略経営研究科准教授。ミシガン大学ロス・スクール・オブ・ビジネス Ph. D.（Business Administration）。

略歴：株式会社ビデオリサーチ主事補，株式会社電通チーフ・アナリスト，東京理科大学経営学部准教授を経て現職。

主著：「デジタルメディア環境下の C2C インタラクション――研究動向の概観と展望」『マーケティング・サイエンス』26 (1)（共著，2018年），『アート・イン・ビジネス――ビジネスに効くアートの力』（共著，有斐閣，2019年），「アート市場とコレクターの変容――購入動機とアート情報提供についての考察」『須田記念 視覚の現場』(6)（2022年）など。

髙田　敦史（たかだ　あつし）　**第11章執筆**

現職：A.T. Marketing Solution 代表，Visolab 株式会社 Chief Marketing Officer，広島修道大学非常勤講師。

略歴：一橋大学商学部卒業，中央大学大学院戦略経営研究科修了（経営修士〔専門職〕）。トヨタ自動車株式会社（1985年4月～2016年6月）を経て現職。

主著：『会社を50代で辞めて勝つ！――「終わった人」にならないための45のルール』（集英社，2019年），『ブランド戦略ケースブック 2.0――13の成功ストーリー』（分担執筆，同文舘出版，2021年），『45歳の壁　55歳の谷――自分らしく「勝つ」！ サラリーマンのための6つのシナリオ』（高陵社書店，2023年）など。

目　　次

第 1 章

デジタル時代のブランド戦略

現状分析と変化の方向性

田中　洋

　本章ではデジタル時代のブランドのあり方を明らかにするための，現状分析と，それに基づくブランド戦略の変化の方向性との2つを考察している。ブランド戦略とはブランド価値を高めるための企業のアクションである。

　まず，現代という時代を「人新世」と捉えた。人新世とは人間が自然のあり方に介入し，環境が人間のコントロールできない時点まで変化してきている危機の時代である。また，デジタル時代に向かって経済社会はどのように変化してきたかを見ると，経済格差が拡大し，経済の成長率が鈍化し，さらにはイノベーションが減少している傾向を見ることができる。また顧客／消費者も情報過負荷の時代に，消費者行動様式を変化させている。

　こうした時代変化を前提として，本章では，ブランド戦略のうちでコミュニケーション戦略に着目した。20世紀のコミュニケーション戦略の大きな基調とは，デヴィッド・オグルヴィーが考案したブランド・イメージ戦略であった。この戦略は，当時のブランドが置かれていたマス生産・マス消費・マスメディアの状況に対応していた。現在の時代背景の考察から導出されたブランド戦略の今後の大きな2つの方向性が信号化と理念化である。本章では，実際のブランド事例によってこの仮説を例証したうえで，今後の研究と実務へのインプリケーションを提示する。

はじめに

　本書の狙いはデジタル時代のブランド戦略を明らかにすることにある。ここでいうブランド戦略とは，ブランド価値を高めるための企業アクションのことである（田中, 2017）。ブランド価値とは顧客がもつそのブランドに関する知覚や知識であり，知名度・知覚品質・連想・態度など主に25の種類がある。つ

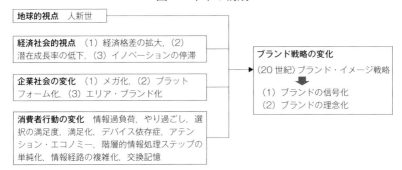

図 1　本章の構成

まり，デジタル時代において，企業はどのような経営・マーケティング・コミュニケーションのアクションを通じて，ブランド価値を高めようとするのか，それを探ることが本書と本章の目的である。

　本章の構成は，図 1 のようになっている。第 1 節で地球的視点と経済社会的視点のマクロ分析を行い，第 2 節で企業社会と消費者行動の変化を追い，そして第 3 節でブランド戦略の変化を考察する。

1　「人新世」へのマクロ視点

　本節では現状分析として「デジタル時代」と呼んでいる時代が，いったいどのような時代であるのかを，地球的視点，経済社会的視点の 2 つから展望する。

■ 地球的視点

　現在の世界を捉える新しい地質学的な区分として「人新世」（anthropocene）という呼称が提唱されている（Monastersky, 2015）。人新世という時代区分を最初に唱えたのは，ドイツのノーベル賞受賞化学者パウル・クルッツェン（Paul Crutzen）たちの 2000 年の論文であった（篠原，2018）。人新世の概念そのもの，また，始まりの時期についてもさまざまな議論がある。人間が自然に介入してそのあり方を地球規模で変化させるような時代に入ったことが，論者に共通して見られる特徴である。

　この概念は地質学のみならず，哲学・社会学・経済学などの人文科学・社会

科学領域にも取り入れられて，さらに議論の輪を広げている（大澤，2021；斎藤，2020；篠原，2018）。経済思想家である斎藤（2020, 5頁）は「経済成長が人間の繁栄の基盤を切り崩しつつある」と述べる。人新世概念は多くの場合，悲観的なニュアンスをもって語られるが，それは資本主義の行く末について環境や資源の限界，人間活動の結果がもたらす否定的な見通しがそうさせるのである。

　人為的な発生原因や伝播状況が疑われるコロナ禍，種々の温暖化に起因すると思われる気象災害や異常気象など，地球規模で人間の行為が介入した新しい環境変化の時代に入っていることを私たちは実感せざるをえない。国連による気候変動による政府間パネル（IPCC, 2021）によって出された報告書では「人間の影響が大気，海洋および陸域を温暖化させてきたことには疑う余地がない。大気，海洋，雪氷圏および生物圏において，広範囲かつ急速な変化が現れている」と，これまでにない強い調子での警告がなされるに至っている。

　近年，海洋プラスティック・ゴミが問題になっているが，こうしたプラスティック・ゴミを分解するように進化した微生物が発見されたり（Halton, 2018），プラスティックが岩石を形成する「プラスティック岩石」が発見されるなどの驚くべき事象が報告されている（Santos et al., 2022）。これまで私たちがもっていた「自然」と「人間」との境界概念がゆらぎ，もはや素朴に「自然」を礼賛することはできなくなっている。私たちの時代の人新世とは自然と人為的な行為とが不可分な関係としてある時代といってもよい。

　ボヌイユとフレソズ（Bonneuil and Fressoz, 2016）は，人新世について政治・消費・歴史・環境などから多面的な考察を行い，ウォーラーステインの世界システム論を地球システム論へと接続する試みを行っている。さらに人新世を思考することの意味を問うて次のように結論を述べている。「人新世を思考するとは，『環境危機』からの脱出というつかの間の希望を捨て去ること」であり，「我々は人新世を生き延びることを学ばなければならない」（邦訳343-344頁）。つまり人新世は避けることのできない現実として私たちの眼前にあり，人新世について思考することは，どのようにこの新しい時代を生き延びていくかを考えることに等しい。

　人新世においてブランドについて考察するとは，自然と人間との関わりあいが大きく変化している危機の時代を前提として，私たちがブランド戦略について考えようとしていることなのである。さらにいえば，後でも考察するように，

人新世のブランドの基本課題とは，ブランドがいかにして生き延びるかにあるといってもいい。

■ 経済社会的視点

人新世については明るい見通しが語られていないが，経済や資本主義の先行きについても，見通しはさほど明るくない。アイアら（Ahir et al., 2022）は，世界143カ国の経済レポートに出てくる「不確実性」（uncertainty）と関連する用語（unclear など）についてテキスト・マイニングを行っている。

ここから導き出された「世界不確実性インデックス」（World Uncertainty Index: WUI）によれば，コロナ禍に突入する以前から高まる傾向にあった世界の不確実性は1996年から2010年の平均水準を約50%上回る水準で推移しており，2020年にピークを迎えた（図2）。

資本主義の行く末について現在議論されている経済社会の傾向性を次の3つの点，すなわち「経済格差の拡大」「潜在成長率の低下」「イノベーションの停滞」に分けて考察したい（中谷，2017も参照）。

《経済格差の拡大》　現代資本主義がもつ第1の傾向性とは，経済格差の拡大である。社会的な富の偏在がより激しくなり，もてる者ともたない者との差がいっそう大きくなる事態が予測されるのである。フランスの経済学者ピケティ（Piketty, 2013）によって，所得税と相続税の各国のデータを丹念に調べることで導き出された原理がある。それは $r > g$ という式で表される。この式の意味するところは，歴史的にいって資本収益率（r）は，経済の成長率（g）を常に上回るということである。

ピケティは次のようにいう。「資本収益率が経済の成長率を大幅に上回ると（中略），論理的にいって相続財産は産出や所得よりも急激に増える。（中略）こうした条件下では，相続財産が生涯の労働で得た富より圧倒的に大きなものとなるし，資本の蓄積はきわめて高い水準に達する」（邦訳30頁）。資本主義的な経済体制においては，親から大きな資産を引き継ぐ「相続財産」は急激に増える傾向があるのに対し，「日々の稼ぎ」＝所得は急激には増加しない。例外的な時代を除いては富の蓄積が常に経済成長を上回り，富める者はより富むという避けがたい現実がある。

では，こうした経済格差の問題は，「デジタル化」によってどのような影響

図２　世界不確実性インデックス

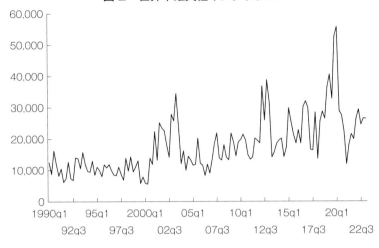

（出所）　World Uncertainty Index サイト（worlduncertaintyindex.com）より作成。

を受けるのだろうか。総務省の『情報通信白書』（令和元年版）によれば，1991年から2014年までの世界の労働分配率（生み出された付加価値がどの程度労働者に分配されたか）では，高スキル労働者のみ増加し，中あるいは低スキル労働者は減少した。とくに先進国の中スキル労働者で労働分配率が低下した最も大きな要因は，「技術」と「グローバル・バリューチェーンへの参加」の２つの要因によるものである。

　つまり，デジタル化＝ICT（情報通信技術）の利用の増加は，所得格差の増大につながる可能性がある。また，同白書では，ICT はあらゆるモノの価格を下げ，ルーティン・タスクの機械化が進むことも指摘し，さらに，低スキルの労働集約的な生産過程が先進国から発展途上国に移転することも手伝い，ICT はさらに経済格差を拡大する方向に向かうとされる。

《潜在成長率の低下》　　現代資本主義がもつ第２の傾向性とは，潜在成長率の低下である。潜在成長率とは，資本ストック・労働時間・就業者数・TFP（total factor productivity：全要素生産性）の４つの要素からなる長期的な経済の成長力を推し量る指標であり，成長率の平均に近い概念である（中谷，2017）。現在の日本の潜在成長率は1980年代に4％程度であったものが，現在ほぼ0％に近づいている（木内，2023）。

こうした潜在成長率の低下傾向は必ずしも日本だけではなく，OECD（経済協力開発機構）諸国や中国・インド・ブラジルのような主要新興国にも見られる（内閣府，2017）。この世界的潜在成長率の低下は，資本や労働では説明できない質的な成長要因である TFP の低下によるものである。TFP の低下とはすなわちイノベーションと効率改善の低下にほかならない。後述するように，現代においてはイノベーションそれ自体が減少しているだけでなく，イノベーションの経済成長に及ぼすパワーが低下しているのである。

《イノベーションの停滞》　　現代資本主義がもつ第 3 の傾向性とは，イノベーションの停滞である。イノベーションの停滞について考察する前に，現在私たちが経験しつつある「第 4 次産業革命」と呼ばれる事態についても見ておくべきことがある。1970 年代に始まったコンピュータや情報ネットワークによる電子化・自動化は第 3 次産業革命と呼ばれている。また，2011 年に唱えられたドイツのインダストリー 4.0 概念に端を発する企業社会の変容は，IoT（モノのインターネット）や AI（人工知能）による革新の波として「第 4 次産業革命」と呼ばれている。

郭（2021）によれば，第 3 次と第 4 次の 2 つの産業革命は，それ自体，経済成長への寄与という点では，19 世紀後半に起きた電気・モーターによる第 2 次産業革命ほど高くない。第 2 次産業革命の 1920 年から 70 年の年率平均 TFP が 1.89% であったのに比較して，第 3 次産業革命前半（1970〜94 年）のそれはわずかに 0.57% であった。第 3 次産業革命の後半である 1994〜2004 年の平均は 1.03% と前半よりも高かったものの，第 2 次産業革命ほどの経済成長へのインパクトはなかった。第 4 次産業革命もまた，高成長をもたらさないであろうとの見通しがある。

芹澤・村上（2017）によれば，2013 年以降，毎年発表される CNBC Disruptor 50（ニュース専用放送局 CNBC が，業界を革新し破壊する企業のトップ 50 社を選出）において新しい企業が占める割合が年々減少している。つまり業界を変化させるほどの破壊力をもった新しい企業（ディスラプター）の割合が 2010 年代に年々減少し，13 年に 50 社あったディスラプター企業が 17 年には 20 社程度に減少した。そのようなディスラプターは大手のプラットフォーマーに買収されていることが多いという。たとえば，Google（親会社 Alphabet）は YouTube を買収してその傘下に置いたし，Microsoft は OpenAI 社に巨額の投資をして

ChatGPT 使用についての影響力を確保しようとしている。，現在の GAFAM と呼ばれているグローバル ICT 上位企業は，新興のイノベーター企業を買収ないし囲みこんで，自社の競争力強化に用いている傾向がみられる。

　確かにグローバル規模で，種々の産業を展望してみると，多くの市場において規模の大きなメガ企業が，中小の企業を買収したり，圧倒することによって，その支配力をより高めているケースが目につく。たとえば，自動車産業においては上位 4 社が 60% のシェアをもち，世界のビール市場は 4 社で 70% 以上のシェアをもっている（Boyce, 2023）。

　こうした寡占的状況は市場占有率だけでなくメガ企業のブランド保有においても現れている。2016 年時点では，世界の自動車会社の 14 社が 56 の有力ブランドを支配している（Desjardins, 2016）。たとえば，フォルクスワーゲン社はフォルクスワーゲン・ブランドのみならず，ランボルギーニ，ポルシェ，ベントレー，ブガッティ，スクーダ，セアット，アウディなどのブランドを保持している。こうしたブランド寡占的傾向は LVMH（モエ・ヘネシー・ルイ・ヴィトン）社が主要なラグジュアリー・ブランドを占有しているラグジュアリー産業においても見ることができる。2020 年に LVMH 社はアメリカの宝飾品ブランドであるティファニーを買収して，さらに手持ちのブランド群を拡大している。

　このように既存の有力な個別ブランド，また，スタートアップのイノベーションが市場において支配的な地位をもつ大企業に買収されることによって，イノベーションを生み出すはずの中小企業やスタートアップ企業の潜在的な力が削がれている可能性がある。

　こうした傾向を裏づけるように，日米欧の企業，各市場での上位 3 社がより増収率を高める傾向が報告されている（日本経済新聞，2021）。過去 25 年間において，日米欧の各業種の上位 3 社の増収率は 4 位以下に対して約 30 ポイント上回ったという。各上位企業はライバル企業や新興企業の合併・買収を実施して，さらに競争力を強化している様子が見られる。こうした動きは「技術革新のペースを鈍らせ，経済成長を制約する要因の一つになっている」可能性があると指摘されている。

　アメリカで影響力のある経済学者のコーヘンは著書『大停滞』（2011）において，アメリカ経済が長期にわたって停滞する見通しを主張している。1970 年代以降のアメリカ経済は大きな停滞に直面しているが，それは「すぐに食べ

られる果実」，つまり技術革新から得られる収益を消尽してしまったからである。インターネットは革新的であっても，そこから得られるのは多くが無償労働であり，経済成長に直結するものではない。このようにコーヘンもまた技術革新が大きな歴史の曲がり角にきていることを強調している。

■ ま と め

このように現在の「デジタル時代」を展望してみると，私たちは人間存在が自然に介入する時代，人新世にあって，地球規模の異常気象と災害に見舞われる時代に生きている。そこではかつてのような自然と人間との牧歌的な関係はすでに失われており，人間が自然を利用することにはさまざまな制限が課せられるようになった。

また人間自身の営みを経済の視点から考えてみても，そこでは経済格差が広がり，その格差はデジタル化によっていっそう拡張している。また，各国の潜在成長率は次第に鈍化しつつある。経済成長率を高め，生活を改善するはずのイノベーションの経済成長に寄与する役割は低下しているし，イノベーションそれ自体の経済成長への力も低減している。デジタル時代のブランド戦略を理解するためには，こうした現代の経済社会の大きな潮流を理解しておく必要がある。

もちろん上記の考察は，デジタル化そのものが人間生活や労働にもたらす恩恵や利便性を否定するものではない。情報をすばやく伝達・共有し，より豊かな創造性のあるアウトプットを人間が創出できる可能性は残されている。しかしこうしたデジタル化とその環境とが相まって人間生活にもたらす全体的な帰結は，必ずしも明るいものばかりではないと考えられるのである。

ではこうした現代社会の見通しは，ブランドにとってどのような意味があるのだろうか。田中（2017）はブランドの歴史を通覧して，現代ブランドはイノベーションによって生成されるという考えを示した。もしもイノベーションが衰退し，経済的な成長が停滞するとすれば，新しい強いブランドが台頭するというよりは，現在の状況にも見られるように，旧来から市場にあったブランドが寡占的地位をもつ企業によって買収され，上位企業に有力ブランドが集中してしまう状況が続くことが予見される。

2　デジタル時代の企業と消費者

■ 企業社会の変化

　それでは，デジタル時代の様相をさらに具体的に見ていきたい。デジタル時代には企業はどのように変化し，消費者行動は変化するだろうか。

　まず企業と企業社会の変化について，見ていきたい。2000 年代に私たちが目撃してきた企業と企業社会の大きな変化として，「メガ化」「プラットフォーム化」「エリア・ブランド化」の 3 つを挙げることができる。

《メガ化》　すでに前節で見てきたように，さまざまな業界において，上位集中化・寡占化が目立つようになってきたのが，2000 年代の企業社会の大きな特徴である。全世界の産業のハーフィンダール＝ハーシュマン指数（HH 指数：市場の上位集中度を測る指数）は，2008 年（382.51）を底として，20 年（444.38）に至るまで上昇傾向にある（Statista, 2022）。日本ではとくに寡占化の傾向が顕著であり，2000 年以降，HH 指数は 17 年に至るまで急な上昇傾向を示している（野村，2017）。

　その結果として，個別企業が保有していた強いブランドやイノベーションがメガ企業によって買収されたり，巨大企業によって市場が寡占化される事態が進行してきた。こうした巨大企業によるブランドの寡占化を「メガ化」と呼ぶ。後述するプラットフォーム業態の企業は，垂直統合を果たすことによって寡占化を強めた。

　とはいえ，こうしたメガ化が長く続くという保証はどこにもない。2000 年代の ICT の発展の歴史を振り返ってみると，Microsoft や Apple がそれまでの PC や携帯事業者に対して短期間で大きく成長した歴史を考えてみれば，これからの 10 年・20 年先には現在の GAFAM に取って代わる別のプラットフォーマーが出てくるであろうことは想像に難くない。Zoom のようなリモート作業を実現する新しい会議アプリの登場，ChatGPT のような生成型 AI の登場は ICT を中心とする企業社会のありようを大きく変化させる可能性がある。

　メガ化に伴う市場の寡占化に対しては各国の法律的規制がより強化され，倫理的な批判もいっそう高まるであろう。しかしながら少なくともいえることは，各業界においてグローバルなリーダー・プレーヤーが台頭して，市場を寡占化

しようとする動きが活発化することである。

《プラットフォーム化》　パーカーら（Parker et al., 2016）によれば，プラットフォームとは「外部の生産者と消費者が相互にインタラクションを行うことにより，価値を新たに創造する」場のことであり，「相互に関係しあえるようなオープンな参加型のインフラを提供」し，「そのインフラのガバナンス（統治）の条件を整える」（邦訳 9 頁）。Google や Amazon がそうであるように，インターネットによって形成された「場」がパブリックかつオープンに提供され，その場のなかで第三者企業やユーザーが自由に取引を行い，双方向コミュニケーションを行いながら，コンテンツを共有化し，価値を創造するのがプラットフォームである。

　GAFAM や楽天・ヤフー／LINE・メルカリのようなプラットフォーマーは，それぞれ異なったビジネスモデルをもち，異なった収益源を確保してきた。たとえば，Google は広告によって大きな収益を得，Amazon は物販やクラウドを主な収益源としている（石原，2023）。プラットフォーマーは常に新しい収益源を求めて，新しいウェブ・サービスやアプリを提供し，新規事業に成長が見込めないときは，すぐに撤退することを辞さない。つまり新規ブランドが常に誕生しては消えていくことになる。

《エリア・ブランド化》　経済学者ミラノヴィッチ（Milanovic, 2019）によれば，現代企業のグローバリゼーションとは「アンバンドリング」つまり生産と消費とを同じ場所で行うのではなく，生産に適した場所を求めて資本は世界中に生産と流通のネットワークを張り巡らす。こうしたアンバンドリングの結果として，グローバル企業だけでなく，生産を担う発展途上国にも大きな経済的メリットが生じたのが 21 世紀の大きな特徴である。とくに「オフショアリング」（業務の海外への移転）によって中国をはじめとしたアジア各国は大きな成長を遂げた。

　これは 20 世紀に存在したような先進国企業が発展途上国経済を一方的に搾取し，発展途上国が先進国に依存するというような隷属的関係ではない。生産をさらに細かく各国に分散させることによって，それぞれの国において人材や生産設備が整い，経済力が高まったのである。

　このような動きに呼応するように，1 つの企業がグローバル市場を寡占化する動きに代わって，地域ごとに強いシェアや収益力をもつ企業が登場するよう

になり，従来の欧米グローバル企業だけが世界の市場を寡占化するということはなくなった。2010年代中盤にかけて，新興諸国でローカル企業の市場占有率が高まり，「ローカル元気企業」(local dynamo) がグローバル企業に対抗して台頭している (Boston Consulting Group, 2014, 2018)。たとえば，Relaxo Footwears はインドの靴のオンライン企業であるが，12年間にわたって成長を続けており，収益率は同種の MNC（多国籍企業）を凌いでいるとされる。

　これは一見するとメガ化と矛盾しているようにも見える。しかしメガ化とエリア・ブランド化とは並行して起こっている現象である。これは，たとえば，Google は世界市場という視野で見るならば，大きなシェアをもっているものの，中国では百度（バイドゥ）が，ロシアでは Yandex のような検索エンジンが高いシェアをもっているという例を見れば理解しやすい。

■ 消費者行動の変化

　次に，デジタル時代に起こっている消費者行動の現象を捉えてみよう。

　デロイトトーマツ社は約100年前（1918～20年）と2020年を比較して，情報の伝達力（より多くの受信者に，より効率よく，より多数の情報を，より詳細に伝達する力を表す指数）が150万倍に達しているとの試算を公表している。

　同社のレポートでは，とくに SNS（ソーシャル・ネットワーキング・サービス）の普及が爆発的な情報供給につながっているとして，「近年における『伝達コンテンツ数』（1人が1日に受け取るコンテンツ平均量）の劇的な増加が主に SNS によるものであり，その部分が情報伝達力の増大に大きく寄与している」と述べている。

　この結果から私たちは，情報の受信者が受け取る情報量が増大するだけでなく，受け取る情報がより断片化され，正確さを失った形で伝播していく可能性を考えなければならない。後述するように，近年，社会問題化している「フェイク・ニュース」などの現象も，こうした受け取る情報の断片化・偏在化によるところが大きいと考えられる。

　このような状況を「情報過負荷」(information overload) と呼ぶならば，そこにおいて消費者行動はどのように変化するのか。まず古典的な研究から展望しておきたい。ミルグラム (Milgram, 1970) は情報過負荷にある人間行動について，都会における他人への無関心さの観点から報告している。アメリカ・ニュ

ーヨークで女性が被害者になった殺人事件があった。その事件は街中において30分にわたって女性が刺殺されるという悲惨なものであった。しかし38人もの人が自分の住居からその事件を目撃していたにもかかわらず，誰も警察に通報しなかったのである。ミルグラムは，この現象を次のように解釈している。都会人は，あふれる情報に対処するため，自分の役割を限られたものしか引き受けない，他人と関わらないというように，付き合いルールを変化させてきた。また，都会人は，非日常的な出来事に反応しないといった「無反応」へと認知プロセスを変化させてきた。つまり，情報過負荷の状態に置かれた人間は，ありあまる情報をやり過ごし，自分が処理できる情報のみと付き合っていく傾向があることになる。

　ジャコビら（Jacoby et al., 1974）は，消費者はブランド選択に際して情報量が増大すると，自分の選択への満足が高まり，選択の確からしさが増し，混乱することが減るというベネフィットもあると報告している。しかしその一方で，自分にとってのベストなブランドを選択することができなくなり，機能不全に陥るという結果も報告されている（Jacoby, 1984）。つまり，情報量の増大は，消費者にとって満足度が高まるなどのポジティブな効果がある一方で，最適な選択が困難になるなどネガティブな効果があるというように，両面性があることになる。

　ノーベル経済学賞受賞者である認知科学者サイモン（Simon, 1945）は「満足化」（satisficing）という概念を用いて情報が過多になった人間の選択行動を説明している。つまり情報が多すぎる場合，人間は最適な選択をしなくても，選択のためのコストや制限を考慮に入れて，とりあえず満足のいく選択肢を選択する。つまり消費者は情報の海におぼれることなく，それなりに満足して選択を行っていることになる。この満足化はたとえば，私たちが検索エンジンで検索を行った場合，表示された最初の1ページは見るが，2ページ以下は参照しないなどの現象を説明することができる。このような状況にあって，ブランドはヒューリスティックスとして，つまり，手っ取り早い意思決定のための手がかり情報として働く可能性がある。つまり，選択するブランドの数が多すぎるけれども，有名ブランドだからこれを選択しておけばよいだろう，として選択する行動である。

　しかし，情報過負荷状況において，消費者は単に情報をやり過ごしているわ

けではない。私たちが手にしているスマートフォンというデバイスに私たちが依存してしまう現象が近年報告されている（Ratan et al., 2021）。それが「スマートフォン依存症」と呼ばれる現象である。スマートフォン依存症とはスマートフォン（以下，スマホ）に過度に依存し，顕著な症状として鬱症状と不安症を呈する依存症のことである。約半数のスマホ・ユーザーがスマホなしでは生きていけないと信じており，スマホ・ユーザーは常に自分への連絡をチェックする傾向がある。

　こうしたスマートフォン依存症が社会問題となっている時代の消費者心理として，次のような例を挙げられるだろう。「欲しい商品をいつも Google で調べて確認しないと不安」「ほかの人の意見を聞かないと買えない」「ほかの人が何を買っているかが気になる」。つまり，情報があり余る一方で，他人の行動／評価を気にする傾向が強まっている。他者への同調傾向が強まり，クチコミなどの風評に消費者は影響を受けやすくなっていると解釈できるだろう。

　鳥海・山本（2022）は，このような状況に対応して「デジタル・ダイエット宣言」を提案している。過剰な情報に接触を余儀なくされている現代人はフェイク・ニュース（偽情報）やインフォデミック（感染症をめぐる情報氾濫）に対して脆弱であり，「情報的健康」が損なわれていると著者たちは主張する。こうした状況にあって，現代人が情報環境においてもつ問題点とは次の３つである（鳥海・山本，2022，2頁）。

- 「アテンション・エコノミー」（関心経済）と呼ばれるビジネスモデルのもとで，私たちの多くが情報偏食の状態に〈させられている〉こと
- 事業者の経済的利益を最大化するアルゴリズムのために特定のコンテンツを他律的に摂取〈させられている〉こと
- こうした情報環境に置かれていることを多くの者が十分に〈知らされていない〉こと

　こうした「アテンション・エコノミー」において私たちに供給される情報量に比べて，私たちが支払えるアテンションないし消費時間が希少なものとなってしまう。近年，「タイパ」（タイム・パフォーマンス）が若者の間で話題となり，倍速でコンテンツを消費する傾向が指摘されているのはこのためであろう。実際，アテンションが市場に出回り，ウェブページの PV や参照時間などがウェブ広告の取引に活用されるようになっている。

■ 消費意思決定の変化

バトラとケラー（Batra and Keller, 2016）は，近年の消費者購買意思決定の変化を次の2点にまとめている。

第1点は，階層的な情報処理ステップの単純化である。階層的な情報処理とは，問題の発見から購買による解決に至るまでのステップを順番に進んでいくことを指している。先述したように，ブランドをヒューリスティックスとして用いることによって，デジタル時代の消費者は深く考えずに意思決定を短時間で行い，コストを減らそうとする購買意思決定が見られ，非計画購買をしやすくなると考えられる。たとえば衣服の場合，EC（電子商取引）サイトで，ワンクリックで購入でき返品も可能なため，試着して気に入らなければ返品すればよいと考え，前もって計画せずに深く考慮することなく購買意思決定を行う，といった消費行動である。つまり，情報を精査し候補を比較検討しながら購入するというような，ステップ・バイ・ステップの階層的な購買意思決定ではなくなってきていることになる。

第2点としてバトラとケラーが指摘しているのは，情報経路の複雑化である。インターネットが一般的になる前の社会においては，TVや印刷媒体が重要な情報源であった。しかし，ネットがスマホで簡単に閲覧できる現代では，情報との接点が多様化し，情報を得る経路が複雑化しているのである。たとえば旅行先では，あらかじめ決めたプランにこだわらず，現地で興味をもった場所についてその場で情報を得て，途中で考えを変える。こうした行動が頻繁に見られる時代となっている。

インターネット時代の消費者行動という点でもう1つ興味深い指摘がある。今日のようなインターネットが情報を得る手段として有力な時代にあっては，「交換記憶」（transactive memory）という概念がより重要となる。人間の脳は，友人／家族／同僚などに尋ねれば答えがわかることについては記憶しようとしない傾向がある。このような他者の記憶に頼る方法を心理学では「交換記憶」と呼ぶ（Sparrow et al., 2011）。

インターネットに対しても，人々は他者と同じように自分の記憶を頼るようになっている。つまり消費者は情報そのものではなく，「どこで」情報を得られるかを記憶するようになっている。言い換えれば，消費者はブランドそのものを記憶するのではなく，検索エンジンやSNSなど，自分が得たい情報をど

こで検索するのがよいかを記憶するのである。たとえば，ある消費者は新製品を検索するために Instagram を使用している。そのほうが自分の好みの商品を探しやすいと思われるからである。

■ ま と め

　第2節で考察してきたことを，ブランド戦略の点から以下のようにまとめてみよう。

　企業社会においては次の3つの流れがある。「メガ化」「プラットフォーム化」「エリア・ブランド化」である。こうした流れにおいて，ブランドはグローバルなメガ企業に集約されて支配されるようになる。また有力なプラットフォーマーによって個別ブランドのありようが影響されるようになるであろう。しかし一方グローバルな視野においては，世界のエリアごとに有力なローカル・ブランドが台頭しグローバル・ブランドと競合しつつ共存を果たすようになるだろう。

　消費者行動の観点からは，まず現代は「情報過負荷」状況にあるが，消費者は情報の負荷を「やり過ごす」特性をもっている。また情報量が多くても，「満足化」の心理メカニズムによって，最適な選択でなくても満足を得ることができる。しかし一方において現代の消費者はデバイスであるスマホに依存し，検索エンジンの情報を常にチェックしないではいられない，という依存症的な症状に見舞われてもいる。私たちの「情報の健康」が損なわれる状況にあり，アテンション・エコノミーの台頭によってアテンションそのものがオンライン上で取引されているのである。消費者行動の点からは，意思決定の階層構造が単純化する一方で，情報経路が複雑化する傾向が見られる。また消費者は自分で記憶しないまでも SNS で検索し，そちらに自分の記憶を委ねるという傾向も見られる。

　このような時代にあって，ブランドは消費者にできるだけ短時間でより多くの情報がそこから引き出せるようにすることが求められるだろう。消費者との時間的な接点が限られるようになった現在，消費者がより効率的にブランド情報を引き出せる仕組みづくりがより重要になると考えられるのである。

3 デジタル時代のブランド戦略

■ ブランド戦略の構造

　それでは前節までの状況分析を踏まえて，デジタル時代においてブランド戦略はどのように変化するだろうか。前述のように，ブランド戦略とは，ブランドの価値を高めるための企業アクションである。つまり，ブランド価値を高めるために実施されること，たとえば，投資を行う，R&Dを強化する，流通と交渉する，広告を行う，などの企業アクションがブランド戦略なのである。さらにブランド戦略には3つのレベル＝経営戦略，マーケティング戦略，コミュニケーション戦略がある。

　つまり，ブランド戦略を立案推進するために，①経営戦略として，環境分析に基づき，投資や基本的方針など経営として意思決定すべきレベルがまずある。次に，②マーケティング戦略として，市場（顧客・流通・競合など）に対して，誰にどのような価値をどのようにして届けるのか，という意思決定レベルがあり，さらに，③コミュニケーション戦略として，誰に対してどのようなメッセージをどのように届けるか，という意思決定のレベルがある。

　ブランド戦略がデジタル時代にどのように変化するだろうか，という問題を明らかにするために，どのブランド戦略のレベルにおいてどのような変化が起こりうるのかについて，まず考えることが必要になる。ここからは，その手がかりとして，コミュニケーション戦略のレベルから考察に入りたい。

　なぜコミュニケーション戦略を分析の対象として取り上げるのだろうか。理由の1つは，ブランドのコミュニケーションのありようが見えやすく，分析に適している，ということがある。広告やプロモーションは通常顧客に対してなされるものであり，その表現やスタイルはオープンになりやすい。しかしそれだけが，コミュニケーション戦略に注目する理由ではない。

　もう1つの理由は，コミュニケーション戦略は，経営とマーケティングの2つのレベルを踏まえて意思決定されることが多い。これは，コミュニケーションのあり方のなかに，ブランド価値を高めるためのブランド戦略の変化の本質的な部分が隠されていると考えられるからだ。したがって，コミュニケーション戦略を分析することにより，ブランド戦略がデジタル時代にどのように変化

していくのかを窺い知る可能性があるのだ。

■ ブランド・イメージの時代

　20世紀の中盤から後半にかけて，アメリカ経済がそのピークに達した時期，ブランドのコミュニケーション戦略として影響力をもったのが「ブランド・イメージ」論である。ブランド・イメージという用語を広告界で一般的に広めたのはデヴィッド・オグルヴィーである（Ogilvy, 2004）。オグルヴィーは広告のコピーライターであり，広告会社の経営者でもあったが，彼の「ブランド・イメージ」論は広告界で大きな影響力をもち，現代の広告作法の基本を創り出した人物であった（Roman, 2010）。

　しかしブランド・イメージという用語は幅広い意味を包含しているがゆえに，確立された定義を見出しにくい。たとえば，ブランド・イメージは「ブランド連想」（＝そのブランドから思い出されることがら）を意味することもあれば，「そのブランド・イメージが好き」というようにブランドの全体的な印象や消費者態度を指す場合もある。事実，ブランド・イメージという「業界用語」を発案したオグルヴィー自身も，著書のなかではさほど明確にブランド・イメージないしブランド・イメージ広告がどのようなものであるかは定義していない。

　オグルヴィー自身は次のような言葉を残している。「広告はすべて『ブランド・イメージ』という複雑なシンボルに貢献するためのものと考えなければならない」（Ogilvy, 2004, 邦訳179頁）。ここでは，ブランド・イメージ広告がどのようなものであったかを具体的に知るために，彼自身も著書のなかで何度も言及している「ハザウェイ・シャツの男」（The man in the Hathaway shirt）という広告を見てみよう（図3）。

　この広告は1951年に初めて雑誌 *New Yorker* に掲出され，大きな反響を呼び，ハザウェイ・シャツが一躍有名ブランドになるきっかけをつくった。この広告は，アメリカの広告史を代表する広告の1つとして歴史書にも取り上げられている（Twitchell, 2000）。

　この広告のビジュアルの特徴とは，洋服屋の店内で洋服をあつらえようとしている白いシャツを着，「黒いアイパッチ」をつけた中年の男性が大きく取り上げられている点である。この男性は何を意味しているのだろうか。広告ではとくに説明はない。解釈すると，この男性はかつて軍人で勇ましく戦争を戦い，

図3　ハザウェイ・シャツ
　　　の男（1951 年）

The man in the Hathaway shirt

© Ogilvy "The man in the
Hathaway shirt, 1951."

片目を損傷した英雄としての人物かもしれない。興味深いことは，この広告で
はボディコピーでハザウェイ・シャツの着心地や素材などについて説明してあ
るものの，ヘッドラインでは「ハザウェイ・シャツの男」とのみ記してある点
である。

　この広告が典型的なブランド・イメージ広告であるとすると，ブランド・イ
メージとは，そのブランドをメタファ（metaphor；隠喩）によって表現する方法
だといえよう。メタファとは，「抽象的でわかりにくい対象を，より具体的で
わかりやすい対象に《見立てる》こと」（瀬戸，1995，204頁）である。言い換
えれば，表現しようとする対象をまったく異なった対象によって表現すること
がメタファであり，たとえば，ある女性の美しさを表現するために発した「A
子さんは薔薇だ」という表現はメタファである。「A子」という存在と「薔
薇」という存在とは本来は何の関係もないはずであるが，無関係な事物同士が
結び付けられ，表現に深みを加えているのがメタファなのである。

　オグルヴィーの手法は他の彼が手掛けた広告においても，やはりメタフォリ
カルな表現をとっている。たとえば，メルセデス・ベンツの広告では，車内の
静謐性を訴求するために，車内に置かれた時計のコチコチという音しか聞こえ
ない，という事実を広告ヘッドラインで述べることで静謐性を訴求している。

これもメルセデス・ベンツというラグジュアリー・カーのブランドを時計というメタファによって表現するやり方であるといえるだろう。つまり，ブランド・イメージによってブランドを訴求するとは，すなわちブランドの訴求点をなんらかのメタファによって表現する方法である。

　もう1点「ハザウェイ・シャツ」の広告についていえば，オグルヴィーは白いシャツという，それだけでは大きな差別性がない商品を取り上げて，広告によって差異化を訴求した点である。これは1950年代に至って，大量生産・大量消費の時代が訪れ，競合するブランド同士の間で品質上の大きな違いがなくなり，広告によって差別化する必要がでてきた時代を表していると解釈できるだろう。

　オグルヴィーの作品ではないが，同じようなブランド・イメージ広告の作法が20世紀を代表する広告シリーズである，フィリップモリス社の「マルボロ」タバコの広告にも見出すことができる。レオ・バーネット社による一連の「マルボロ・マン」の広告は，マルボロが世界一の売上の紙巻きタバコ・ブランドになるために貢献した。マルボロ・マンの広告はアメリカのカウボーイを長年広告に登場させ，マルボロを吸う男を特徴づけた。マルボロ・マンはまさにマルボロ・ブランドのメタファであり，差異化の困難な紙巻きタバコのブランドを確立するために大きな貢献を果たしたといえるだろう。

　つまり，マスコミュニケーションが中心であり，マス生産に基づいたマス消費が確立されようとした時代に出現した最も優れたコミュニケーション戦略の手法が，ブランド・イメージ広告，すなわちブランドをメタファを用いて表現することであった。言い換えれば，ブランド戦略＝ブランド価値を高めるためには，ブランド・イメージという手法を用いてコミュニケーションすることが最適と考えられたのが20世紀という時代であった。この時代にはブランドの本質的な差別化が次第に困難になり，経営戦略・マーケティング戦略による差別化では不十分であり，コミュニケーションによる差別化が大きな力を発揮する時代であったと考えることができる。

　それでは，こうしたメタファを用いたブランド・イメージ広告はデジタル時代にどのように変化していくのだろうか。

■ ブランド戦略の方向性

ここでは，これまで述べてきた時代的な変化をベースとした仮説として，デジタル時代にブランドが変化する方向性を示したい。その方向性とはブランドの「信号化」と「理念化」である。信号化とは後述するようにできるだけ直截で明快に顧客のニーズに応えようとするコンセプトをもったブランドのことである。「理念化」とは企業として，そのブランドを提供する背景にある種の理念や哲学をもっているブランドのことである。つまり，デジタル時代にブランド価値を高めるために，ブランドの信号化と理念化とが有効なアプローチであることを示すのが本項の目的である。

《信号化》　すでに見てきたように，デジタル時代には，消費者は情報過負荷の状況にあって，意思決定にかかる時間やコストを短縮化し，複雑化するコミュニケーション接点に対処しようとする。一方で停滞する経済下でイノベーションは減少し，既存ブランドはメガ企業の支配下で管理され，新しいブランドが減少することが予測される。また，現在，日本も含めて世界的にインターネット広告が，TV などのマス広告の投下金額をはるかにしのぐようになった。

こうした時代に求められるブランド価値を高めるためのブランド・コミュニケーションとは，できるだけ短時間でメッセージを伝え，メッセージ内容もできるだけ単純かつ明快に消費者に「刺さる」ことが求められるようになると推論できる。インターネット広告はウェブサイト上に露出されると消費者に忌避される，あるいは，視線を避けられる傾向が強く，マス広告のように注視される傾向が高くないことも，こうして単純にメッセージが伝達されることの必要性を高めている。

このため，インターネット広告を用いる場合は，できるだけ短時間にメッセージを伝えられるようなブランドであることが求められる。あるいはインターネット広告を用いない場合は，SNS のクチコミで伝わりやすいレレバント（顧客に関係する）かつ興味を引き出すニュース性をもった顧客ベネフィットをもち，できるだけ顧客コミットメントを引き出すような施策が望ましい。

こうしたブランドの傾向性をブランドの「信号化」と呼ぶことにする。赤信号＝止まれ，のように信号とは，1つだけの意味を表す記号である。デジタル時代にはブランドが一義的な意味だけをもち，それが短時間で顧客に訴求するようになるだろう。これは広告商品とは異なる対象を表現として用いたメタフ

ァとしてのブランド・イメージ広告とは対極の戦略ということになる。

　このような視点から近年のヒット商品をチェックしてみよう。大橋（2022）によれば，2022年の最大のヒットは「Yakult1000／Y1000」であった。このブランドはほぼ広告に頼ることなく，乳酸菌飲料としては異例のヒットを記録した。それは睡眠改善をうたう新乳酸菌飲料というコンセプトがあったからである。ここでは，ハザウェイ・シャツの広告にあったような，ブランド・イメージ＝メタファを用いた広告戦略は必要なく，顧客に強くかつ直接受け入れられるコンセプトをもっていたことが大きな成功要因と考えられる。

　また，こうした「信号化」したブランドの時代には，メタファを用いてブランド・イメージを創り上げても成果は望みにくく非効率であろう。また，ブランドの感情的意味／想像的意味が希薄になり，機能的意味が支配的になる。ごく単純な意味さえ理解し，体感してもらえればそれで十分であることになる。とくにオンラインのブランドは消費者が「便利だ」「使いやすい」と判定することが，多くの顧客に利用されやすいであろう。たとえば，Web会議システムアプリのZoomなどは「顧客体験」がオフィスで採用されるために何より重要になってくる。Zoomを広告するためにはアイパッチの男やマルボロ・マンのようなメタファは必要ない。いや，広告コミュニケーションという手段すらZoomには必要ないであろう。

　つまり，デジタル時代，とくにデジタル関係の商品にあってはブランドの機能を顧客が体験して理解しやすくすることが，より重要になる。具体的には，ブランド経験にシフトし，そこでブランドの良さを経験し実感してもらうことである。たとえば，まずは無料にしてユーザーを集め，良さを経験させた後，サービスを有料化するという導入時のゼロ円戦略が有用であることになる。

《理念化》　しかしながら，デジタル時代に，すべてのブランドが「信号」化してしまうのではない。もう1つ考えられる方向性がブランドの理念化である。

　すでに見てきたように，「人新世」の私たちには気候変動，あるいは経済の成長性の鈍化，不確実性の増大，経済格差の拡大，イノベーションの減少などあまり明るくない未来像が示されている。こうした時代にあって，市民ないし消費者の倫理意識は高まりを見せている（消費者庁，2020）。自然災害や環境破壊・資源の枯渇などが将来にわたる問題となっていることについて「重大な問

題なのですべての人が可能な範囲で行動するべき」という回答が約6割（57.1%）を占めるようになっている。

　こうした状況にあって消費者として購買行動でもやはり倫理的意識が高まり，同じような商品であるならば，より倫理的な意識の高い企業の商品あるいはブランドを選択するという行動が選択されるであろうことが推測される。デジタル時代のブランド戦略のあり方のもう1つの方向性として「理念化」を挙げたのは，こうした理由からである。ここでいうブランドの理念化とは，そのブランドが，直接的な効用やベネフィットだけでなく，倫理的側面や，直接的には消費者が感知できないような価値観・パーパスを備えていることを意味する。つまり，ブランドが理念をメッセージとしてもっていることがブランド価値を高めるもう1つのアプローチであることになる。

　例として，オーガニック・ワインが挙げられる。オーガニック・ワイン（あるいは有機ワイン，ナチュラル・ワイン，ビオ・ワインなど）として発売されているワイン・ブランドは今日では数多く存在し，近年におけるワインの大きな流れを形作っている。オーガニック・ワインとは「有機農法（無農薬・無化学肥料・無除草剤など）で栽培されるブドウで造られたワイン」（キリン「オーガニックワインとは？」）である。2004年から15年に至るまでに世界的にオーガニック・ワインの生産量は280%増加している（Pekic, 2017）。

　なぜオーガニック・ワインがこれほどまでにもてはやされるのか。「自然」「有機」「無農薬」などのキーワードに消費者が惹かれるからだ，と考えれば簡単に理解はできる。しかし，消費者はオーガニック・ワインをテイスティングで見分けることができるのだろうか。オーガニック・ワインと消費についてのレビュー論文（Maesano et al., 2021）によれば，消費者はオーガニック・ワインが健康によく，おいしいと理解している一方で，ワイン消費者は一般的に感覚・知覚の専門性をもっていないがために，オーガニック・ワインとそうでない普通のワインとの違いを味覚的に区別することは必ずしもできていないと報告されている。つまり消費者はオーガニック・ワインを自身の経験よりも，ある種の概念として消費しているといえる。

　ここでブランド戦略の今後を考えるために重要なポイントとは，消費者がオーガニック・ワインについてのなんらかの「理念」（idea / thought）を感じていることである。実際にオーガニック・ワインを飲んで味覚や健康のうえで違い

が感じられないとしても，オーガニック・ワインが有機農法によってつくられている，その理念や考え方に反応していることがブランドのあり方として重要なのである。

　オーガニック・ワインに限らず，近年ヒットしているブランドにはこうした「理念」に支えられて売れているブランドを見出すことができる。たとえば，「ボタニスト」というヘアケア・スキンケアのブランドは株式会社 I-ne というスタートアップ企業から発売されて，2022 年にレッド・オーシャン市場といえるヘアケア市場においてメーカー別シェア第 2 位（10.8%）を獲得している（株式会社 I-ne，2022）。

　ボタニストは「ボタニカル・ライフスタイル」（植物の恵みを生活・ライフスタイルに取り入れる）を理念として掲げるブランドである。モノがあふれ，目まぐるしく変化する現代において，よりシンプルで丁寧な生活，植物とともに生きることが，本質的な豊かさにつながるとして誕生したブランドであり，ヘアケア／スキンケア／ボディーケア用品などのカテゴリーをカバーしている。ブランドが訴求しているのは「植物の生命力」である。これは顧客がこの製品を使用しても直接感知できないような属性であり，同時にこのブランドがもつ理念と考えられる。

　このように，ブランド価値を高めるためのもう 1 つのアプローチが「理念化」なのである。

■ まとめと戦略的インプリケーション

　ブランド戦略がデジタル時代にどのように変化するかを考察するために，ブランド戦略の構造のうち，コミュニケーション戦略に注目して分析を行った。コミュニケーションに着目することで，ブランドの経営やマーケティング戦略の構造を推察することができると考えたからである。

　20 世紀においてコミュニケーション戦略の 1 つの基本をなしてきたのは，ブランド・イメージ戦略と呼ばれるものであった。それはブランドを，メタファを用いて表現する手法であり，20 世紀を代表する消費者ブランドの多くがこうした手法によって形成されてきた。

　しかしながら，21 世紀に入り，こうしたブランド・イメージ戦略に代わって，ブランドのコミュニケーションに新しい動きが見られるようになった。そ

れが「信号化」と「理念化」の2つの方向である。信号化とは，ブランドがメタファなどを用いず，直接消費者にベネフィットを訴求し，あるいは，消費者に体験してもらうことでそのベネフィットを経験させ，説得する考え方である。もう1つの理念化とは，ブランドそれ自体が直接消費者に感知できるベネフィットがないとしても，そのブランドの背景にある生産者・提供者の理念や考え方に顧客が反応して購買・使用に至る，という考え方である。

　実務的なインプリケーションとして，以下を提言しておきたい。新ブランドをつくる場合に，そのブランドが直接顧客に刺さる強いベネフィットをもっている場合は，信号としてのブランドのアプローチが選択できる。このアプローチを採用する場合は，顧客のニーズやトレンドを事前に慎重に判断し，そのブランドがこうした顧客ニーズを効率的に解決できる能力をもっているかを判定しておかなければならない。

　その一方で，その企業やブランドが特定の理念を掲げその理念実現のために行動するということがありうる場合は，理念型ブランドの創造を目指すアプローチによってブランド価値をつくるべきであろう。石井（2022）は，ブランドには欧米のように厳密に管理され進化することを抑制している「非進化型」ブランド以外に，日本独自のブランド管理の考え方を見出している。それが，ブランドらしさを維持しながらもみずからを革新し成長していく「進化型ブランド」タイプである。阪急や無印良品がこの例にあたる。理念型ブランドは石井のいう進化型ブランドの考え方と類似している点がある。石井は，ブランドの「らしさ」（同一性）を機軸にしつつ，統合・選別のメカニズムを働かせながら，実践の知を活かしていくのが，進化するブランドのあり方だと述べている。ブランドのもつ理念を守りながらも，連続した革新を起こしていく戦略性が重要であると考えられる。

おわりに

　人新世の時代にあって，テクノロジーが発展していく一方，環境問題が現実の危機となり，経済格差が拡大し，経済成長が鈍化し，イノベーションが減少するという世界に私たちは生きている。消費者行動もデジタルな環境にあって大きく変化しつつある。こうした時代に，ブランド価値を高めるための企業のアクションとしてのブランド戦略がどのように変化するか，その背景から歴史

と今後に至るまでを本章では考察してきた。続く以下の章では，ブランドのこれまでの，またこれからのありようが詳述されることになる。

ブランド研究の系譜

これまで，これから

青木 幸弘

――――――――――――――――――――――――――――――――――――

　アメリカ，そして日本において，その後急速に進展するブランド研究の契機と
なった，アーカー（D. A. Aaker）の著書 *Managing Brand Equity*（邦訳『ブ
ランド・エクイティ戦略』）が刊行されてから，すでに 30 年余りが経つ。この
間，アーカーは，単著だけでも 5 冊，ブランド関連の著書を上梓している。一
方，これに少し遅れて出版されたケラー（K. L. Keller）の著書 *Strategic
Brand Management*（邦訳『戦略的ブランド・マネジメント』）も，戦略的ブ
ランド管理の体系書として版を重ね，最近，第 5 版が出版されるまでに至って
いる。

　本章では，この 2 人に代表される近年のブランド研究における歴史と今後の
展望を，「これまで」と「これから」として，整理・検討していく。その目的は，
次章以降で展開されるデジタル時代のブランド戦略に関するさまざまな議論に対
して，その出発点を提供することにある。

　このため，まずは，ブランド研究の源流に立ち返り，ブランディングの原点を
確認したうえで，エクイティ論登場以降の研究の変遷を概観・整理する。とくに，
2000 年代以降の研究の流れについて，ブランド価値共創やブランド・リレーシ
ョンシップ研究などにも焦点を当てながら，その位置づけを明らかにする。また，
企業ブランドや全社的なブランド体系，B2B ブランディングや「場」のブラン
ディングといった研究対象の拡がりについても確認する。以上は，ブランド研究
の「これまで」についての話である。

　これに対して，急速にデジタル化が進行するなか，消費者行動自体が変化し，
マーケティングやブランディングのあり方も変化を余儀なくされている。このよ
うな状況下，ブランド研究は，今後，どのように進化・深化していくべきか。研
究の「これから」についても考えていく。

はじめに

　今でこそ，ブランドが企業にとっての価値ある資産であるという認識は，日本でも広く浸透し，実務家の間でも共有されるようになった。しかし，重要かつ根本的なマーケティング問題としてブランドへの関心が高まり，その構築と管理のあり方が議論され始めたのは，1990 年代に入ってからである。そして，その契機となったのは，アメリカにおいて 1980 年代に登場した「ブランド・エクイティ」（brand equity）の概念であった。

　後述するように，エクイティ論の意義は，イメージやロイヤルティといったブランドに関連する諸概念に統合的な枠組みを与えた点，そして，マーケティング活動の結果としてブランドという「器」のなかに蓄積される資産的価値（＝エクイティ）を管理することの重要性を説いた点にある。とくに，1991 年に出版されたアーカーの著書 *Managing Brand Equity* は，マーケターがブランド価値の重要性を再認識する契機となり，その翻訳書が出版された 1994 年頃から，日本でもブランド問題に関する議論が急速に活発化した。

　その後，ブランド論は，一時的なブームで終わることなく，多くの研究者や実務家の関心を集めつつ発展していく。たとえば，アーカーが 1996 年に出版した 2 冊目の著書 *Building Strong Brands* のなかでは強いブランドの構築方法が説かれ，また，ケラーが 1998 年に出版した *Strategic Brand Management* では「顧客ベース・ブランド・エクイティ」の概念が提案されるなど，ブランド・マネジメント上の課題の整理と体系化が一気に進んでいった。とくに，ケラーによる消費者のブランド知識構造に着目したエクイティ概念の整理は，消費者行動研究と戦略論との間の架橋に大きく貢献し，持続的競争優位の源泉としてブランドを捉え直すことを可能にした。

　このようにして，1990 年代に理論的基盤を整えたブランド研究であるが，やがて世紀が変わる頃から，新たな段階へと突入する。それは，急速にコモディティ化が進行する市場において求められる，自らが創造した価値を獲得・維持するための戦略への模索でもあった。具体的には，経験価値に着目したブランド価値のデザインやブランド価値共創の問題，さまざまなブランド接点の設計と管理を含む統合的コミュニケーションの問題，あるいは，ブランドを介した顧客との関係性（ブランド・リレーションシップ）の構築と維持の問題などであった。

本章の目的は，このようなエクイティ論登場以降のブランド研究の変遷，とくに 2000 年代以降に展開された研究の内容と流れを整理し，次章以降での議論の出発点を提供することにある。このため，まず最初に，ブランディングの歴史とブランド研究の源流から振り返り，エクイティ論登場の意義とその後の研究の系譜について話を進めていく。

1　ブランド研究の源流と系譜

■ ブランディングの始まり，ブランド研究の源流

　マーケティングの歴史は，ある意味で，ブランドの歴史そのものである。ハーバード大学の経営史家テドロウによれば，ナショナル・ブランド（national brand）の登場は，アメリカのマーケティング史上における一大画期であったという（表 1 参照）。

　それは，「分断の時代」から「統合の時代」への転換点に出現した。すなわち，19 世紀末，輸送や通信などのインフラが整備され，地域ごとに分断されていた市場が全国市場へと統合されていくなか，標準化された製品を全国市場に向けて大量に流通させるための手段がブランド（およびブランディング）であった。テドロウは，当時の状況について，次のように述べている。

> 　製造業者は，標準化し全国的に流通された小型の包装製品に名前をつけることができた。名前をつけることができるのなら，広告することもできた。広告の結果，名前はたんなる名前以上のものとなった。それは一種の名前を超えたもの，すなわちブランドであった（Tedlow, 1990, 邦訳 14 頁）。

　たとえば，1879 年に発売された P&G のアイボリー石鹸の場合，「ブランド化」（branding）を可能にする「個別包装」（packaging）や新聞・雑誌を使った「広告」（advertising）などが三位一体となって，全国市場が開拓されていった。また，同社は，後にブランド・マネジャー制を導入するなど，マーケティングの先駆的企業として成長していくことになる。

　このように，「分断の時代」が終わり「統合の時代」が始まるマーケティング史の転換点において，ブランドは出現した。しかし，その研究の歴史は意外

表1　マーケティング史における時代区分

時 代 区 分	特　　徴
分断の時代 （〜1870 年代）	地理的に分断された小規模市場 高マージン・少量販売
統合の時代 （1880〜1940 年代）	全国的に統合されたマスマーケット 低マージン・大量販売
細分化の時代 （1950 年代〜）	人口統計的・心理的細分化市場 顧客価値に基づく大量販売

（出所）　Tedlow, 1990，邦訳 6 頁より作成。

と浅く，本格的な議論が始まるのは，テドロウが「細分化の時代」と呼ぶ
1950 年代以降のことであった。

　1950 年代の半ば，市場細分化と製品差別化の必要性を説いた有名なスミス
（W. R. Smith）の論文（Smith, 1956）とほぼ同時期に，その後のブランド研究の
先駆けとなる 2 つの論文が，*Harvard Business Review* 誌に相次いで掲載され
た。1 つは，ガードナーとレヴィによるもので，いち早く製品とブランドの違
いを明確に区別し，ブランドの育成を長期的な投資として位置づけた論文であ
り（Gardner and Levy, 1955），もう 1 つは，パネル調査データの分析を通して，
ブランド・ロイヤルティの存在とその重要性を指摘したカニンガムの論文であ
る（Cunningham, 1956）。

　前者の論文は，消費者の製品に対する購買動機のなかに象徴的で意味的な要
素を見出し，「実体的・機能的存在としての製品」と「象徴的・情緒的な記号
としてのブランド」とを区分することの重要性を説いた。さらには，広告によ
ってブランドのパーソナリティづくりを行うこと，また，それが長期的な投資
であることを力説した。一方，後者の論文は，*Cicago Tribune* 紙のパネル調
査データを用いた分析により，消費者は多くの製品カテゴリーにおいて高いロ
イヤルティを示すことを確認し，ブランド・ロイヤルティが企業にとって重要
な資産であることを指摘した。

　こうして，1950 年代以降，後のブランド・イメージ研究やブランド・ロイ
ヤルティ研究の出発点となる論文が発表されるが，それらは別個に継承され，
2 つの研究の流れが交差することは少なかった。

表2 ブランド概念の変遷

時代区分	～1985年 (手段としてのブランド)	1985～95年 (結果としてのブランド)	1996年～ (起点としてのブランド)
主たる ブランド概念	ブランド・ロイヤルティ ブランド・イメージ	ブランド・エクイティ	ブランド・アイデンティティ
ブランド認識	断片的認識 マーケティングの手段	統合的認識 マーケティングの結果	統合的認識 マーケティングの起点

（出所）青木, 2000, 33頁より作成。

■ エクイティ論の登場，アイデンティティ論への展開

　前述のように，エクイティ概念が登場する以前，ブランドのイメージやロイヤルティについての研究は，別個に行われる傾向が強く，ブランドに対する認識も断片的なものであった。また，実務的にも，ブランド・マネジャー制が導入されるなどして，その重要性や管理の必要性が認識されつつも，ブランドを「マーケティングの手段」として捉える考え方が一般的であった（表2参照）。

　これに対して，新たに登場したエクイティ論のユニークさは，ブランドをより全体的な視点から捉えることの重要性を強調するとともに，「マーケティングの結果」としてのブランドという視点を提示した点にある。すなわち，さまざまなマーケティング活動の結果として，ブランドという「器」のなかに蓄積されていく資産的な価値に注目し，その維持・強化と活用の仕方を提案したのである。また，それまで別個に議論されることの多かったロイヤルティやイメージなどの概念を，エクイティを構成する次元として包括的に取り扱った点も特徴的であった。

　アメリカにおいて，ブランド・エクイティ研究が本格化するのは，同国のマーケティング研究をリードしてきたMSI（Marketing Science Institute）が，その最重点研究課題に指定する1986～90年頃からであった（Leuthesser, 1989；Maltz, 1991）。そして，それらの議論を整理・体系化したのが，アーカーの最初の著書である（Aaker, 1991）。

　同書のなかで，アーカーは，ブランド・エクイティを，「あるブランド名やロゴから連想されるプラスとマイナスの要素の総和（差し引いて残る正味価値）」として捉え，「同種の製品であっても，そのブランド名がついていることによって生じる価値の差である」と定義した。また，その構成次元として，①ブラ

ンド・ロイヤルティ，②ブランド認知，③知覚品質，④ブランド連想，⑤その他のブランド資産（特許，商標，流通チャネルなど）の5つを挙げている。

もとより，これらの構成概念の1つひとつは，なんら目新しいものではないが，それらをブランド・エクイティの名のもとに体系的に整理し，その資産的価値と管理の重要性を示した点が，斬新な考え方として受け止められたのである。

その後，1990年代の半ばを過ぎると，研究の焦点は，ブランドに資産的価値があることを十分に認めたうえで，その価値を維持・強化をするための具体的な方法論や枠組みづくりへと移っていく。すなわち，「いかにして強いブランドを構築するか」という実践的命題，あるいは，「強いブランド（ないし，ブランドの強さ）とは何か」という本質的命題が強く意識され始めるようになる。そして，そのなかで，新たに提示されたのが，「ブランド・アイデンティティ」（brand identity）の概念である。

ここでも議論をリードしたのはアーカーであった。彼によれば，ブランドのアイデンティティとは，当該ブランドが「どのように知覚されているか」という結果論としてのイメージとは異なり，当該ブランドは「どのように知覚されるべきか」という戦略目標であり，関係者間で明確化され共有されるべきものである。また，この「ブランドのあるべき姿」としてのアイデンティティを，当該ブランドが提供する3つの価値（機能的価値，情緒的価値，自己表現的〔象徴的〕価値）の組み合わせとして具現化したものが「価値提案」（value proposition）にほかならない（Aaker, 1996）。

このようにアイデンティティの明確化と共有化，そして，価値提案としての具現化は，強いブランドを構築するうえでの必須条件であり，ブランドは単にマーケティングの結果であるだけでなく，むしろ，「マーケティングの起点」として捉えられるようになっていった（表2参照）。

■ ブランド知識構造論と戦略論への展開

1990年代の終わりに，消費者の知識構造に着目してブランド・エクイティを体系的に整理し，戦略的なブランド管理の枠組みを示した著書が登場する。ケラーの「顧客ベース・ブランド・エクイティ」論である（Keller, 1998）。

ケラーによれば，「顧客ベース・ブランド・エクイティ」（customer-based

brand equity：CBBE）とは，「あるブランドのマーケティング活動に対する消費者の反応ブランド知識が及ぼす差異的な効果」として定義される。すなわち，ブランド・エクイティは消費者の反応の違いから生じ，そのような反応の違いは，長期にわたる経験を通して形成されたブランドの知識構造によって生み出される，というのが彼の基本的認識である。

　したがって，強いブランドを構築するためには，選択などの望ましい消費者の反応を生み出すブランド知識の構造（具体的には，「深くて広いブランド認知」と「強く，好ましく，かつユニークなブランド連想」）を，いかにして創り出すかが課題となる。そして，名前やロゴといったブランド要素の選択・統合に始まり，支援マーケティング・ミックスと一体化した形で，望ましいブランド知識構造を形成するための体系的な枠組みと具体的な手順が提示されたのである。

　その後，ケラーの著作は，2000年代にも版を重ね，提示されるブランド管理の枠組みもさらに発展していく。そして，そこでは，消費者行動研究における知見を活用しつつ，戦略論との積極的な架橋が図られていくことになる。

2　ブランド研究における潮流変化

■ 関係性をめぐる新たな研究の展開

　前述のように，1990年代，ブランド研究は，「いかにして強いブランドを構築するか」といった実践論へと急速に移行し，さらには，戦略論との架橋も進んでいった。そのなかで，世紀の変わり目の頃から，新たに注目を集めたのが，顧客とブランドが出会い，さまざまな経験をする接点づくりであり，ブランド構築における関係性の問題であった。

　先んじて1990年代に展開された「統合的マーケティング・コミュニケーション」（IMC）や「リレーションシップ・マーケティング」に関する議論の影響を受け，ブランドと顧客との間の絆，あるいは，ブランドを介した企業と顧客との関係性に焦点を当てる形で，いわゆる「ブランド・リレーションシップ」（brand relationship）に関する研究が展開される。そして，そこには，主に次のような3つの流れがあった。

　まず1つ目の流れとして，ブランドを介した顧客との関係性の構築・維持のあり方を問題とする一連の研究がある。1990年代の初めに提唱されたIMC論

は，さまざまな顧客接点を活用したコミュニケーションの重要性を説くにすぎなかった。しかし，その後，1990 年代後半になると，ブランド問題への関心が高まるなか，コミュニケーションを統合する際の核としてブランドが位置づけられ，新たに「統合型ブランド・コミュニケーション」（IBC）という概念が登場する。そして，さらに，2000 年代に入ると，ブランドを介した顧客との関係性（ブランド・リレーションシップ）の構築こそが，IMC の目的であるとする議論が登場するようになった（Schultz and Schultz, 2004 ; Schultz et al., 2009）。

　2 つ目の流れは，リレーションシップ・マーケティングやブランド・パーソナリティ論とも関連しつつも，顧客とブランドとの直接的な関係性としてブランド・リレーションシップを捉え，情動的な絆や愛着などの問題を重視する立場での研究である。たとえば，フルニエ（S. Fournier）の研究などを契機に，ブランドを消費者の生活を支えるパートナーとして位置づけ，ブランドと消費者との相互作用やその関係性の発展プロセスなどが取り上げられるようになる（Fournier, 1998）。とくに，2000 年代に入ると，ブランド・リレーションシップの形成要因として，「ブランドと自己との結びつき」（brand-self connection）に着目し，その心理面や行動面での効果に関する研究が行われていくことになる（MacInnis et al., 2009）。

　そして，3 つ目の流れは，顧客が，当該ブランドと強固な結びつきをもつ他の顧客とも相互作用し，関係性を取り結ぶことに注目した研究である。通常，このようなブランドを介して結びつく消費者の集団は「ブランド・コミュニティ」（brand community）と呼ばれ，ブランド・リレーションシップ研究の新たな切り口として注目を集めていく（Muniz and O'Guinn, 2001）。とくに，その後のソーシャル・メディアの急速な発展を受け，ブランド・コミュニティは，実態面でも研究面でも急展開していくことになる。

■ ブランド価値共創と関係性概念の深化

　2000 年代に入り，一方で，ブランドを通した顧客と企業との関係性が注目されるなか，他方では，顧客と企業とが相互作用するなかで生まれるブランドの価値，ないしは，ブランドの価値共創への関心が高まっていった。

　すなわち，従来型の「価値を創造し提供するのは企業であり，顧客は，その価値を受け取るだけ」という「価値提供」の考え方に対して，新たに「価

図1　ブランド研究における焦点の変化

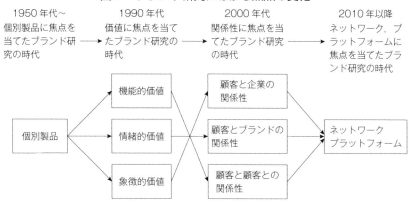

1950年代〜
個別製品に焦点を
当てたブランド研
究の時代

1990年代
価値に焦点を当て
たブランド研究の
時代

2000年代
関係性に焦点を当
てたブランド研究
の時代

2010年以降
ネットワーク，プ
ラットフォームに
焦点を当てたブラ
ンド研究の時代

（出所）　Merz et al., 2009, p. 332 より作成。

値は企業と顧客がさまざまな接点において共創する経験のなかから生まれる」
という「価値共創」（co-creation of value）の考え方が台頭してきたのである
（Prahalad and Ramaswamy, 2004）。

　これは，「価値があるから買う」のではなく，むしろ「消費するなかで価値
は生まれる」という認識ないし発想の転換でもある。また，顧客にとって意味
ある価値を実現するために，顧客とともに価値を共創する。顧客との価値共創
のために顧客との関係性を志向する。そして，顧客との価値共創の結果として，
顧客との関係性がさらに強化される，という好循環の形成が目指されることと
なる（南，2008）。そして，そのような好循環の中心に位置するのがブランドで
あり，価値共創を通した関係性の構築こそが，ブランド戦略における最重要課
題として認識されることとなった。

　前述のように，近年のIMC論（たとえば，Schultz et al., 2009）においては，
まさに，このような意味で，顧客とブランドとの関係性の構築を核とした理論
の再構成が試みられている。また，リレーションシップ・マーケティングの分
野においても，価値共創の概念を中核に据えた新たな枠組みづくりが提案され
ている（Baron et al., 2010）。

　ところで，顧客とブランドの間の絆を強めるためには，前述したブランド・
コミュニティなどを活用し，一対一の関係から他の顧客も含めた関係性へと発
展させていくことも重要である。この点，後述するように，近年の急速なデジ

タル化の影響を受け，ブランド研究の焦点も，新たな関係性を生み出すソーシャル・メディアやプラットフォームに向けられるようになっている。

図1は，これまでたどってきたブランド研究の流れを，メルツら（Merz et al., 2009）の議論をベースに整理したものである。ブランド研究の焦点は，ブランドを単なる製品の識別子として捉える考え方から，価値や関係性に焦点を当てていた時期を経て，よりダイナミックな社会的プロセスのなかでブランドを捉える時代へと，大きくシフトしてきたといえる。

■ 拡大するブランド研究の対象と領域

2000 年代に入ってからのブランド研究の潮流変化において，さらに指摘しておくべき点は，その対象や領域が一気に拡大したことである。

これに関して，ここでは，①個別商品ブランドから企業ブランドないしブランド体系への拡がり，②成分ブランドやコ・ブランディングに焦点を当てた企業間関係への拡がり，③地域ブランドに代表される場のブランディングへの拡がり，という 3 つの流れを取り上げておきたい[1]。

まず第 1 の流れとして，当初，個別の商品ブランドに焦点を当てていたブランド研究が，2000 年代に入ると，企業ブランドを含むブランド階層の問題や全社的なブランド体系の問題へと議論の対象が拡大していく。たとえば，2004 年に出版されたアーカーの著作 *Brand Portfolio Strategy*（Aaker, 2004）では，全社的なブランド体系管理の枠組みが示された。その後，この流れの延長線上では，全社的なブランド経営という観点で企業経営論，あるいは，企業価値評価との関連で財務論との関わりを強めていくことになる。

次に注目する第 2 の流れは，今日 BtoB マーケティングの文脈で取り上げられることの多い成分ブランドの問題，あるいは，企業間関係を前提としたブランド戦略であるコ・ブランディングなどに関する一連の議論である。

ここでいう「成分ブランド」（ingredient brand）とは，技術や部品・素材などのブランドのことであり，最終製品を構成する一部の機能，部品，要素技術，サービスなどをブランド化したものとされる（たとえば，ゴアテックス，テフロン，ドルビー，キシリトール，プラズマクラスター，ヒートテックなど）。一方，「コ・ブランディング」（co-branding）とは，ブランド・バンドリングやブランド・アライアンスなどとも呼ばれ，2 つ以上のブランドが，なんらかの形で 1

つ以上の製品に統合されるか，一緒に販売されるときに見られるブランド戦略の1つである（余田，2016）。

コトラーも，要素技術の「見える化」戦略として成分ブランドに注目しており（Kotler and Pfoertsch, 2010），BtoB マーケティングにおける有用なブランド戦略として研究が進められている（余田，2016）。また，コ・ブランディングと併用されることにより，新たな企業間関係の構築にも寄与するブランド戦略でもある。デジタル化が進み，さまざまなプラットフォームが登場するなか，企業間関係は複雑化しており，さらなる研究の展開が期待される。

最後に，第3の流れは，ブランディングの対象として「場」（place）に注目するものであり，具体的には，地域ブランドの研究などが相当する。

小林（2014）によれば，場のブランディングは，2004年の学術雑誌 *Place Branding* の創刊により研究領域としても確立したが，その内容は，①地域自体をブランディングの対象とするものと，②地域が生み出す製品やサービスをブランディングの対象とするもの，とに二分されるという。また，日本では，後者のタイプの研究が多いとされるが，とくに，「地域団体商標」制度が導入された2006年前後から，その傾向が強まったようである。

ただし，ブランド研究における「場」の問題には，このようなブランディングの対象としての場だけでなく，ブランディングが行われる場も含まれる。後述するように，急速なデジタル化の進展は，マーケティングやブランディングが行われる場を，リアルな空間からネット空間へと急拡大させており，新たな研究の展開が期待される。

3　デジタル時代のブランド研究に向けて

■ デジタル時代の消費者行動，そしてブランディング

これまで，1990年代のブランド・エクイティ論の登場によって本格化したブランド研究の流れを踏まえ，2000年代に起こった潮流変化にまで議論を進めてきた。以上を，ブランド研究の「これまで」とすると，以下は，ブランド研究の「これから」に関する議論である。

さて，1990年代半ば以降のインターネットの登場と普及，そして，2000年代に入ってからの SNS やスマホの登場と普及は，消費者行動自体に大きな変

化をもたらした。そして，この変化を受ける形で，2010 年代に入る頃から，多くの研究者が関心をもち，また，急速に進み始めたのが，デジタル時代（ないしは，デジタル経済下）の消費者行動やマーケティング，そしてブランディングに関する研究であった2)。

たとえば，山本（2022）は，デジタル時代の新しい消費者行動の特徴として，（消費者が）①能動的に発信するようになった，②製品・サービスの売り手になった，③モノを所有せずに利用するようになった，という 3 点を指摘している。また，久保田（2020a, 2020b）は，このような新しい消費者行動の背景にある，より大きな消費現象として，「シェアリング」(sharing)，「アクセスベース消費」(access-based consumption)，「所有しない消費」(non-ownership consumption) を取り上げ，それらを包括する概念として「リキッド消費」(liquid consumption；Bardhi and Eckhardt, 2017) に着目したうえで，ブランド戦略への適用を前提に整理・検討を行っている（本書第 7 章も参照）。

さらに，最近出版されたケラーとスワミナサンの著書（第 5 版）では，「デジタル時代のブランディング」(branding in the digital era) と題して 1 章を割いたうえで，デジタル時代のブランディングにおいて鍵となるトレンドとして，①カスタマー・ジャーニーの変化，②オンライン小売業の成長，③デジタル広告，デジタル・プロモーションの増大，④一対多チャンネルから多対多チャンネルへのシフト，⑤タッチポイントの劇的な増大，⑥利用可能データの飛躍的増大，⑦デジタル技術を用いたパーソナル化の活用，などを取り上げ，詳しく説明している（Keller and Swaminathan, 2020）。

従来，伝統的なマーケティングや消費者行動の教科書などにおいては，暗黙のうちに，①消費者の購買対象としては，形のある製品（具体的には，パッケージ型消費財〔fast moving consumer goods：FMCG〕)，②購買・買物の場としてはリアル空間としての実店舗（具体的には，スーパーマーケットなど）を，想定ないし前提としてきた。加えて，③購買行動におけるブランド選択についても，直線的な意思決定プロセス（具体的には，問題認識→情報探索→代替案評価→選択・購買→購買後満足というプロセス）を想定することが，ほとんどであったといえる。

しかし，近年急速に進行したデジタル化の流れは，これらの想定ないし前提が当てはまらない領域や状況を急拡大させた。そして，今，まさに新たな枠組みの再構築が求められているのである。このような状況下，今後のブランド研

究は，どのような方向へ進んでいくべきであろうか。また，何について掘り下げていくべきであろうか。

　以下，これらの議論を参考にしつつ，今後求められるブランド研究の方向性について，デジタル化が進むなかでの，ブランディングの「対象」の変化，「場」の変化，そして「プロセス」の変化，という3つの視点で，整理・検討していきたい。

■ 求められるブランド研究の深化と進化

《対象の変化》　　今日のような形で，デジタル化の影響が取り上げられる以前より，マーケティングやブランディングの対象の変化について，議論は始まっていた3)。

　すでに，1970年代に始まるサービス経済化の進展を受けて，マーケティングの対象は，製品（モノ）からサービスへと急拡大した。加えて，「モノからコトへ」をキーワードに，1990年代から2000年代にかけては，「消費経験」や「経験価値」に焦点が当てられていった4)。

　そして，2000年代に入ると，前述した「価値共創」の概念とも関連して，「サービス・ドミナント・ロジック」（service-dominant logic：SDL）の考え方が台頭してくる（Lush and Vargo, 2006）。すなわち，「モノかサービスか」という二元論的な立場はとらず，「モノはサービスに包摂される」としてマーケティングの対象を再構成しようとする新たな枠組みである。そして，近年のデジタル化の流れを受け，さまざまなプラットフォーム・ビジネスが登場するなかで，たとえば「XaaS」（X as a Service）といった新しい概念が提示され，注目されるようになってきている5)。

　現在，マーケティングの対象自体のデジタル化（たとえば，電子書籍や音楽・動画配信など）も急速に進むなか，もはや単体としての製品やサービスのみをブランディングの対象として捉えることは現実的ではない。今後の研究の方向性としては，XaaSといった高次のサービス・パッケージを念頭に置きつつ，プラットフォームなども含め，ブランディングの対象をさまざまな要素の複合体として捉える枠組みづくりが必要とされている。

《場の変化》　　急速に進むデジタル化の結果として，購買や買物の「場」自体が，リアル空間からネット空間へと急拡大している。それは，単に，ネッ

ト・スーパーといったオンライン小売業の成長だけではなく，OMO（online merges offline）と呼ばれるようなネットとリアルの新たな融合も含めてのことである。さらには，最近注目を集めている「メタバース」（metaverse）など，ブランディングを行う場，あるいは，ブランディングの対象としての場が，新たな方向へと拡がりつつある。

　一方，このような購買や買物の場の変化に加えて，デジタル化の進展は，顧客間での相互作用のあり方やその場をも大きく変化させた。

　すなわち，2000 年代以降，ネットや SNS の発展は，ネット・コミュニティや e クチコミに関する研究を急増させたが，その結果，ブランド・コミュニティ研究自体も進化していくことになる。たとえば，近年登場した「ブランド・パブリック」（brand public）といった概念（Arvidsson and Caliandro, 2016）などは，その一例である。このような意味から，ブランディングの「場」についての研究が，今後，進められていくべきと考える。

《プロセスの変化》　　近年，「カスタマー・ジャーニー」（customer journey）という名のもとに，消費者の購買行動を記述・分析する試みが増えてきている。これは，ある意味で，従来型の直線的な意思決定プロセス論への問題提起でもあった。

　たとえば，従来型の意思決定プロセス論では，購買することを前提とし，それに先立つ「購買前探索」（pre-purchase search）に焦点を当てることが多かった。しかし，ネットの登場と各種 SNS の発達により，「継続的探索」（ongoing search）や「偶発的探索」（incidental search）などの重要性が一気に高まった。また，CGM（consumer generated media）として SNS を活用する場面や消費者が急増するなか，購買外行動としての各種エンゲージメント行動への関心も高まっていった。

　バトラ（R. Batra）とケラーが指摘しているように，モバイル端末の普及によって意思決定のスピードが速まり，衝動的な購買も増大するなか，もはや消費者はロイヤルティを形成しないばかりか，ブランドを記憶さえしなくなっているようである（Batra and Keller, 2016）。

　このような状況下，さまざまなタッチポイントを活かして，「エンゲージメント」（engagement）を高めるための施策が求められており，そのための新たな研究が必要とされている。

おわりに

　以上，本章においては，ブランド研究の源流からひもとき，その「これまで」を振り返り，そして「これから」について検討してきた。

　なかでも，ブランド・エクイティ論登場以降のブランド研究の変遷，とくに，2000年代に入ってからの研究の潮流変化を整理し，また，研究の拡がりについても確認した。そして，急速にデジタル化が進行するなか，今後求められる研究の方向性についても言及した。その目的は，次章以降で展開される議論の出発点を確認し提供することにあった。

　冒頭でもひもといたように，マーケティングの歴史は，ある意味で，ブランディングの歴史でもあった。その昔，ブランドは，分断された市場を全国市場へと統合していくうえで大きな役割を果たした。その後，マーケティングの発展とともに，さまざまな形で研究されてきたブランドであったが，エクイティ論登場以降は，消費者行動研究と戦略論とを架橋する役割を担った。さらに，さまざまなコミュニケーション手段を統合する際の核として，あるいは，企業と消費者とをつなぐ結節点としても機能してきた。

　そして，今，デジタル化が急速に進行するなか，ブランドは，リアルとネットを融合させつつ，企業と企業，顧客と顧客の新たなつながりを創り出す役割まで果たそうとしている。

　以下の各章で具体的に語られるように，ブランドは，今なおホットな研究テーマであり，今後も，多くの研究者を惹きつけるテーマであり続けるであろう。

【注】

1）　久保田ほか（2019）は，4人の著者が，各々が関心をもつ領域における1990年代から2010年代にかけてのブランド研究の流れを整理した短い論文の集合体である。このうち，阿久津が担当する論文は，①の領域について，また，余田の論文は，②の領域に対応しており参考になる。

2）　急速に進む「デジタル化」（digitalization）の背景やその社会・経済的な影響については，総務省（2019）『令和元年版　情報通信白書』の記述が参考になる。

3）　田中（2017）では，モノだけでなく，サービス，成分，技術，オンライン，観光地，都市までがブランド化の対象になっているとして，その拡がりを指摘している。

4）　久保田（2020a）は，経験価値が重視される背景にもデジタル化の進展があったと指摘する。なぜなら，インターネットを介して日々膨大な情報が流通する現代社会において，製品の属性やベネフィットだけでは，消費者の注意を惹くには不十分であり，感覚的経験が重要となるからだという。

5）　1つのサービス・パッケージとして，「何か（X）」を提供するビジネスモデルの総

称を指す。たとえば，「MaaS」(mobility as a service) の場合には，それはさまざまな交通手段を統合して提供されるサービス・パッケージであり，情報通信技術 (ICT) の活用により，ルート検索から予約，支払いまでのシームレスな移動という特徴をもっている。

第**3**章 ─────────────────────────

消費者行動とブランド戦略

新倉 貴士

　本章では，消費者行動とブランド戦略との関係を理解するために，マーケティング研究において共有認識となってきた重要なマーケティング概念の変遷と，消費者行動研究で展開されてきた重要な概念・モデル・理論を確認しながら，これまでに発展してきたブランド戦略について考察していく。考察にあたっては，ブランド戦略が本格的に展開された時代を「ブランド戦略論の時代」として位置づけ，ここに至るまでを「ブランド戦略論の前史」，その後の発展を「ブランド戦略論の進展」という時代区分を設け，各時代におけるマーケティング研究と消費者行動研究に基づく諸概念を踏まえて検討していく。

　「ブランド戦略論の前史」では，マーケティングを体系的な管理とするマネジリアル・マーケティングが掲げられ，ブランドを交換対象として，科学的に消費者行動を把握するという認識のもと，さまざまなブランド選択行動モデルが開発された。また，ブランド認知やブランド・ロイヤルティといった概念が見出され，後にブランド戦略論を構成する重要な構成要素となっていった。「ブランド戦略論の時代」では，戦略的マーケティングのもとで展開されるマーケティング活動の結果として，1つの統合体としてブランドが位置づけられた。ブランドを資産として捉える「ブランド・エクイティ」という概念が登場し，さらに顧客ベースのブランド・エクイティを創出するブランド知識の重要性が強調され，従来の競争戦略論とは一線を画する顧客視点に基づく戦略論が展開された。

　マーケット環境におけるデジタル化が「ブランド戦略論の進展」を後押しする形で，ブランド・レゾナンスを実践する下位次元となる，ブランド・エンゲージメント，ブランドへの愛着，ブランド・コミュニティに関する議論が活発となり，ブランド戦略論を構成する各論として今なお進展している。

は じ め に

　本章では，デジタル時代のブランド戦略を理解するために，学術領域で展開されてきた消費者行動とブランド戦略との関係について，過去の経緯を振り返りながら考察していく。消費者行動についての理解を深めることにより，最適なブランド戦略の構築と実践が可能になるからである。一方では，ブランド戦略を深く理解するためには，その時代のブランドの捉え方に通底するパラダイムとなるマーケティング概念を正確に把握しておくことも必要になる。こうしたマーケティング概念が，ブランドの戦略発想を大きく規定していると考えられるからである。

　したがって，本章では，時代が共有する認識枠組みとなるマーケティング・パラダイムの変遷を押さえるとともに，消費者行動の研究領域で展開されてきたさまざまな概念・モデル・理論を捉えながら，それら両者の関係のなかで進展してきたブランド戦略論について考察していく。

1　関連する学術領域での展開

　対象を正確に理解するためには，密接に関連する他の対象との相対的関係のなかで捉えるとよい。ブランドという概念を学術的な観点から理解するためには，ブランドをマネジメントの操作対象とするマーケティング研究と，ブランドを消費対象とする消費者行動研究との相対的関係のなかに位置づけて考えていくことが求められる。図1は，ブランド研究のこれまでの学術的展開をマーケティング研究と消費者行動研究の進展とともに示したものである。図には，ブランドが研究対象として明確化されてきた1960年代から現在までの間に共有されてきた代表的な構成概念を示している。

■ マーケティング研究の進展

　1960年代から70年代にかけては，マーケットに対する企業活動であるマーケティングを体系的なマネジメントの視点から捉えた，マネジリアル・マーケティングという概念が一般に共有されていた。システムズ・アプローチという名称でも呼ばれていたように，4Pを基軸とする管理体系としてのマーケティングが認識されていた。そのような流れのなかで，*Marketing as Exchange*

図 1　学術領域での展開

年	〔マーケティング研究〕	〔ブランド研究〕	〔消費者行動研究〕
1960 年	マネジリアル・マーケティング	確率的ブランド選択モデル	刺激 – 反応モデル
1970 年		ブランド・スイッチング	
		ブランド・ロイヤルティ	
	交換としてのマーケティング		消費者情報処理モデル
1980 年	戦略的マーケティング		精緻化見込みモデル
1990 年	リレーションシップ・マーケティング	ブランド・エクイティ	体験としての消費
			関与／手段目的連鎖モデル
	IMC	顧客ベースのブランド・エクイティ	コンテクスト効果
2000 年	経験価値マーケティング	ブランド・リレーションシップ	消費者知識
		ブランド・コミュニティ	
2010 年	S-D ロジック	ブランド・レレバンス	解釈レベル理論／制御焦点理論
		ブランド・コミットメント	自己観
2020 年	デジタル・マーケティング	ブランド・アタッチメント	消費者の感覚／感情
		ブランド・エンゲージメント	

（Bagozzi, 1975）という論題に示されるように，マーケティングを消費者との交換という相互作用を通じて理解することの重要性が主張された。交換という概念を通じたマーケティングの理解である。1980 年代になると競争戦略論の影響が色濃くなり，マーケットにおけるライバル企業とのシェア争いを強く意識した戦略的マーケティングという概念が浸透してきた。市場に提供されたブランドを介した消費者との交換によって，「マーケットを刈り取る」というイメージである。

　これに対して 1990 年代になると，1 回だけの交換よりも，継続的な交換が成立する背景となる関係性（リレーションシップ：relationship）に着目すべきであるという主張が強まってきた。今日でもなお強調されているリレーションシップ・マーケティングという概念である（久保田，2012）。ここでは「マーケットを育成する」というイメージであり，消費者との間に長く良好な関係をいかに構築していくかが重要となる。そのためには，消費者とのコミュニケーションに戦略的な一貫性をもたせ，統合的なマーケティング・コミュニケーション（integrated marketing communication：IMC；本書第 2 章も参照）を実践すべきことが主張された（Duncan and Moriarty, 1997）。その後，4P マーケティングから脱却すべく，IMC の実践のためにタッチ・ポイントとカスタマー・インサイト

の重要性が指摘されるようになった（Schultz and Schultz, 2004）。

　2000 年代になると，消費者の経験やフィーリングといった感覚的な主観要因を考慮しながら，消費者の認知・態度・行動と社会との関係性を捉える経験価値マーケティングという概念が主張された（Schmitt, 2003）。そして，経験価値の重要性がさらに強調され，2010 年代に入ってからは，経験という文脈において，提供側と受け手側との間で共創される価値の重要性を捉える「サービス・ドミナント・ロジック」（service-dominant logic；Lusch and Vargo, 2014）への理解が促進された。さらに現在では，日進月歩の ICT の進展から，モバイルデバイスやモバイルアプリの普及に伴う多様なタッチ・ポイント管理に基づく消費者への寄り添いを重視するデジタル・マーケティングの重要性が認識されるに至っている。

■ 消費者行動研究の進展

《1960 年代の研究》　　第二次世界大戦後，行動科学に依拠する本格的な消費者行動研究が始まり，1960 年代には購買行動を説明するさまざまなモデルの開発が試みられた。1950 年代に流行した深層心理を探求するモチベーション・リサーチへの傾倒からの反動や，行動主義心理学・新行動主義心理学の影響もあり，60 年代は消費者の頭のなかをブラックボックスと仮定する「刺激－反応モデル」が 1 つのパラダイムとなった。「刺激」となるマーケティング変数（広告，価格，ブランド名など）と，「反応」となる購買行動との関係だけを捉えようという認識枠組みであり，主な目的は集計された消費者の購買行動の「予測」であった。こうしたなかで，「刺激－反応モデル」に依拠するが，予測精度の向上と購買行動の「説明」精度向上のため，刺激－反応間にあるブラックボックスをいくぶん解明しようとする「刺激－生体－反応モデル」への進展があった。代表的なモデルにハワード＝シェス・モデル（Howard and Sheth, 1969）があり，ここでは反復的なブランドの購買行動を説明するために，頭のなかのブランド理解を想起集合という概念で捉えたり，購買対象となる選択肢をブランドとして位置づけるなど，ブランドのもつ機能が示唆されていた。

《1970 年代の研究》　　1970 年代になると，生体としての消費者を情報処理システムとして捉える消費者情報処理モデルが 1 つの研究パラダイムとして登場してきた（Hughes and Ray, 1974）。このモデルの考え方は今日でも，消費者

行動を理解するための1つの基盤として機能している（須永，2018）。「刺激－反応モデル」とは真逆の考え方であり，積極的にブラックボックスとされていた頭のなかを解明していくもので，消費者行動の予測よりもその説明に重点が置かれた。また，集計された消費者というよりも一個人の消費者，さらにその消費者のもつ個人差や状況差の重要性が強調された。このことは，ブランドという同じ情報でも，個人により，また同じ個人でも個人差や状況差などの要因により，ブランドの意味は大きく異なる可能性を示唆している。

《1980年代の研究》　　1980年代になると情報処理規定要因の解明が進み，内部要因としての動機づけや能力，外部要因としての課題や状況の重要性が明らかになりつつ，情報処理を捉える1つの枠組みとして精緻化見込みモデル（elaboration likelihood model）が共有化されるようになった。精緻化とは，内部情報となる認知要素間の結合を意味する。ひと塊りとなる情報としてのブランドは，さまざまなブランド連想を構成する認知要素の塊であり，これらの認知要素を結合させて適切に理解できるかどうかには，動機づけや能力が必要になる。消費者によるブランドの意味づけを理解するには，こうした精緻化の見込み，すなわち結合の可能性を正確に理解することが求められるというわけである。

　1980年代には，重要な内部要因としての動機づけに関して，その代理変数ともいわれる関与概念に関する研究が大きく進展した。低関与から高関与，さらには超高関与となる連続変量としての関与の強度，また関与の状態，さらには認知的か感情的かという関与の基盤やその持続性など，さまざまな観点から議論された。また，関与が高まるメカニズムとして「手段－目的連鎖モデル」も開発された。このモデルからは，消費者とブランドを結びつける知識構造としての連鎖を「価値（value）－結果（consequence）－属性（attribute）」という異なる抽象水準から捉え，消費者とブランドとの関係性を理解することもできる。ここから示唆されるのは，高い価値レベルにまで結びつけられるブランドは低い属性レベルに留まるブランドよりも，より高関与となることである。

《1980年代後半から90年代の研究》　　1980年代後半から90年代には，働く知識（知識の働き）としての能力に関する研究も進展した。違いがわかるとは何か，素人と玄人の差とは何なのか。これらはブランド戦略の構築と実践においては根源的な問いであろう。こうした差異（differentiation）のあり方を考

察するためには，消費者の能力に関する理解が必要である。専門知識力（expertise）という概念が提唱され，これらを構成する5つの次元が示された（Alba and Hutchinson, 1987）。認知努力，認知構造，分析（分解）能力，精緻化（結合）能力，記憶（検索）能力である。消費者は，できるだけ少ない認知資源でより多くの情報を獲得したいとする認知的経済性の原理に基づき，認知努力を軽減させるために認知構造を発達させる。認知構造の発達度合いにより，ブランドを処理する際の分解の程度やブランド連想の精緻化には違いが生じてくる。また認知構造の発達度合いにより，ブランドに対する記憶の内容も異なってくる。知識の構造体であるブランドを理解するには，こうした専門知識力がどのようにブランドに影響を与えるかを理解しなくてはならない。

　さらに，今日の行動経済学の基礎的な理解となるコンテクスト効果についても解明されてきた（Simonson and Tversky, 1992）。これらは消費者の外部要因である情報処理の文脈や機会として位置づけられる。松竹梅効果に見られる選択肢の配置の違いや，日常使いかギフトかといった用途などの課題の差により，ブランドの評価や選択の結果が大きく異なることが明らかになってきたのである。

　一方で，消費者情報処理研究の行き過ぎに警鐘を鳴らし，「体験としての消費」を重視すべきという声も高まっていった（Holbrook and Hirschman, 1982）。ファンタジー，フィーリング，ファン（楽しさ）といった消費者の快楽的・感情的側面の重要性を示唆するパラダイムである。後に，経験価値マーケティングの流れと相まって，消費の快楽性（堀内，2001）や買物における感情（石淵，2019）の内容が徐々に解明されていく。

《2000年以降の研究》　2000年代になると，消費者の対象に対する心理的距離の捉え方が，対象への評価に影響するという解釈レベル理論が注目を集めた（阿部，2009；外川・八島，2014）。心理的距離を遠くに捉えると解釈レベルが高くなり，対象を抽象的・本質的・目標関連的に捉えるようになる。逆に近くに捉えると解釈レベルは低くなり，対象を具体的・副次的・目標非関連的に捉えるようになる。購買前のブランド像を想い描く際の評価軸と実際の購買時に検討する評価軸とは，時間的距離の違いにより異なる可能性がある。時間的距離や社会的距離といった状況要因と，それらに影響される抽象性をもつ知識の働きが解明されつつある。

また，こうした対象に対する捉え方だけでなく，自己に対する捉え方である自己観への考察も進んできた。文化心理学（柏木ほか編，1997）の領域で議論されてきた洋の東西における文化差が，自己の認識にも大きな影響をもたらす。詳しくは本書第4章で論じられるが，相互独立的自己観と相互協調的自己観という識別は，ブランド・マーケティングを展開していく際には重要な基軸となるであろう。

　さらに，情報処理を推進する動機づけ要因の解明も進展してきた。動機づけとなる目標における焦点の状態が行動の制御に影響を与えるという制御焦点理論に関する研究群である。ここでは，焦点の状態を促進焦点と予防焦点という2つの状態から捉え，促進焦点をもつ場合にはポジティブな結果の有無，予防焦点をもつ場合にはネガティブな結果の有無が注目されると考えられる（石井，2020）。こうした点は，マーケティング分野への応用可能性も高いことから，『マーケティングジャーナル』でも特集が組まれている（小野，2018）。

2　ブランド戦略論の前史

　前節では，マーケティング研究と消費者行動研究の発展経緯の概略を論じてきた。本節以降では，これら両研究領域の影響を受けながら進展してきたブランド研究について考察していく。ここでは研究対象となるブランドに対する理解の時代的変遷を考慮して，1980年代から90年代を「ブランド戦略論の時代」と位置づけ，その前の1960年代から70年代を「ブランド戦略論の前史」，そして2000年以降を「ブランド戦略論の進展」という時代区分を設けて考察していく。まずは，ブランド戦略論が華やかに展開される夜明け前となる前史について考察していく。

■ ブランド選択行動モデル

　マーケティングを体系的に管理し，交換対象としてブランドを位置づけ，そして科学的に消費者行動を捉えるという学術的探求から，消費者のブランド選択行動をモデル化するという試みがなされていた。大きく2つの系譜に識別することができる。1つは，ブラックボックスを仮定する「刺激－反応モデル」に依拠した「反応注目型モデル」（反応のフィードバック効果を想定するモデル）

であり，確率的ブランド選択モデルの研究がこれらに分類される。もう1つは，「刺激－生体－反応モデル」に依拠し，ブラックボックスに媒介要因を仮定する「内部構造明示型モデル」である（阿部，1978）。

　前者は，買物日記などの購買履歴データに基づき，ブランドの選択行動を確率モデルにより定式化しようとする試みである。当時最新のオペレーションズ・リサーチや経営科学の分野で展開された理論やモデルを適用し，さまざまなモデルの開発が行われた（青木，2010）。後者には，ハワード＝シェス・モデルに代表されるように，ブラックボックス内にさまざまな構成概念を総合的に取り込んだ包括的概念モデルとも呼ばれる大規模モデルや，ある特定のブランドに対する態度や購買意図を測定する多属性態度モデルや購買意図モデルのような部分的モデルが含まれる。

■ ブランド・ロイヤルティとブランド認知

　マーケティングを体系的に管理するという視点からブランドの選択行動を考えると，ある特定のブランドを継続的に選択する傾向があるか否かは，当該マーケットの将来的なシェアと密接に関係してくる。継続的に選択する傾向やそのパターンなどに関心が寄せられ，今日でも多くの実務現場で利用されるブランド・ロイヤルティという概念が生まれた。一度に購買されるブランドの購買比率である購買集中度やブランドの継続購買期間の長さなど，ブランド・ロイヤルティに関するさまざまな測定尺度が開発された。これらは，実際の購買履歴に基づく「行動としてのブランド・ロイヤルティ」を指標化したものである。一方で，態度的なブランド・ロイヤルティ概念の重要性も認識されてきた。購買しているがとくに好きでもない「見せかけのロイヤルティ」といった現象も多々見られるからである。ある特定のブランドに偏った心理的な評価結果となる「態度としてのブランド・ロイヤルティ」を理解しておくことも重要となる（和田，1984）。

　また，ブランド・ロイヤルティがある特定のブランドに偏った態度や行動であるならば，その逆のブランド・スイッチングについての理解も必要になる。なぜ他のブランドにシフトしてしまうのか。多くのブランド・マネジャーを悩ますブランド・スイッチングを引き起こすさまざまな要因も1980年代以降，次第に明らかになっていった（McAlister and Pessemier, 1982；Hoyer and

Ridgway, 1984；小川，1992）。

　さらに，情報処理対象としてブランドが成立するか否かに関わるブランド・アイデンティフィケーションという概念も生まれた。これについては，ブランドの識別（ブランドＡは，ブランドＢとは異なる）や同定（ブランドＡは，ブランドＡである）と知覚との関係の重要性が指摘されていた（Allison and Uhl, 1973）。ブランド戦略の礎となるブランド認知の確立に関わる情報処理の重要性が早くから認識されていた。

3　ブランド戦略論の時代

　1980 年代は，当時の経営論の象徴ともいえる競争戦略論の影響を受けて，戦略的にマーケティングを捉える傾向性やマーケットにおけるポジショニングの重要性が強調されていた。また，消費者情報処理研究の進展により記憶の仕組みや知識の働きが徐々に明らかになり，従来からその重要性が指摘されていたブランド・イメージ，ブランド・ロイヤルティ，ブランド態度といったブランドを心理面から捉える概念が洗練化されていった。しかしながら，これらの概念は，あくまでもブランドについての断片的な捉え方であり，ブランドは「マーケティングの手段」にすぎないという認識に留まっていた（青木，2000）。

　1980 年代後半から 90 年代にかけて，交換マーケティングからリレーションシップ・マーケティングへのパラダイム・シフトが進むなかで，長期的な視点に立ち，ブランドを戦略的に捉えていく必要性が認識され始めた。業績評価の短期主義や，これに基づく安易なブランドの拡張や価格プロモーションといった短期的なマーケティング施策への見直しを含めて，長期的な資産価値の対象としてブランドが位置づけられるようになっていった。

■ ブランド・エクイティ

　ブランドに対する認識が大きく変わったのは，アーカーの著作 *Managing Brand Equity*（Aaker, 1991）からであろう。それまでは，「マーケティングの手段」として，ブランドに関する個別の概念が断片的にマーケティングに機能すると考えられていたものから，1 つの「統合体としてのブランド」が，さまざまなマーケティング活動の結果として認識されるようになった（青木，2000）。

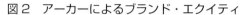

図２　アーカーによるブランド・エクイティ

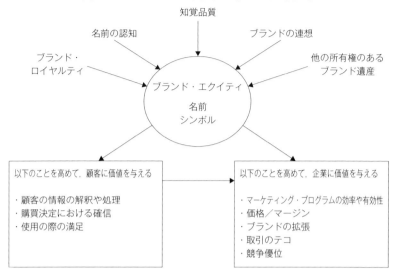

（出所）　Aaker, 1991, 邦訳 22 頁より作成。

　すなわち，ブランドが手段から目的へと大きく役割を変えたのである（以下，本書第２章も参照）。

　図２は，アーカーが示したブランド・エクイティの内容である。「ブランド・エクイティとは，ブランド，その名前やシンボルと結びついたブランドの資産と負債の集合」（Aaker, 1991, 邦訳 20 頁）と捉えられる。そして，そのブランド・エクイティを構成するのは，①ブランド認知（名前の認知），②ブランドの連想，③知覚品質，④ブランド・ロイヤルティ，⑤他の所有権のあるブランド資産という５つの資産次元である。これらのうち①から④の資産次元はすべて，消費者の頭のなかに蓄積されるブランドに関する諸概念である。こうした資産次元により，顧客に価値を提供し，さらに企業にも価値をもたらすと考えられたのである。

■ 顧客ベースのブランド・エクイティ

　消費者の頭のなかに蓄積されるブランドの資産について，より確固たる主張を展開したのが，ケラーの *Strategic Brand Management*（Keller, 1998）である。

図３　ケラーによるブランド知識の分類

（出所）　Keller, 1998, 邦訳 132 頁より作成。

　ここでは，消費者のもつブランド知識の重要性を考慮した顧客ベースのブラン
ド・エクイティという概念が提唱され，「あるブランドのマーケティングへの
消費者の反応に，ブランド知識が及ぼす効果の違い」（Keller, 1998, 邦訳 78 頁）
として定義される。「マーケティングへの消費者の反応」とは，ブランドに関
するさまざまなマーケティング施策に対する知覚・選好・行動のことであり，
これらの反応モードすべてにおいてブランド・エクイティは構成されると考え
られている。そして，こうした消費者の反応における違いは「ブランド知識」
により生じると捉えられる。さらに，「効果の違い」とは，たとえブランド名
を有していたとしても，反応の差異が生じなければ，単なるコモディティにす
ぎないとされる。すなわち，ブランド知識に基づいて，知覚・選好・行動とい
う反応に明確な差異をもたらすもの，これがブランドであると考えられたので
ある。
　ブランド・エクイティの源泉を消費者のブランド知識に求めたケラーは，多
属性態度モデルが想定するように「ブランドと属性の結合」に焦点を当て，ブ
ランド知識を分類した。図３は，その分類を示している。ブランド知識は，大
きくブランド認知とブランド・イメージに分類される。ブランド知識を構成す
る礎となるのがブランド認知であり，その深さと幅によりブランド再生とブラ

ンド再認に識別される。ブランド再認とは，たとえば自販機の前で「このブランドを知っていますか？」と指差され「知っています」と回答するときのように，過去に形成されたブランド認知を再び確認する能力である。ブランド再生とは，たとえば「炭酸飲料といえば？」という手がかりを与えられ「コカ・コーラ」と回答するときのように，過去に形成されたブランド認知を再現する能力である。認知的な処理負荷の高いほうがブランド再生であり，より深い認知レベル，そしてさまざまな使用状況を知っているといった認知の幅が要求される。

　ブランド・イメージは「ブランドと属性の結合」として考えられ，ブランド連想として示される。ブランドと結合する属性の抽象水準がブランド連想のタイプとされ，抽象水準の低い順から属性・ベネフィット・態度が示されている。これらがどのようにブランドと結合しているかを理解する必要がある。抽象水準の最も低いレベルにあるのが，ブランドを構成する製品の物理的・客観的な成分となる製品関連属性である。飲料であれば，カフェイン，ビタミンＣなどである。製品非関連属性とは，ブランドを構成する製品の外的側面とされ，マーケティング施策や売り方などによるものとされる。図３では，価格，使用者イメージと使用イメージ，ブランド・パーソナリティ，フィーリングと経験が示されている。ケラーがあえて製品非関連属性を明記したのは，いわゆるイメージとして機能するこうした「実体のない属性」（intangible attribute；Hirschman, 1980）の果たす役割が，ブランドではきわめて大きいと考えたからであろう。

　ベネフィットとは，消費者が属性に付与する個人的な価値や意味のことである。客観的な属性を主観的に捉える分だけ，抽象化のレベルは高まる。ここでは，消費者の動機に基づき，機能的・経験的・象徴的ベネフィットに識別されている。そして，ブランドと結合する抽象化水準の最も高いのが態度である。ブランド態度とは，ブランドに対する全体的な評価のことである。ケラーは多属性態度モデルを参考にして，製品の客観的な属性や外的側面に基づき，個人的な価値や意味となる主観的なベネフィットを見出し，これらの組み合わせによってブランド態度が形成されると想定したブランドの知識構造を明確化したのである。こうした背景には，1980 年代から活発に議論されてきた情報処理を捉える１つの枠組みである精緻化見込みモデルに端を発する態度構造に関す

る議論（土田，1994）や，手段－目的連鎖モデルやカテゴリー化研究に見られる知識の抽象化構造の解明などが大きく寄与していると考えられる。

さらにケラーは，ブランドとの結合関係を示すブランド連想のあり方を論じている。確固たるブランド・エクイティを構成するには，「強く，好ましく，そしてユニークな連想を，ブランドがこの順序で保持しているということ」（Keller, 1998，邦訳140頁）が重要だと述べている。ブランド連想における強さとは，記憶痕跡としてどれだけ強くブランドが残っているかである。そのためには，消費者の知識構造に関する正確な理解が求められる。また，ブランド連想の好ましさとは，消費者の価値に関わるものであり，消費者の価値構造を明確に把握しなくてはならない。さらに，ブランド連想のユニークさとは，他の競合ブランドとの相対的関係のなかで見出されるものであるために，消費者が見出す競争構造に関する理解が必要になる。

■ 顧客視点に基づく戦略論の展開

1980年代の競争戦略論では，特定のマーケットで同一戦略をとるひと塊りの企業群は戦略グループとして定義された。この戦略グループの識別には，移動障壁の源泉，組織形態，垂直統合の程度，製品ラインの広がりなど，企業が置かれている産業構造や企業がもつ経営資源に依存する基準が想定された。また，経営資源とも考えられるマーケット支配力であるシェアから，リーダー，チャレンジャー，フォロワー，ニッチャーといった競争地位による戦略の違いが議論されていた。こうした戦略グループや競争地位に基づき，企業の立ち位置となるポジショニングによる戦略の差異が強調されていた。しかしながら，戦略グループ間では取りうる戦略が大きく異なるのは理解できるが，同じ戦略グループ内でもとりうる戦略には違いがあるはずである。また，同じリーダーでもマーケットが異なれば，とりうる戦略に違いも出てくるであろう。

1980年代の競争戦略論は，企業のもつ外部要因や経営資源となるリソースに基づく競争戦略論であったのに対して，ブランド戦略論は，顧客視点に基づくことを明確にした戦略論であったと考えられる。同質的な戦略グループ内における他の競合ブランドとの差異を捉えるには，微妙な消費者の認識を把握しなくてはならない。また，マーケットが異なれば，それらで展開されるブランドのポジショニングへの消費者の認識も異なるものとなるであろう。

ケラーのブランド戦略論では，消費者のブランド連想における相違点（point of difference）と類似点（point of parity）によるポジショニングの明確化が主張される。これらは自社ブランドと他の競合ブランドがどのような点で異なり，どのような点で類似するかを，「ブランドと属性との結合」であるブランド連想を基軸に捉え，ユニークさを打ち出す点，最低限必要とされる点を的確に把握しておくことの重要性を示唆している。こうした主張は，評価や選択の際に設定される知識の抽象化水準や，評価や選択の際に考慮するブランド群である考慮集合の議論と関係する。消費者はブランド間比較を行う際に，どの抽象化水準で，どのような比較可能性（comparability）の軸を用いるのか（Johnson, 1988；Corfman, 1991）。考慮集合として，どの程度の選択肢の範囲までを許容するのかという競争の準拠枠がどのように設定されるのか。こうした微妙な消費者の認識に基づくブランド戦略論が展開されたのである。後にアーカー（Aaker, 2011）は，brand relevance という概念を提唱し，消費者の創造する認識枠組みを基軸にした戦略的なブランドによるイノベーションを論じている。

4 デジタル化が推進するブランド戦略の進展

■ ブランド・レゾナンスの下位次元探求

さらにケラー（Keller, 2003）は，強いブランドの構築のためにブランドと消費者との間に強い関係性を築くことの重要性を唱え，図4が示すようなブランド・レゾナンスを頂点とするブランド・ビルディング・ブロックの設計を主張した。レゾナンスとは共振や共鳴を意味し，関係性の質的中身として，ブランドが消費者に響き渡るものになることと示唆される。具体的には，ロイヤルティとしての行動，愛着としての態度，コミュニティへの意識，積極的なエンゲージメントと考えられている。2000年代からは，ケラーが示したブランド・レゾナンスの具体的な下位次元を探求し，洗練化するべく，これらがブランド戦略を構成する各論として積極的に議論されている。

2000年代になってからのブランド論の潮流変化を指摘した青木（2014）は，「2000年以降になると，単なる競争優位の追求だけでなく，価値の創造と獲得・維持を重視する立場から，ブランド価値の構造や顧客との関係性のあり方を問う議論が主流となっていった」（5頁）と述べ，ブランドの経験価値，ブラ

図4 ブランド・ビルディング・ブロックの下位次元

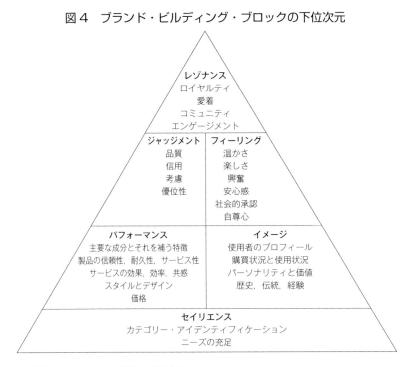

レゾナンス
ロイヤルティ
愛着
コミュニティ
エンゲージメント

ジャッジメント
品質
信用
考慮
優位性

フィーリング
温かさ
楽しさ
興奮
安心感
社会的承認
自尊心

パフォーマンス
主要な成分とそれを補う特徴
製品の信頼性，耐久性，サービス性
サービスの効果，効率，共感
スタイルとデザイン
価格

イメージ
使用者のプロフィール
購買状況と使用状況
パーソナリティと価値
歴史，伝統，経験

セイリエンス
カテゴリー・アイデンティフィケーション
ニーズの充足

（出所）　Keller, 2003, 邦訳54頁より作成。

ンド・リレーションシップ，ブランド・コミュニティなどが，ブランド研究の新たな視点としてクローズアップされていったと指摘している。こうした潮流の変化は，マーケティング研究におけるパラダイム的な認識として経験価値マーケティングが強く叫ばれるなか（鈴木，2017），サービス・ドミナント・ロジックが示す価値の共創的側面の重要性が認識され（矢作，2021），急速なデジタル化が推進されたためであろう。

■ ブランド・エンゲージメント

　とくに大きくブランドとの関係性のあり方を問う形で関心が寄せられたのは，ブランドに対するエンゲージメント概念であろう。すでに述べたようにブランドに対する行動面でのロイヤルティ概念は，従来から反復購買を示すものとして重要なマーケティング指標とされてきた。これに対して，態度面でのロイヤ

表1　ロイヤルティとエンゲージメントの比較

	ロイヤルティ	エンゲージメント
理論枠組み	関係性マーケティング	関係性マーケティング
主　体	顧　客	顧　客
関係のあり方	経済的関係	社会的関係
行　動	反復購買	継続的な社会的関係行動
関　与　度	高関与	高関与
主体間の関係性	主従（上下）関係	対等な関係
目的のあり方	合理的	非合理的（無目的）
取得データ	購買データ（ID-POS）	顧客接点に関わる全データ

（出所）　西原，2020，77頁より作成。

ルティへの関心も高まり，ブランド・コミットメント概念が態度的指標として位置づけられた。この概念は，感情的・計算的・陶酔的なコミットメントという構成要素に識別され，行動に影響を及ぼすことが示された（井上，2009）。ただし，コミットメント概念については，強い思い入れとして現れる動機づけ要因となる関与的な性格を有することや，満足とロイヤルティを媒介する購買意図的な位置づけからも捉えられるなど，必ずしも収束した認識にはなっていない。

　多様なモバイルデバイスの出現やソーシャルメディアの普及に伴うデジタル化により，知覚・選好・行動に関する消費者のさまざまな反応情報が，これまで以上に容易に取得できるようになった。従来は，ブランドの反復購買に示される行動面でのブランド・ロイヤルティが主な行動指標として捉えられてきたが，現在のデジタル環境下では反復的な購買行動だけでなく，ブランドに関する多様な顧客接点におけるさまざまな情報の把握が可能になった。たとえば，ソーシャル・メディアにおけるさまざまなクチコミ行動や推奨活動，情報探索行動，イベントへの参加などに関するあらゆるデータである。

　西原（2020）は，購買を超えた行動としてのエンゲージメント行動への関心から，ロイヤルティとエンゲージメントの概念比較を表1のように示している。両概念はともに，関係性マーケティングの理論枠組みにあり，顧客主体であり，高関与状態で生起する点では同じである。しかしながら，エンゲージメントは継続的な社会的関係行動であり，主体となるブランドと顧客は対等な関係であ

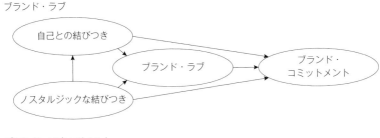

図5　ブランド・ラブとブランド・アタッチメント

ブランド・ラブ

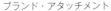

ブランド・アタッチメント

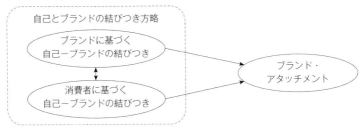

(出所)　ブランド・ラブ：斉藤ほか，2012，74頁より作成。
　　　　ブランド・アタッチメント：菅野，2013，242頁より作成。

り，目的は非合理的，すなわち感情的ないしは無目的であるとされる。「推し活」などとして表出する「応援消費」（水越，2022）なども，消費者のエンゲージメント行動の具体的な現象として捉えられる。感情的目的をもつ態度的側面と，そこから派生する購買を超えた多様な社会的関係行動の解明へと関心が向けられている。

■ ブランドへの愛着

　ブランドに対する態度と行動の溝を埋める努力は，これまでにも行動意図や行動統制感といった構成概念が設定されながら数多く行われてきた。現在でもその努力は続いており，とくにブランド・レゾナンスを実現するために，ブランドの態度要因を考察するブランド・ラブやブランド・アタッチメントなどが議論されている。斉藤ほか（2012）では，すでに述べたブランド・コミットメントをより購買を意識した購買意図と位置づけ，ブランドに対する強い感情的反応となる情動としてのブランド・ラブが，「自己との結びつき」や「ノ

スタルジックな結びつき」とも関連性をもちながら影響することを示した（図5）。「自己との結びつき」とは，現在の自己概念とブランドとの一貫性のことである。また，「ノスタルジックな結びつき」とは，ブランドを手がかりとしたときの「過去の自己の検索可能性」「過去の自己概念」「過去のエピソード」「エピソードを経験した際の感情の記憶」としている。

　また菅野（2013）は，自己とブランドの結びつき方略に着目して，「ブランドに基づく自己−ブランドの結びつき」と「消費者に基づく自己−ブランドの結びつき」を識別して，見せかけではない真のロイヤルティの先行要因となるブランド・アタッチメント（愛着）への影響を考察した。彼女は，ブランド・アタッチメントは，自己とブランドの結びつき方，すなわち結びつき方略がどのようなものであるかに影響を受けると考え，企業が創造するブランド・コンセプトや製品・サービス力に基づく結びつき方と，消費者自らが生み出す結びつき方を比較して，後者のほうがブランド・アタッチメントに強い影響を与えることを示した。

　ブランド・ラブやブランド・アタッチメントに関する研究から示唆されるのは，ブランドと消費者がどのような関係をもっているかを正確に把握する必要性である。これまでにも，消費者が自らを捉える自己概念の重要性が指摘されてきたが，デジタル化の進展により，デジタル空間における自己概念の比重が増し，さらにタッチ・ポイントが多様化するなかで実践される企業主導のデジタル施策の比重も増していく。したがって，関係性のあり方については，消費者の生活や購買におけるリアル空間とデジタル空間のバランス，そして各空間におけるブランドと消費者のパワーバランスを常に把握しておかなくてはならない。

■ ブランド・コミュニティ

ブランド・コミュニティについては，インターネットの普及とともに生成されてきたデジタル空間における展開への関心が拡大してきた。当初は，「消費者主導によるブランド・コミュニティ」が議論の中心であったが，インターネットの普及を背景にしたリレーションシップ・マーケティングの具体的実践を意図する「企業主宰型のブランド・コミュニティ」の重要性が指摘された（山本，2009）。ブランド・レゾナンスを醸成するために，どのようなブランド・コ

ミュニティを展開するかは，きわめて重要な戦略課題となる。

　ブランド・コミュニティへの参加意識を探りながら，その参加規定要因が明らかにされつつある（羽藤，2016）。宮澤・松本（2022）は，オンライン上，ソーシャル・メディア上のブランド・コミュニティには，メンバーとの相互作用だけではなく，ブランド・コミュニティの主宰企業との相互作用，主宰企業による働きかけの重要性があることを明らかにした。また，ソーシャル・メディア上ではブランド・コミュニティとは異なり，メンバー間の相互作用や同一性を必要としない，新たな場としてのブランド・パブリックという概念も登場してきた（麻理，2020：本書第2章も参照）。ブランド・コミュニティという社会の特定化には，コミュニティ・メンバー間の相互作用のあり方を問う必要性がある。

　デジタル化の進展に伴うソーシャル・メディア上でのブランド・コミュニティに加え，コロナ禍で飛躍的に増加した企業主宰のオンライン・コミュニティ型プラットフォームも多様化している。こうしたプラットフォームでは，対象をある特定ブランドに限定して直接的なリレーションシップの構築を目指すタイプ，対象をあるブランドに限定せずに「プラットフォームというブランド」に集わせて，間接的なリレーションシップの構築を支援するタイプなど，多様な形態が出現しつつある（大山ほか，2022）。ブランド・コミュニティの枠をどの程度まで想定するかという問題は今後，こうしたプラットフォームの議論とも関連させながら検討していくことが必要になるであろう。

おわりに

　田中（2000）は，ブランドが重要となったマーケット環境について以下のように整理している。①生産技術諸力の発達による品質の平準化やサプライチェーン・マネジメントの進展，②競争の高度化とグローバル化による世界規模でのコンセプト競争，③規制の撤廃や緩和による消費者選択の自由化，④流通パワー台頭によるNB（ナショナル・ブランド）とPB（プライベート・ブランド）との戦い，⑤サービス化の進展による経験のブランド化，⑥企業間の提携戦略によるブランド単位での切り売り，⑦株式市場での評価獲得，⑧タイムベース技術革新競争による革新の貯蔵庫の必要性。これらに加え，現在ではマーケット環境の至る所でデジタル化が推進されており，消費者のタッチ・ポイントも多

様化し，こうしたタッチ・ポイントで展開されるデジタル経験の場も広がりを増している。

　こうしたデジタル化がブランドに追い風になればよいが，いったん逆風になると，これまで以上にコモディティ化への道が加速化するであろう。サイモンソンとローゼン（Simonson and Rosen, 2014）は，製品やサービスの体験の質を「絶対的価値」として捉え，デジタル環境のもとでは，消費者はこれまで以上にかなり正確にこの「絶対的価値」を予測できるようになり，相対的要因として機能するブランドの影響力は急激に低下する可能性があると警鐘を鳴らしている。また，消費者のアイデンティティ表現となるブランドによる自己呈示機能の限界も指摘され始めている。ソーシャル・メディアで投稿を繰り返すことにより，自己呈示欲求が充足してしまい，ブランドに対する購買意欲がこれまでよりも低下するという事態である（山本，2022）。

　デジタル化によるこうした逆風を十分に考慮しながら，「新たな価値創出のメカニズムとしてのブランド」の意義を積極的に見出していく必要がある。1つのヒントは，偶有性（contingency）を確実に捉えることであろう（石井，2009）。たとえば「キットカットがお守りになる」という偶然性への理解である。また1つは，第三の力を呼び込む視点をもつことである。企業と消費者でつくられる価値共創を超えて，任意の第三者をも想定した新たな「価値協創」（和田ほか，2020）という認識も必要となる。デジタル化が推進されることにより，偶有性の起きる可能性や任意の第三者が新たな価値創出に参加する可能性が大きく広がるためである。

第4章

社会的自己とブランド戦略

杉谷 陽子

　本章では，消費者の自己概念（「私は○○であるという認識」）とブランドとの関連性について焦点を当て，デジタル時代にどのような変化が生じているかを展望する。人間は「社会的動物」といわれるとおり，家族・職場・学校などのさまざまな所属集団のなかで，自らの役割を見出し，アイデンティティを形成し，「こうありたい」「こうあるべき」という自己像を抱く。その自己像の実現に，ブランドは大きな役割を担ってきた。どんなブランドを身につけているかは，自分自身を周囲の人々に対してどのように見せたいか，に直結している。消費者は，その場の状況に合わせて，また，自己像に合わせて，購入するブランドを選択しているのである。したがって消費者の自己像が変われば，選ばれるブランドは変わる。

　本章では，まず，ブランドがもつ社会的機能について，「社会規範」「準拠集団」のキーワードを用いて解説する。次に，自己概念に合わせたブランド購買について論じる。消費者は「自分らしい」ブランドを購入したいと考えているが，自分らしさは常に一定ではなく，変化しやすく，また，文化によっても多様である。このような自己概念の多面性とブランド選択のありようを解説する。最後に，デジタル時代の到来により，ソーシャル・メディアなどを用いた消費者対消費者のコミュニケーションが一般化したことで，「他者に見せる自己像」がインフレを起こし，消費者の幸福感が低下している現状を指摘する。今，消費者は「見せびらかし」のブランド購買から離れつつある。倫理的消費によって他者からの支持を得ること，あるいは，「ありのまま」の自分らしいブランドが，デジタル時代に求められていることを指摘する。

はじめに

　もしあなたの目の前に，パタゴニアのジャケットやシューズを愛用し，プリウスに乗り，食事はいつもオーガニック・レストランを選ぶという人がいたら，あなたはその人を，どのような性格の持ち主だと思うだろうか。あるいは，リッツ・カールトンで食事をすることが趣味で，会社にはポルシェで通勤し，服飾品はプラダやグッチを愛用している人に対しては，どのようなイメージをもつだろうか。もちろん，その人たちの本当の価値観や人となりは，長く付き合って，じっくりと話してみなければわからない。しかし，数少ないブランドの情報から，私たちはある程度その消費者の価値観やアイデンティティを推測できる。動物愛護に熱心な消費者が，リアル・ファー（毛皮）で有名なブランドを愛用するはずがない。それを経験的に知っている。また，身につけているブランドを手がかりとして，周りの人々から自分の価値観やパーソナリティが推測されていることも，私たちは知っている。だから私たちは，「自分らしくない」ブランドを身につけたくないし，「相手に良い印象を与える」ブランドを状況に応じて使い分ける。つまり，ブランドには，身につけているだけでお互いが「何者なのか」を伝えあう，静かなコミュニケーション力が備わっているといえる。

　デジタル社会は，このようなブランドの社会的役割に，どのような影響を与えたのであろうか。SNS を通じて，互いの生活が常時可視化される状況で，消費者の「見せたい自分像」はどう変化していくのであろうか。

　本章では，ブランドの社会的役割に関するこれまでの議論を紹介するとともに，デジタル時代の「社会的自己」を解き明かす。

1　ブランド購買の社会的側面

■ 顕示的なブランド購買

　私たちはさまざまなモノやサービスを消費して生活を送っているが，現代社会では，あらゆる商品・サービスにおいて豊富なブランドの選択肢があり，純粋に「実利」のみを目的として購買行動をとることはきわめて少ない。たとえば，Apple 社の Mac を購入する人は，単に PC が必要だったから「Mac を使っている」わけではなく，「Mac のユーザーである」ということに価値を見出

している（Wanke, 2008）。

　田中（2014）は，ブランドが消費者にもたらす機能を，次の３つに整理している。認知的機能（より良い製品を選択するための簡便で素早い判断の手がかりを提供する機能），感情的機能（使用に伴ってさまざまな感情を喚起する機能），想像的機能（ストーリーや象徴的意味を作り出す機能）の３つである。これらのブランドの機能，とりわけ感情的機能と想像的機能は，経済学の価格弾力性の考え方（財の価格が下がれば需要が増すという原理）に反し，価格が高ければ高いほど需要が増す，という現象を生む。たとえば，数千万円クラスの高級自動車や腕時計のブランドは，高額であることをみんなが認知しているからこそ，所有することに価値がある。アメリカの経済学者ヴェブレンは，このような消費行動を顕示的消費と呼び，消費行動の社会的側面を指摘した（Veblen, 1899）。

　顕示的消費は，高価格の製品を購買することで，自らの社会的地位や経済力を他者に示したいという動機づけによって行われる。ラグジュアリー・ブランドの購買理由の１つは，このステイタス誇示の動機づけであるとされる（Griskevicius et al., 2007, 2010；Han et al., 2010）。

　それでは，なぜ消費者は，コストを支払ってまで他者に地位や富を顕示したいと感じるのだろうか。この理由については，進化論から説明されている。社会集団において，社会的地位が高く「資源（例：財力）」を有すると見なされる人は，他者から尊敬を集め，生存可能性および子孫を残せる可能性が高くなる（Cheng et al., 2010）。つまり，顕示的消費は人間の生存に関わる欲求に基づいている（Anderson et al., 2015）。とりわけ男性において顕示消費の傾向が強く見られ（Panchal and Gill, 2020），プレステージ・ブランドの購買によって消費者は心理的な幸福を得ることができる（Hwang and Hyun, 2012；Kumar et al., 2021）。

　その動機が生存や生殖などの人間の根源的な欲求に基づくことから，デジタル時代においても，他者にステイタスを示したいという消費者の顕示的消費は普遍的である。ただし，その形は変化しつつある。たとえば最近では，ラグジュアリー・ブランドの購買ではなく，SNS上で「忙しさ」や「人気」など自らの影響力を顕示する（Valsesia et al., 2020；Wang et al., 2021），寄付などの社会貢献活動をアピールする（Griskevicius et al., 2010；Jin et al., 2020；Johnson et al., 2018）ことで自らの社会的地位を示そうとする傾向が見られる。

■ 準拠集団と重要他者の影響

　個人の購買意思決定に他者の意向が大きな影響を与えていることについては，1970 年代より消費者行動研究においてさまざまな研究が蓄積されてきた。たとえば，行動意図モデル（Fishbein and Ajzen, 1975）では，消費者の購買意図は「購買に対する態度」（当該商品を購入することに対する消費者個人の評価）と「主観的規範」によって決まるという考え方が提唱された。

　「主観的規範」とは，購買に対する「知覚された社会的圧力」（Schifter and Ajzen, 1985, p. 844）である。個人的にブランド A を気に入って（購買に対する態度が肯定的），購入したいと思っているとき，周囲の賛同や推薦（肯定的な主観的規範）が得られれば購入に至るだろうが，もし周囲の人々から反対されたらどうであろうか。誰から反対されたかにもよるだろうが，場合によっては，購買を断念するであろう。

　このように主観的規範を方向づけ，個人の購買意思決定に大きな影響を与えるような集団あるいは個人を「準拠集団」と呼ぶ（Bearden and Etzel, 1982, p. 184）。消費者はどのようなブランド選択が好ましいか自信をもてないときに，周囲の他者，とりわけ準拠集団のメンバーがどう考えているか，実際にどうしているか，という情報を参考にして判断する。たとえば，職場でどんな服装をしたらよいかわからないときには，同僚の服装に合わせたりする。このような明文化されてない集団の暗黙ルールのことを「社会規範」（「集団規範」）と呼ぶ（Cialdini and Goldstein, 2004）。社会規範については，詳しくは次項で説明する。

　準拠集団の影響が働く前提には，その集団内で高く評価されたい（あるいは，低い評価を避けたい）という動機づけが存在する。つまり，「準拠集団」は，消費者個人にとって重要な他者で構成される集団であることが必要条件である（Escalas and Bettman, 2005）。具体的には，職場や学校などで日常的に接する人々，家族や友人などの個人的に深いつながりのある人々，スポーツ選手やタレントなどの憧れの人々が，準拠集団となることが多い。しかしデジタル社会においては，SNS にプライベートな生活に関する情報を投稿し，友人同士で見せあうことが一般的になった。したがって準拠集団は，必ずしも職場や学校などの日常生活の範囲に収まらない。オンライン・ゲームで知りあった仲間（顔は見たことがない），あるいは，いつも SNS を見てくれている不特定多数の他者（おそらく自分と似た同年代と推測されるが見ず知らずの人）の視線ですらも，

強大な社会的影響をもたらすようになった（Cheung et al., 2011）。

■ 社会規範と消費行動

「社会規範」とは、「ある集団のメンバー間で共有されているルールや基準であり、法的な拘束力なくして人の行動を促進したり制限したりするもの」（Cialdini and Trost, 1998, p. 152）である。たとえば、コロナ禍において日本ではマスクの着用は法的義務ではなかったが、コロナ禍3年目の2022年においても国民のほとんど全員がマスクを着用していた（株式会社日本リサーチセンター, 2022）。

社会規範には、「命令的規範」と「記述的規範」の2種類があるとされる（Cialdini et al., 1990）。命令的規範とは、「ある集団においてほとんどの人々が望ましい（あるいは、望ましくない）と考えていること」であり、たとえば、「外出時は常時マスクを着用するのが好ましい」というような暗黙のルールを意味する。記述的規範とは、好ましいかどうかはさておき、「ある集団のほとんどの人たちが何をしているか」ということである。たとえば、「公園で遊んでいる人はみんなマスクをしていた」など、集団の多数派の実際の行動を表すものである。

多くの研究が、社会規範の強大な影響力を明らかにしている一方で、さまざまな調整要因（社会規範の影響力を強めたり、弱めたりする要因）も指摘されている。たとえば、ある社会において、長らく受け入れられてきた行動様式と、新しい行動様式とでは、私たちはどちらに従おうとするだろうか。これまでの研究成果を集約すると、望ましい行動の場合、新しい行動よりも古くから存在する行動に従う傾向が強いことがわかっている（Melnyk et al., 2022；表1を参照）。たとえば環境対策ならば、リサイクルや節電などの慣れ親しんだ行動は協力を得られやすいが、環境に優しい最新テクノロジーの普及には困難が伴う。また、国や地域ごとの文化や人々の価値観によっても社会規範の影響力は変わる。たとえば、個人の自由な意思決定が重んじられる文化圏では、国の意思決定に従うことが求められる文化圏よりも、社会規範の影響力が小さくなる（Alvarez et al., 2022；Melnyk et al., 2022）。

表 1　社会規範の影響力の調整要因（これまで検討されてきたもの）

①ターゲットとなる行動のタイプ	社会的に望ましいor望ましくない	寄付やリサイクルのような社会的に望ましい行動でも，喫煙やギャンブルのような社会的に望ましくない行動でも同様に，社会規範によって影響を受ける。
	既存の行動or新しい行動	社会規範は，望ましい行動の場合には，新しい行動よりも従来からある行動を強く促進する。一方，社会的に望ましくない行動の場合，従来からある問題行動よりも新しい問題行動を抑制する力が強い。
	快楽的行動or実利的行動	社会規範は，快楽的行動にも実利的行動にも同様に，影響を与える。
	他者の利益になる行動or自己の利益となる行動	社会規範は，他者に利するような行動（例：援助，寄付）において，その影響力が強くなる。
	公的な行動or私的な行動	社会規範は，公的な行動にも，私的な行動にも同様に，影響を与える。
②消費者のコスト	社会規範に従うことに伴う労力	社会規範に従うために多大な労力が必要かどうかは，社会規範の影響力に関連しない。
	社会規範に従うことに伴う金銭	社会規範に従うことに多額の金銭的支出を伴うほど（例：1億円の寄付），社会規範が行動に与える影響力は強い。これは，行動に多額の支出を伴うほどに，その行動をとることが高く評価され，ステイタス・シグナルとなるためである。
	社会規範に従うことに伴う時間	社会規範に従うために多くの時間が必要かどうかは，社会規範の影響力に関連しない。
③コミュニケーション要因	記述的規範or命令的規範	記述的規範のほうが，命令的規範よりも，影響力が大きい。
	組織が明示された規範or組織が明示されない規範	社会規範は，対象となる組織（例：企業，政府）が明示された場合，その影響力が強くなる。
	親密な集団or親密ではない集団	親密な集団（例：同僚，家族）が言及された社会規範は，関係の遠い集団（例：国民，人々）が言及された社会規範よりも，影響力が強い。
	権威のある人物が関わっているor関わっていない	権威のある人物（例：上司）が関わっている社会規範も，そうではない社会規範も同様に，影響力が認められた。
④環境要因	伝統的価値観or世俗的価値観	社会規範は望ましくない行動を抑制する力をもつが，その影響力は，世俗的価値観をもつ人々において（伝統的価値観をもつ人々よりも）弱い。
	生存重視or自己表現重視	社会規範は望ましくない行動を抑制する力をもつが，その影響力は，生存重視の人々において（自己表現重視の人々よりも）弱い。
	時　代	1977年から2019年にかけて，社会規範が望ましくない行動を抑制する力が強くなっている。社会規範が望ましい行動を促進する効果については時代の変化は見られない。
	自由が期待される文化or自由が期待されない文化	自由が期待される文化圏では，（自由が期待されない文化圏よりも）社会規範の力が弱くなる。

（出所）　Melnyk et al., 2022 より作成。

2 ブランド選択における自己

■ 自己とブランドのつながり

　自己概念（self-concept）とは，人が自分自身のさまざまな特性に関してもっ
ている信念のことである（Sirgy, 1982）。「あなたはどのような人ですか？」と
問われて，人が自らを記述した内容が，その人の自己概念である。たとえば，
「私は規律正しく，社交的な人間だ」といったものがこれにあたる。

　ブランド研究において，消費者がブランドを選択・購入する際の最も強力な
予測因の1つとされてきたのが，「自己とブランドのつながり」（self-brand con-
nection）という概念である（Escalas and Bettman, 2005；Park et al., 2010；Shimul,
2022）。「自己とブランドのつながり」は，「ブランドが自己概念に統合されて
いる程度」（Escalas and Bettman, 2003）と定義されており，平たくいえば，「自
分自身とブランドとの間に知覚された感情的な絆」を意味する[1]。

　自己がブランドと統合されるという考え方は，社会心理学の「自己拡張理
論」（self-expansion theory；Aron and Aron, 1986）に由来する。自己拡張理論は，
人は親しい他者をあたかも自分自身の一部であるように捉えていることを指摘
し，これを「自己拡張」と呼んだ（Aron and Aron, 1986；Reimann et al., 2012）。
人間は，自分が人生のさまざまな目標を達成する能力があると感じたいという
基本的欲求をもち，そのために他者と親密な関係を結びたいという関係性欲求
をもっている。そして他者と親しい関係を築き，時間をともに過ごすうち，あ
たかもその他者を自分自身の一部のように感じるようになる。そうすれば，そ
の他者がもつさまざまな能力や資源（例：財力，人脈）を，自分自身のものと感
じられるようになり，自己効力感が高まるためである。

　では，消費者はどのようなブランドに対してつながりを感じるのか。それは，
各消費者の自己概念とブランドのもつイメージ（ブランド・パーソナリティ）が，
どれくらい類似しているかによって生じると考えられてきた。冒頭に挙げた例
のように，「私は規律正しい人間だ」と思っている人は，品質に定評があって
信頼性の高いブランドに対して絆を感じやすく，自由奔放で「やんちゃな」イ
メージのあるブランドにはつながりを感じにくい。

　消費者は「自分らしい」と感じるブランドを人間のように愛し，それを使用

することで自らの自己概念を確認し，自己高揚（後述）し，他者に自分自身を表現するために利用している。自己とブランドのつながりは，購買行動を予測するだけではなく，たとえば，悪いクチコミを見かければ，それに反論するというブランド擁護（brand advocacy）行動も見られることが指摘されている（Cheng et al., 2012；Wilson et al., 2017）。

■ 自己概念の多面性：理想自己，義務自己，現実自己

「自己とブランドのつながり」に関して議論する際には，自己概念が多面性を有するという点に注意が必要である（Aaker, 1999；Higgins, 1987）。突然「自分らしいブランドはなにか」と問われたとき，あなたがとっさに頭に思い浮かべるのはどのようなブランドであろうか。「こんなふうになりたい」という自分を表現する憧れのブランドかもしれないし，最近一番よく買っている愛着のあるブランドかもしれないし，不本意ながらも自分の身の丈に合っていると感じているブランドを挙げるかもしれない。

自己不一致理論（self-discrepancy theory；Higgins, 1987）では，自己概念を「理想自己」（ideal self），「義務自己」（ought self），「現実自己」（actual self）の3つに整理している。「理想自己」とは「なりたい自分像」であり，「義務自己」とは「あるべき自分像」である。いずれも自分自身の理想や重要他者からの期待を反映した自己像であり，自己研鑽の指針となる自己概念である。一方で，「現実自己」は，現状の自分自身を反映した「ありのままの自分」である。理想自己および義務自己と，現実自己の間に大きな乖離があると，精神的健康に対して悪影響を与えるとされている。

では，ブランド購買を予測する「自己像」とは，理想自己と現実自己のどちらであろうか。2回の大規模な消費者調査の結果からは，理想自己よりも現実自己とイメージが一致しているブランドに対して，人は強い感情的絆を抱くことがわかった（Malär et al., 2011）。ブランドのイメージが理想自己と一致しているブランドの場合，ブランドに対する強い感情的絆は生じなかった。読者のなかには，ファッション・ブランドの場合は現実の自分に見合ったものしか買えないが，電化製品であれば理想自己との一致が重要なのではないかといったように，製品カテゴリーによって結果が異なるだろうと予測される方がいるかもしれない。しかし，この調査では，消耗品，耐久財，サービス，小売を含む

複数のカテゴリーのブランドに対する評価を扱い，あらゆるカテゴリーで同じ結果が得られることを確認している。

　以上のことから，消費者は「ありのままの自分」と似たブランドに対して感情的な絆を抱き，絆を感じるブランドを購買・利用することで，自己効力感を高めていることがわかる。自己とブランドのつながりに関する研究は，ブランドが拡張自己として働き，消費者の自尊心や自己効力感を上昇させる，すなわち，消費者の精神的健康を高める力をもつ可能性をも示唆している。

■ 社会的自己とブランド選択

　それでは，多くの消費者がもつ現実自己は，どのような自己像であろうか。もし企業が消費者の自己概念に寄り添い，自己とブランドのつながりを構築したいと考えるならば，現代社会における消費者の「自己」を解き明かすことは重要な課題であろう。

　自己概念は，社会のありよう，すなわち，社会制度や文化によって規定されることが知られてきた。たとえば，ブランド・パーソナリティ（brand personality；Aaker, 1997）を提唱したアーカーは，自己概念の順応性（malleable self）を指摘し，消費者が属する文化によって自己の捉え方が異なり，それに沿ってブランド選択が大きく変わることを指摘した（Aaker, 1999；本書第2・3章も参照）。

　自己概念の文化差のなかでも，マーケティング研究で最も多くの関心を集めてきたのが「文化的自己観」（self-construal；Markus and Kitayama, 1991）である。文化的自己観とは，「ある文化において歴史的に作り出され，暗黙内に共有されている人の主体の性質についての通念」（北山・唐澤, 1995, 134頁）であり，自己観は「相互独立的自己観」（independent self-construal）と「相互協調的自己観」（interdependent self-construal）の2つに分類される。

　相互独立的自己観とは，自己を他者とは明確に区別し，自らの独自性や個人的な成果を上げることを重視するような自己の捉え方である。主にキリスト教の影響を強く受けた個人主義文化をもつ西洋諸国（例：北アメリカ，イギリス，ドイツなど）の人々において顕著に見られる考え方であるとされる（Markus and Kitayama, 1991）。一方で，儒教や仏教の影響を受け，また，米を主食とする地域が多い東アジアの国々では，集団主義文化がはぐくまれ，自己を他者との関

係性のなかで相対化して捉える自己認識のあり方（相互協調的自己観）が主流となった。稲作は麦作よりも手間がかかり，集団で灌漑事業に取り組む必要があることなどから，稲作を生業とする地域で集団主義文化が発達したと考えられている（Talhelm et al., 2018）。日本をはじめとする東アジアの人々は相互協調的自己観をもち，個人が目立つことを避け，周囲との調和を大切にする傾向が高い（Markus and Kitayama, 1991；Taras et al., 2014）。

　相互協調的自己観が優勢な国では，ブランド選択において，カントリー・オブ・オリジン（原産国）が重視されたり（Swaminathan et al., 2007），自らの集団を象徴するブランドに対して感情的つながりを経験する傾向が見られる（Escalas and Bettman, 2005）。一方で，相互独立的自己観が優勢な国では，ブランド選択において自らのパーソナリティとブランド・パーソナリティが一貫していることを重視する傾向が強い（Sung and Choi, 2012）。

　なお，文化的自己観の測定および国際比較の困難さについて指摘する研究も多い（たとえば，Matsumoto, 1999；Taras et al., 2014）。自己観の概念が国ごとに異なる可能性や，国によって調査への回答傾向（たとえば，どの項目にも高い点をつける傾向のある国とそうでない国がある）が異なることがその理由である。また，グローバル化の流れを受けて，人々の意識が変化し，文化的自己観も変化していく可能性も否定できない。

　興味深いことに，日本では世代ごとの自己観の差異が見られる。若年層（10〜39歳），中年前期（40〜54歳），中年後期（55歳〜64歳），高齢期（65歳以上）で相互独立的および相互協調的自己観の得点を比較した調査（福沢ほか，2021）では，若年層において最も相互協調的傾向が高く，順に，中年前期，中年後期，高齢期と低下していた。一方で，中年後期と高齢期において，その他の世代よりも相互独立的自己観の得点が高かった。すなわち，日本では，若者は周囲の状況を注視し，大勢に自分を合わせようとする傾向が強く，高齢になるほどに自分自身の独自性を主張する傾向が強まっていく様子が浮き彫りになっている。第1節でみたように，ブランド購買は社会的な側面をもち，ブランド選択においてはしばしば社会規範への同調行動が生じる。このようなブランドの社会的購買は，高齢層よりも若年層について顕著であることが示唆される。

3 デジタル社会と自己

■ デジタル社会とリアル社会

　人間が数百万年の進化の過程で培ってきた文化や自己認識は，コミュニケーションの形が変わっても，短期間で根本的に塗り変わってしまうものではない。たとえ対面での会話がオンラインでの会話に置き換わっても，自分が周囲からどう評価されているかは気になるし，自分らしいブランドを身につけたいと感じることは変わらないだろう。

　ただし，「社会のなかの自己」に焦点を当てたとき，デジタル社会の到来によって，それ以前よりも目立ちやすく，意識されやすくなったいくつかの社会的側面があるように思われる。2023年現在，消費者－消費者間のデジタル・コミュニケーション・ツールとしては，ソーシャル・メディア，とりわけSNSが最も利用されている。たとえば，日本人のLINEの利用率は92.5%，Twitterは46.2%，Instagramは48.5%，YouTubeは87.9%である（いずれも全世代の平均値；総務省情報通信政策研究所，2022）。その普及率の高さを見ても，SNSが私たちの社会的自己になんら影響を及ぼしていないというのもまた考えにくい。そこで本節ではSNS上での消費者行動に注目し，SNS上の社会的交流（デジタル社会）が社会的自己にどのような影響を与えていくかについての展望を論じる。

■ デジタル社会の社会的現実

　「社会的現実」（社会的リアリティ；social reality）とは，社会制度や教育や対人コミュニケーションなどを通じ，社会において「たしかにそうである」と合意されている知識・慣習・価値観などの総称である（池田，2013；Searle, 1995）。いわゆる「常識」や，社会規範，ジェンダーはその一例であるし，もっといえば，「ブランド」という概念やブランド・エクイティも，社会的リアリティによってもたらされる知識である。

　社会的現実はどのようにつくられるか。池田（2013）は三層構造を指摘し，①科学や教育，マスメディアによる影響，②対人コミュニケーションによる情報共有，③個々人がもっている知識や信念，の3つの要因によって社会的現実

は支えられていると論じている。たとえば私たちは，日本の景気の良し悪しを新聞の論調などから判断し，どのような行動が世間で罰せられるべきかをニュース報道などによって学んでいる。このように，多くの人が同じ内容を同時に見聞きすることになるマスメディア報道は，社会的現実，すなわち，「みんなの共通認識」を作り出すために多大な貢献をしてきた。

　しかし，インターネットや SNS はこのような社会的現実の構築方法を変容させた（Zhao, 2006）。インターネットの大きな特徴として，情報の選択性がある。とりわけソーシャル・メディアには，人々が「『見たいものだけを見る』『つながりたい人とだけつながる』ことを容易にする機能が数多く実装されている」（小林，2012，57 頁）。しかし，自分自身の価値観に過度に偏った社会的現実を構築してしまわないためには，世界には多様な人々がいること，多様な意見があることを認識することはきわめて重要である。ソーシャル・メディアの情報選択性という特徴は，自分と異なる属性をもつ他者，異質な意見をもつ他者の声に触れる機会を奪い，世界の分断（たとえば政治的対立）を加速させている可能性が指摘されている（小林，2012）。

　この視点からマーケティングを考えるとき，ソーシャル・メディアはしばしば，「バズる」ことによって大ヒット商品を生み出す力をもつものと論じられてきたが，ソーシャル・メディアは限られた人と限られた情報をやり取りすることに優れたメディアであるという議論に基づくならば，同じ属性・価値観をもつ消費者コミュニティ内では情報が拡散されても，その外には広がっていきにくいことが推測される（「弱い紐帯の強さ理論」：情報の拡散には，あまり強く結びついていない関係性が実は大きな役割を果たしているという説：Granovetter, 1973）。ブランドが国民的な認知を得るためには，ソーシャル・メディアでの局所的なヒットをきっかけとして，著名人やニュース・メディアが報道することで，真の大ヒットにつながるという 2 段階を経ていることが多い。

　個別企業のマーケティング活動の範囲を超えて，たとえば倫理的消費や脱炭素社会へのシフトなど，大きな消費生活の転換を起こそうとする際にも，大多数に一方向的に訴求できるマスコミの役割は重要となる。もちろん，社会変革におけるソーシャル・メディアの力は小さくない。SNS をきっかけとして始まった社会運動は枚挙にいとまがない。しかし，ソーシャル・メディアは，もともとあるトピックに関心が高い消費者が，コミュニティをつくったり，積極

的に情報交換するのに適している。能動的に情報探索を行わない関心の低い層にまで情報を届けるには，視聴者が受動的に情報接触するマスメディアの貢献は大きいだろう。たとえば環境問題に関心が低い層を巻き込んで，「すべての製品のリサイクルは当たり前だ」というような社会的合意（社会的現実）を達成するためには，ソーシャル・メディアだけでは難しい。

　ところで，日本人におけるソーシャル・メディアの普及率は世界的に見ても決して低くないが（Statista, 2023），世界価値観調査（World Value Survey）の結果からは，日本人は海外と比較して，マスメディアの利用時間がいまだ長いことがわかる。この結果は，年代の影響を除いても認められ，平素からネット・メディアを中心に接触しているタイプの人であっても，テレビ・ニュースもよく見ている（電通総研・池田，2022）。すなわち，デジタル社会といっても，日本ではテレビ・ニュースを通じた「社会的現実」の構築が行われやすい環境がある。

　ブランド・エクイティ，とりわけ，知覚品質やブランド・イメージは，まさに「社会的現実」に支えられたブランド価値である。社会的現実の構築において，ソーシャル・メディアが限られた力しかもたない可能性があり，今後もマスメディアの力がマーケティングでは（とりわけ国民的に支持されるブランド構築においては）無視できない独自性を持ち続けると思われる。

■ SNS における自己

《SNS における自己表現》　　かつては，デジタル・コミュニケーションはテキスト・ベースで行われることが多く，相手の顔や声がわからないことから，「匿名性」がその特徴として指摘されることが多かったが（たとえば，Joinson, 2003），現在の SNS ではまったく様相は異なり，むしろ，写真や動画をアップロードし，個人が識別できる状況で，自己表現の場として用いられていることが多い（Zhao et al., 2008；Shim et al., 2016）。その結果，SNS で交わされるコミュニケーションにおいては，肯定的な自己表現が多いこと，とりわけ，過度に誇張された肯定的な自己表現が多いことが報告されている（Bazarova, 2012；Frost and Rickwood, 2017；Qiu et al., 2012）。たとえば，写真を美しくレタッチしてアップロードする，たまに利用する高級レストランをあたかも常連であるように投稿する，などが過度に肯定的な自己表現にあたる。このような肯定的自

己表現は，自分は他者よりも価値が高いと思いたいという自己高揚（self-en-hancement；Hepper et al., 2010）の動機に基づくもので，自尊心を高めるための自己奉仕的行動である（Bareket-Bojmel et al., 2016；Dunning et al., 1989）。

　もしそれによって SNS ユーザーが自己肯定に成功しているのであれば，デジタル社会における「現実自己」は「理想自己」に近くなり，利用者の精神的健康や well-being（幸福感）は向上しているはずである。

　しかしながら，多くの研究が逆の結論を示唆している。SNS 上での過剰な自己表現は，現実自己と理想自己の乖離を大きくし，結果的に精神的な健康を害することもあると指摘されている。SNS では誰もが過度に肯定的な自己表現が可能なことから，自己表現の「インフレ」が生じやすい（Kross et al., 2013）。また，SNS では肯定的な内容の投稿のほうが，悲しさや否定的な内容の投稿よりもフォロワーの反応を集める傾向があり，これは「SNS のポジティブ・バイアス」と呼ばれる（Bazarova, 2012；Reinecke and Trepte, 2014）[2]。こうして SNS 上には，過剰に演出された肯定的な投稿があふれるようになる。このような誇張された「他者像」との社会的比較によって，自己評価が下がり，精神的な健康を害する利用者が多いことを数多くの研究が指摘している（たとえば，Frost and Rickwood, 2017；Verduyn et al., 2015）。

　一方で，SNS は自己概念に悪影響をもたらすばかりではない。SNS で「本当の自分」（普段は人にはあまり見せない本当の自分の姿）を表現できていると感じられること（Reinecke and Trepte, 2014），自分はみんなから人気があると感じられること（Mun and Kim, 2021）によって，精神的な幸福が得られることも知られる。

　SNS に肯定的な投稿が多いことで，それを見る消費者の自尊心に脅威を与え，否定的な結果をもたらしていることは，マーケティング上も大きな示唆がある。前節で，消費者は「理想自己」よりも「現実自己」と感情的につながっていると感じられるブランドをよく購買することを論じた。今後は SNS 上でも，ブランド購買を通じて，「理想自己」よりも，「現実自己」を表現することが主流になっていくだろうと思われる。

　Instagram の研究では，美しく加工された自撮り写真が，フォロワーから否定的な評価をされていることも実証され始めており（Hong et al., 2020），SNS での過剰な自己演出は精神的な幸福感を下げるばかりか，自身の社会的評判も毀

損しかねないことが伺える。他者からの評判を気にする日本人は，過剰演出による悪評はもっとも避けたいと感じる事態であろう。とくに若年層の間で，マーケティング目的で過剰演出された商品を忌避する傾向が見られたり，Tik-Tokの「無加工」フィルターが流行している（日本経済新聞，2022）ことからも，SNSにおける「現実自己」の重要性が消費者にも認識されつつあるのだろう。

《SNSと文化的自己観》　SNSにおける過剰な自己表現が否定的な結果をもたらす一方で，SNSの「人と人をつなぐ」機能は無視できない情報伝達の力をもつ。職場や学校などの対人関係を超えて，また，物理的・時間的制約も超えて，人と人がどこでもつながることができる機能は，とりわけ，日本のような集団主義文化圏かつ，人々が相互協調的自己観をもつ場合に効果的に働く可能性が示唆されている。

　相互独立的自己観をもつ人々は，相互協調的自己観をもつ人と比べ，「個人」としての自己に関心が高いことから，自己の価値を高めることに関心が強い（Aaker and Lee, 2001）。したがって，SNSでは自己に関する肯定的な投稿をすることで，SNSを通じて自己の価値を高めたいという動機が強い（Akpinar et al., 2018）。その一方，相互協調的価値観をもつ人々は，個人よりも他者や集団の意見に関心が高い。したがって，SNSでは「個人としての自己」よりも「集団に属する自己」を表現しようとし，SNSを他者の意見を知ることができる場，他者との相互作用の場として捉えている（Jackson and Wang, 2013）。

　たとえば，「この食品の摂取には健康上のリスクがある」という否定的な情報を見たとき，あなたはシェアしたいと思うだろうか。一般的には，「いいね！」が得られにくい否定的な情報はシェアされにくい。しかし，相互協調的自己観をもつ消費者は，他者の意見を知りたい，他者がどう思っているか知りたいという動機が強いので，否定的内容でも他者との議論を誘発しそうなリスク情報はシェア意向が高い。一方で，自己の価値を高めることに関心が高い相互独立的自己観をもつ人は，自身の脅威となるようなリスク情報は，情報の信憑性を低く見積もり，シェア意向が低くなる（Akpinar et al., 2018）。

　もっとも，相互協調的自己観をもつ人が，SNSで自己の価値を高めることに無関心なわけではない。相互独立的自己観をもつ人と同様に，自己の価値を高めようとして積極的に情報拡散行動をとっているのだが，その内容が両者で異なっている。相互独立的自己観をもつ人は，肯定的な自己像を表現できるよ

うな内容で情報拡散意向が高いが（例：社会経済的ステイタスを披露する），相互協調的自己観をもつ人では，社会規範に沿った行動（例：倫理的消費）に関する投稿を積極的に行うことで，集団における評判を高めようとする傾向が強い（Cross et al., 2011）。

　たとえば，アルコール関連企業が行った CSR（企業の社会的責任）キャンペーンに関する研究では，相互独立的自己観よりも，相互協調的自己観をもつ人のほうが，キャンペーンに肯定的反応を示し，情報を拡散したいと回答した（Joo et al., 2022）。また，集団の一員としての自己をアピールできるブランドの場合に，ブランドを推奨するような情報拡散意向が高くなることも指摘されている。ブランドは，しばしば，ある集団の一員であることをシグナルする役割を果たす（Escalas and Bettman, 2005；Swaminathan et al., 2007）。たとえば，仲間内でとても人気があるブランドや，所属大学名が入ったスポーツウェアなどは，個人が身につけることで集団の一員としての自己を表現できる。相互協調的自己観をもつ人は，そのブランドが象徴性をもつと感じた場合に積極的に SNS でブランドに「いいね！」を押すと回答した（Bernritter et al., 2017）。

おわりに

　本章では，人と人との関係性（社会）のなかで，自分とは何者かを考察し，自分自身の価値観と社会規範の間で折り合いをつけながら，自らが「良い」と思ったブランドを購買するという消費者像について論じた。デジタル社会の到来によっても，そのような人間の本質的な購買行動は変わらないであろう。

　ただし，デジタル社会では，従来は知り合えるはずがなかった人々がつながり，知るはずもなかった他者のプライベートな生活をのぞき見ることができるようになり，これまででは考えられないスピードと頻度での密なコミュニケーションが可能になった。過度な情報量に加えて，社会経済的地位があまりに異なる人々の生活を SNS で参照することは，過度な社会的比較を生じさせ，消費者は現実自己を見失いがちである。SNS では複数のアカウントをもち，バーチャル空間においてはお互いの容姿を見せることなくアバターでコミュニケーションをとることで，人は複数の自己像を使い分けるようにもなっている。

　かといって，自己価値を高めたいという人間の自己高揚動機が消えることはない。人が自己高揚動機をもつ理由についてはさまざまな議論があるが，自尊

心は死への恐怖を緩衝するために備わったものともいわれている（存在管理脅威理論；Solomon et al., 1991）。つまり，デジタル社会においても，人がいつか死ぬ存在である以上，自己概念の重要性は変わらないと思われる。

　ブランドは，このように自己像を求め続ける消費者に対して，自分自身を定義するきっかけを与え，自己価値を高める機会を提供し続ける存在であろう。購入できないけれども見ているだけで楽しいブランド，みんながいいといっているけれどもどうしても自分は身につけたくないと感じるブランド，他にスイッチしようと決めたけれども結局また購入してしまったブランド……。このような経験は，私たちに，自分自身が何者か，自分が自分を何者と思っているのかを教え，新しい自己像の発見のチャンスをも与えてくれるだろう。

【注】
1)　類似概念として，ブランド論では，「ブランド愛着」（Thomson et al., 2005），「ブランド・リレーションシップ」（Fournier, 1998），「ブランド・ラブ」（Batra et al., 2012；Carroll and Ahuvia, 2006）などのさまざまな用語が提唱されてきた。これらは，厳密には「自己とブランドのつながり」とは異なる概念ではあるが，定義を精査すれば，自己とブランドのつながりを内包するものと解釈可能であること（杉谷, 2023），「ブランドを人として見る視点」（humanizing brands）として統合可能である（MacInnis and Folkes, 2017）ことから，本章で紹介する研究では，これらを詳細に区別することなく論じる。
2)　いわゆる「炎上」のケースなどを想定すると，SNS上は否定的投稿が肯定的投稿より多く，反応も集めやすいように感じられるかもしれないが，総務省によるSNS利用者を対象とした調査では，その利用目的の第1位は「従来からの知人とのコミュニケーションのため（88.6%）」である（総務省，2023）。「炎上」は限られたケースであり，SNS全体としては，肯定的投稿のほうが多く，「いいね！」などの反応も集めやすい。

第 5 章

デジタル時代の
ブランド・リレーションシップ

菅野 佐織

　デジタル・テクノロジーの進展は，消費者とブランドの関係性（ブランド・リレーションシップ）を変容させている。デジタル時代に生きる現代の消費者は，デジタル・テクノロジーを駆使して，ブランドと積極的につながり，発言し，ブランド情報を他者と共有し，ブランドに影響を与えようとする。自分にとって特別であると感じるブランドに対しては積極的に情報を収集し，ソーシャル・メディアやレビューなどを通じて評価や意見を積極的に他者と共有しながら，ブランドに対する愛着をより深めるようになっている。一方で，自分にとって特別ではない（どうでもいい）ブランドは，そのブランド・ネームさえ覚えることなく，インターネットの検索で出てきた場合に，価格や機能性などの比較によって購買意思決定をするようになっている。

　混迷するデジタル時代において，ブランドはどのようにして，消費者と関係性を取り結び，深めていけるのであろうか。本章では，デジタル・テクノロジーの進展とマーケティングとブランド・マネジメントにおける課題を明らかにしながら，デジタル時代のブランド・リレーションシップの変容とその課題について検討を行い，デジタル時代のブランド・リレーションシップ構築戦略としてのブランド・プラットフォーム戦略について考察を行っている。デジタル時代におけるブランド・リレーションシップは，互いに影響を与え合う相互依存的な関係性へと変容し，双方向のコミュニケーションを通して支援しあい，高めあいながら，新たな価値を創出していく関係性へと変化している。本章では，ブランドが主体のブランド・フラッグシップ型プラットフォーム構築の重要性を提案し，消費者とブランド間の価値共創を促進するプラットフォーム構築について考察を行っている。さらに本章の最後では，デジタル時代のブランド・リレーションシップ構築の課題について議論している。

はじめに

デジタル・テクノロジーの進展は，企業のマーケティング，そして，ブランド・マネジメントに対して，ポジティブにもネガティブにも大きな影響を与えている。ポジティブな影響は，デジタル・テクノロジーによって，消費者とブランド間の新たな相互作用が促されたことで，企業に新たなタイプの顧客データが提供され，それらのデータをもとに顧客にパーソナライズした提案が可能になったことである（Hoffman et al., 2022）。一方，ネガティブな影響は，デジタル・テクノロジーによって，巨大な e コマースのプラットフォームが台頭したことで，ブランド間の競争が激化し，デジタル・メディアにブランド広告があふれ，ブランド・コミュニケーションのインパクトが失われたことである（Wichmann et al., 2022）。

デジタル・テクノロジーは，消費者とブランドの関係性にもポジティブな影響とネガティブな影響を与えている。デジタル時代の消費者は，高い情報収集能力によって，特別なブランドに対しては能動的に情報を収集し，他者とそれらの情報を共有しながら，自己とブランドを結びつけることで，ブランドに対する愛着をより深めるようになった。一方，消費者にとって特別ではないブランドは，ブランド・ネームさえ覚えられることなく，インターネットの検索で出てきた場合に，価格や機能性などの比較によって購買意思決定がなされるようになった。

デジタル時代において，ブランドはどのように，消費者と関係性を取り結び，深めていけばよいのか。本章では，デジタル時代におけるブランド・リレーションシップの構築について検討・考察を行う。第1節では，デジタル・テクノロジーとそれによって利用可能となる新たなデータのマーケティング利用の現状を明らかにしながら，デジタル・テクノロジーがマーケティングとブランド・マネジメントに与える影響と課題について考察する。第2節では，デジタル時代のブランド・リレーションシップとはどのようなものか，そして，デジタル時代のブランド・プラットフォーム戦略の重要性について明らかにしながら，デジタル時代のブランド・リレーションシップ構築について考察を行う。さらに第3節では，デジタル時代のブランド・リレーションシップ構築の課題について議論する。

1 デジタル・テクノロジーがマーケティングと
ブランド・マネジメントに与える影響と課題

　近年のデジタル・テクノロジーの進展は目覚ましく，マーケティングにおいても多様なデジタル・テクノロジーが用いられるようになっている。ソーシャル・メディアはもちろんのこと，モバイル・アプリケーションや，AR（拡張現実）や VR（仮想現実），AI を使ったチャットボットやサービス・ロボットなど，現代のマーケティングに用いられるデジタル・テクノロジーは多岐にわたる。これらのデジタル・テクノロジーは，企業のマーケティングとブランド・マネジメントに，どのような影響を与えているのだろうか。

■ デジタル・テクノロジーがマーケティングとブランド・マネジメントに与える影響

　マーケティング領域で最も権威のある学術誌 *Journal of Marketing* は，2022年に New Technologies in Marketing というテーマで特集号を出している。その特集号には，近年の新たなデジタル・テクノロジーが，マーケティング理論や実践に与える影響について検討した最新研究が 8 本掲載されている。これらの研究は，AR，ライブ・コマース，チャットボット，AI によるレコメンデーション，遺伝子情報，プラットフォーム，アバター，新旧のテクノロジーのカニバリゼーションをテーマとしており，新しいマーケティングのテクノロジーが幅広く検討されている。

　その編集者であるホフマンら（Hoffman et al., 2022）は，これらの 8 本の研究を総括しながら，デジタル・テクノロジーが，マーケティングの意思決定に与える影響を説明している（図1）。彼らは，新たなデジタル・テクノロジーは，豊富で多様な消費者データの収集を可能にし，それが消費者と企業の意思決定のための新たな方法の開発を促すことで，新たなマーケティング・インサイトの創出，さらには消費者と企業のより迅速でよりよい意思決定を生み出すことを可能にしたことを指摘している。

　以下では，新たなデジタル・テクノロジーとそれによって取得可能となる新たなタイプのデータのマーケティング利用の現状を明らかにしながら，デジタ

図1 デジタル・テクノロジーがマーケティングに 与える影響

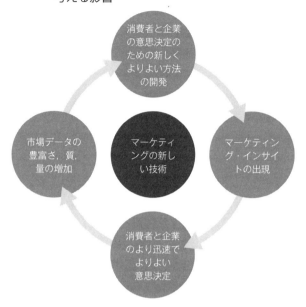

（出所） Hoffman et al., 2022, p. 3 より作成。

ル時代のマーケティングとブランド・マネジメントの課題について考察を行っていく。

《デジタル・テクノロジーのマーケティング利用》　近年，マーケティングに利用されるデジタル・テクノロジーは多岐にわたっている。多くの企業は，ブランドを中心に消費者とのコミュニケーションを促進するためのデジタル・プラットフォームを開発している。たとえば Nike は，Nike アプリや SNKRS アプリ，Nike run club，Nike training club などのデジタル・プラットフォームを提供することで，消費者とブランド間の相互作用を促進させる取り組みを行っている。スマートフォンが普及した現代においては，アプリなどのブランドを主体としたデジタル・ブランド・プラットフォームは，消費者とブランドの関係性を構築する重要な役割を担うツールとして近年，注目されている（Wichmann et al., 2022）。

　また，チャットボットは，人工知能を組み込んだコンピュータが人間に代わ

って一定のタスクや処理を自動化するもので，企業と消費者間のサービスにおける相互作用の促進を目的として，現在，多くの企業に採用されている。たとえば，Amazon，ヤマト運輸などの身近な企業をはじめ，LINE，Facebook，Twitter などの SNS にも搭載されている。また，ルイ・ヴィトンもラグジュアリー・ブランドのなかで初めて，チャットボットの Facebook Messenger 搭載を発表している（Arthur, 2017）。

　近年では，AR（拡張現実）／VR（仮想現実）のマーケティング利用も盛んである。AR は，消費者が商品購入前になんらかの不安を感じている場合にとくに有効となる「試してから買う」（try before you buy）技術として，小売店やネットショッピング・アプリなどに導入されている。たとえば，ZOZOTOWNには AR メイクの技術が導入されており，消費者はモバイル端末のカメラを使って手軽にコスメの新色をボタン1つで試すことができる。AR はほかにも，若者に人気の顔加工アプリなどにも用いられている。

　VR の分野では，メタバースやアバターの利用も進展している。BMW は，顧客との新たな対話を目指す自社メタバース「JOYTOPIA」を開発しており，ユーザーは，アバターで移動して BMW の世界観を感じながら，他のユーザーと交流したり，イベントに参加することができる。また，セレクト・ショップの BEAMS は，期間限定で VR イベント「バーチャル・マーケット」に出店し，メタバースでの販売に積極的に取り組んでいる（石村, 2022）。ユーザーはメタバース内において，アバターで着用可能な 3D 商品を購入したり，現実世界で着用可能な商品をアバターで試着してから購入することができる。

　これらの新しいデジタル・テクノロジーのマーケティング利用の有効性については，まだわかっていないことも多い。先駆的研究が進展している状況であり（たとえば Chung et al., 2020；Crolic et al., 2022；Miao et al., 2022；Longoni and Cian, 2022；Tan et al., 2022），今後のマーケティング理論の発展が求められている。

《新たなタイプのデータのマーケティング利用》　　新たなデジタル・テクノロジーは，新たなタイプのデータの創出と分析をもたらしている。新たなデジタル・テクノロジーによって取得可能となるデータには，消費者のレビュー，検索履歴，ブログの書き込み情報，位置情報，画像，ビデオ，音声，視線，手・頭・体の動きに関するデータのほか，遺伝子情報も含まれるようになり，それ

らを分析する新たな分析手法も生まれている。

　たとえば，コンピュータ・ビジョン技術は，画像・動画・視覚データを分析するAIのシステムであり，近年では，自動車のオートパイロットや前述したARメイクなどにも用いられている。バラドワージュら（Bharadwaj et al., 2022）は，コンピュータ・ビジョン技術を用いて，ライブ・コマースのセールス・パーソンの映像の顔の表情分析による感情（幸福，悲しみ，驚き，怒り，恐れ，嫌悪）の分類を行い，それらの感情と販売売上の関連について分析を行っている。彼らは，分析によって，セールス・パーソンのあらゆる感情の表情表現は，販売の売上にネガティブな影響を与えることを明らかにしている（この理由について，彼らは，笑顔は真正性に欠け，セールス・パーソンへの信頼を低下させ，不快を生じさせる可能性があることを指摘し，「笑顔での販売」よりも「真顔での販売」を提案している）。

　また，近年の消費者向け遺伝子検査（DTC-GT）の急速な普及によって，それらをビジネスに活かす企業も出てきている。たとえば，スウェーデンの音楽ストリーミング・サービス企業Spotifyは，アメリカの遺伝子鑑定サービスAncestryと提携して，ユーザーの遺伝子情報に基づいたプレイリストの提供サービスを開始した（ancestry.com）。このサービスを使うために，ユーザーは，まず，Ancestryのサイトに登録して99ドルで採取キットを取り寄せ，DNAを鑑定する必要がある。その結果からユーザーの遺伝的ルーツにマッチする音楽が選曲されたプレイリストが提供されるという。Airbnbも遺伝子鑑定サービス23andMeと提携し，ユーザーのルーツをめぐる旅を提案するサービスの提供を開始している（airbnb.jp）。

■ デジタル時代のマーケティングとブランド・マネジメントの課題

　新しいデジタル・テクノロジーは，店頭やインターネット上での販売方法とサービスの質を進化させるマーケティング・イノベーションを提供し始めている。また，デジタル・テクノロジーによって取得可能になった新たなデータは，企業が個々の消費者のニーズや関心に合わせてパーソナライズされたコンテンツやサービスの提供を行うことを可能にしている。

　今後のさらなるデジタル・テクノロジーの進歩が，マーケティングやブランド・マネジメントに与える影響は未知数である。同様に，これらの新たなデジ

タル・テクノロジーの有効性についても，まだ明らかになっていないことは多い。すでに多くの企業が利用しているチャットボットや，今後利用が増えるであろうサービス・ロボット，AR／VRの利用，そして消費者データとその利用の有効性については，今後，さらなる検討と考察が必要である。

　マーケティングにおいては，インフルエンサーの重要性が増しているが，近年，ブランド・コミュニケーションにおいて，人間のインフルエンサーに代わるものとして，バーチャル・インフルエンサーを取り入れるブランドも増えている。これらのアバターが，ソーシャル・メディアのプラットフォームで多くのフォロワーを獲得することも現実となっている。たとえば，Instagramで286万人（2023年3月末現在）のフォロワーをもつLil Miquelaは，Prada, Calvin Klein, Chanel, Supremeなどのブランドとコラボをし，日本発のバーチャル・ヒューマンImmaは，SKⅡ，BMW, IKEAなどのブランドとコラボをするなど，その利用は拡大している。

　メタバースについても，ブランド独自のメタバース，バーチャル・マーケットのような商空間メタバース，FortniteやRobloxなどのオンライン・ゲームのメタバースなど，さまざまなタイプがあり，これらのメタバースでの体験がブランド・リレーションシップにどのような影響を与えるかについてもさらなる検討が必要である（Leung et al., 2022）。

　消費者の個人データの利用についても課題は多い。先の遺伝子情報をはじめ，デジタル・テクノロジーによって取得可能となるデータは，消費者のプライバシーに関連するデータが多く含まれるようになっている。そのため，企業がこれらのデータを収集・保存・利用する際には，消費者のプライバシー保護を十分に考慮した運用が求められる。ダヴィエら（Daviet et al., 2022）は，消費者の遺伝子情報が，セグメンテーション，ターゲティング，ポジショニングといったマーケティング戦略において重要な変数となる可能性を示唆する一方で，その自律性，プライバシー，誤情報や差別に関する倫理的課題が，現行の規制では十分に対処されていないことを指摘している。規制が不十分な状況で個人情報をむやみに利用するビジネス戦略は，消費者から強い反発を招く可能性が高いだけでなく，消費者の個人情報の保護に対する懸念や脅威によってブランドの信頼性を毀損する可能性がある。消費者のプライバシー保護に対する意識が高まっている現在，ブランド・マネジメントにおいては，消費者の意向を尊重

しながら，適切な情報提供や選択肢の提供などを行うことが求められる。

2　デジタル時代のブランド・リレーションシップの構築

新たなデジタル・テクノロジーの進展は，ブランド・リレーションシップにどのような影響を与えているのだろうか。また，デジタル・テクノロジーが進展する時代において，ブランドはどのようにして，消費者と関係性を取り結び，関係性を深めていけるのであろうか。本節では，デジタル時代のブランド・リレーションシップの考え方とその構築のためのデジタル・プラットフォーム戦略について，検討・考察する。

■ デジタル時代のブランド・リレーションシップとは

新たなデジタル・テクノロジーは，消費者とブランドの関係性に対してもポジティブな影響だけでなく，ネガティブな影響を与えている。デジタル時代の消費者は，特別なブランドに対しては，能動的に情報を収集し，他者とそれらの情報を共有し，自己とブランドを結びつけることによって，ブランドに対する愛着をよりいっそう深めるようになった。その一方で，消費者は，自身にとって特別ではないブランドに対しては，ブランド・ネームすら覚えることなく，インターネットの検索で出てきた場合に，代替案の価格や機能性などの相対比較によって購買意思決定をするようになった。つまり，デジタル・テクノロジーによって，ブランド・リレーションシップの深さの分散は，より大きくなったといえるだろう。

それでは，デジタル・テクノロジーが進展する時代において，ブランド・リレーションシップを深めるためには，どのようにすればよいのであろうか。その答えの1つは，消費者とブランドが互いに影響しあいながら，価値を創出していく価値共創を基盤とした関係性の構築である。

かつて消費者とブランドの関係性は，ブランドが消費者に対する価値提案を通じて関係性を構築するものとして捉えられてきた。その関係性は，ブランドから消費者へのブランド・コミュニケーションを中心とした一方向の関係性であった。しかし，現代の消費者は，デジタル・テクノロジーを利用して，ブランドと積極的につながろうとし，発言しようとし，ブランド体験を他者と共有

しようとする。

　デジタル時代においては，ブランドと消費者が，互いに影響を及ぼしあう相互依存的な関係の構築が求められている（Ramaswamy and Ozcan, 2018）。それは，ブランドと消費者が双方向にコミュニケーションを行いながら，互いに支援しあい，高めあいながら，新たな価値を創出していく関係性にほかならない。その意味においても，消費者とブランドの関係性は，より人間同士の関係性に近いものになってきているといえる。

　デジタル時代において，ブランドが消費者との価値共創をベースとした関係性を構築するためには，どのようにすればよいのだろうか。これまでの価値共創の研究は，新製品開発の共創に焦点を当てたものが多かったが，最近の研究では，ブランド体験の共創に注目が集まりつつある。重要なことは，ブランド体験の共創は，しばしばデジタルでのブランド・プラットフォーム上で起こることである（Ramaswamy and Ozcan, 2018；Swaminathan et al., 2020；Wichmann et al., 2022）。次項では，デジタル時代のブランド・プラットフォーム構築戦略についての考察と検討を行う。

■ デジタル時代のブランド・プラットフォーム戦略

　Amazon などの巨大なデジタル・マーケットプレイスや Google などの検索エンジンの登場は，消費者に代替案の拡大と利便性を与えた一方で，ブランドの競争を激化させた。とくに巨大なデジタル・マーケットプレイスが，その幅広い品揃えによって消費者を惹きつけたことで，メーカーとしてのブランドは，急速に消費者との接点を失っていった。

　このような流れに対して，いくつかのブランドは，自社のデジタル・ブランド・プラットフォームを構築することで，顧客のロイヤルティを育成し，関係性を取り戻すことに取り組んでいる。たとえば，Nike は，Nike アプリや SNKRS アプリといった，主に製品の販売を目的としたブランド・プラットフォームのほかに，Nike run club, Nike training club といった，ランニングやトレーニングを目的とした（製品販売を目的としない）ブランド・プラットフォームを提供している。これらのアプリによって Nike は，ブランド体験の価値共創を主軸にした，ブランド・リレーションシップの再構築の取り組みに挑戦している。

ブランドを主体としたブランド・プラットフォームの構築は，アイドルやアーティストのファン・コミュニティの運営においても活用されている。BTSが所属する韓国の芸能プロダクション会社 HYBE は，所属するアイドルグループとファンをつなげるデジタル・プラットフォーム Weverse を提供している。Weverse は，アーティストとファンが直接交流できる無料コミュニティのほか，有料のメディア・コンテンツやメンバーシップ限定コンテンツを提供するファンダム・プラットフォームであり，ファンとアーティストの関係性を構築する重要なデジタル・プラットフォームとなっている。

　現在，多くのブランドがブランドを主体としたプラットフォームの可能性を認識し，立ち上げているが，ブランド体験の価値共創を組み込んだ，競争力のあるブランド・プラットフォームを構築することはたやすいことではない。日本においても，多くの企業がブランドが主体となったブランド・プラットフォームを作り出そうと取り組んでいるが，その大半は，e コマースが主体のプラットフォームである。

　しかし，近年，スポーツ（例：Nike, Garmin），モビリティ（例：BMW，メルセデス・ベンツ），ラグジュアリー（例：ルイ・ヴィトン，グッチ，ディオール）などの分野において，顧客とのブランド体験の共創を取り入れたブランド・プラットフォーム構築の先進的な取り組み事例が出てきている。以下では，ブランド体験の共創を促進するブランド・プラットフォーム構築について，検討と考察を行っていく。

《ブランド・プラットフォームの2つのタイプ》　　ウィッチマンら（Wichmann et al., 2022）は，プラットフォームを参加者間の相互作用を促進するためのインフラストラクチャーとガバナンスを提供するものとして捉え，2つのタイプのデジタル・プラットフォーム（①ブランド集約型プラットフォーム，②ブランド・フラッグシップ型プラットフォーム）の目的と役割について検討している（表1）。

　ブランド集約型のプラットフォーム（たとえば，Amazon や楽天）とは，メーカーとしてのブランドと消費者間の商取引を仲介する役割をもつインフラストラクチャーであり，消費者が広範な製品やサービスにアクセスでき，それらの比較が簡便にできるように支援する機能をもつ。このタイプのプラットフォームは，消費者の探索コストを下げ，効率的に商品と提供者をマッチングする仲

表 1　ブランド・プラットフォームのタイプ

	ブランド集約型プラットフォーム	ブランド・フラッグシップ型プラットフォーム
定　義	プラットフォーム・ブランド所有のデジタル・プラットフォームであり，ブランド化された製品のバイヤーと商業販売業者との間で個別の取引を仲介	製品ブランドが所有するデジタル・プラットフォームで，ブランドに関連したカテゴリー領域内の参加者間で多目的なインタラクションを仲介
主な目的と活動	製品やサービスの直接販売を促進	複数の目的と活動（例：ブランド認知度の向上，消費者との関係強化，コミュニティの構築，消費者の学習促進，製品やサービスの販売など）
商業的な目的	取引の促進が主であり，製品のブランディングについては中立に扱う	直接的または間接的にブランドの売上を促進し，ブランド・ロイヤルティを育成
製品カテゴリーの範囲	広範：複数のカテゴリーにわたって商品やサービスを提供	深い：特定のカテゴリー内で専門的な商品やサービスを提供
活動範囲の広さ	狭い：製品に焦点を当てた商品の集積で，補助的サービスを伴う	広い：消費者に焦点を当てた，多目的で多面的なネットワークの製品，サービス，コンテンツ
所　有　者	オンライン専業のプラットフォーム／リアル小売業のオンライン・プラットフォーム	オフラインによって誕生した製品ブランド
プラットフォーム所有者の役割	商取引の仲介者	商品，サービス，コンテンツの仲介者および供給者
プラットフォーム参加者の役割	多くは明確に買い手と売り手に定義されている	定義は曖昧であり，参加者は多様な役割を担うことができる
製品ブランドの役割	限られたプラットフォーム・スペースを競って，競合する商品と同様の消費ニーズに対応	プラットフォーム上で価値創造の活動を調整
競　争	ブランド内およびブランド間での競争を促進	ブランド内およびブランド間の競争を回避し，相補的な関係に焦点を置くことを目的とする
在　庫	・内部：なし（または比較的限定されている） ・外部：（競合可能性のある）多様な第三者商品の品揃えを提供	・内部：自社ブランド製品を提供 ・外部：補完的な商品を提供し，直接的な競合他社の製品を提供することもある
ユーザー体験	標準化（カテゴリーに中立）：シンプルな商品比較が目的	個別化（カテゴリーに特化）：消費者のカテゴリー体験の最適化が目的
事　例	Amazon Marketplace, Google Shopping, Wish, Idealo, JD.com, Alibaba, Zalando	Nike Training Club, Adidas Runtastic, Asics Runkeeper, Bosch DIY & Garden

（出所）　Wichmann et al., 2022, p. 112 より作成。

介者として，商業取引の中心となっている。

　一方，ブランド・フラッグシップ型プラットフォームは，ブランドが直接，消費者にアクセスし，ブランドのロイヤルティを促進するための手段として機能する。このタイプのプラットフォームは，より専門的なアプローチで，消費者とブランドの価値共創に取り組むことができる。たとえば，Nike run club や Nike training club のプラットフォームは，スポーツのアクティビティを中心に構築されている。重要なことは，ブランド・フラッグシップ型のプラットフォームは，参加者間の多様な相互作用を仲介することで，単なる自社ブランドの販売チャネル以上の価値，すなわち，消費者とブランドによるブランド体験の価値共創につなげることが可能になることである。

《ブランド・フラッグシップ型プラットフォームの価値共創》　消費者とブランドによるブランド体験の価値共創とは，具体的には，どういうことを意味しているのだろうか。ウィッチマンら（Wichmann et al., 2022）は，ブランド・プラットフォーム上のメンバー間の価値共創のシステムについて，「クラウドソーシング」と「クラウドセンディング」という概念によって説明している。

　クラウドソーシングとは，消費者がプラットフォームの参加者（ブランド，他のコミュニティ・メンバー，または第三者事業者など）から価値を引き出すことである。より具体的には，消費者が自分自身の問題解決のために，プラットフォーム上の参加者たちにタスク（たとえば，最適なランニングシューズの選び方，マラソントレーニングの方法の学び方に関するアイディアや提案）を他の参加者に投げかけることである。それに対して，クラウドセンディングとは，タスクを受け取ったメンバーが，製品の評価や議論に参加したり，写真や動画などのコンテンツを供給することで，クラウドソーシングの問題解決に貢献する行為のことである。

　メンバー間のクラウドソーシングおよびクラウドセンディングは，コミュニティの目的を達成するための価値創造プロセスの重要な要素として捉えられる。この相互作用による価値共創プロセスは，ブランド・リレーションシップの発展と維持に大きな影響をもたらす。つまり，消費者がブランドのプラットフォーム上において価値共創プロセスに参加することによって，社会的アイデンティティやステータスが強化され，目的や所属意識を得ることで，結果として，ブランドとの絆が形成されると考えられる。ブランド・プラットフォームの構

表2　価値共創のタイプとプラットフォーム構築のパターン

消費者の目標の性質	消費者目標の定義	プラットフォーム構築のブロックのタイプ	関連する機能
商業的取引	最適なマッチングの商品や取引相手を見つける	トランザクション	製品とサービスのマーケットプレイス，クレーム処理
社会的交換	社会的交流への参加	コミュニティ	コミュニティ・フォーラム，ソーシャル・シェアリング
自己成長	自身の潜在的能力向上のための競争と比較	ベンチマーク	トラッキング，測定，ベンチマーク
知識の獲得	より知識に基づいた意思決定をするための知識の収集	ガイダンス	ピア・ツー・ピアのルート・プランニング，"how-to" ビデオ，顧客フィードバック
クリエイティビティの促進	新たなものによる好奇心への刺激	インスピレーション	ビデオ，探索と体験のためのツール

（出所）　Wichmann et al., 2022, p. 115 より作成。

築においては，メンバー間のクラウドソーシングおよびクラウドセンディングをどのように促進するかが重要なポイントとなる。

《ブランド・フラッグシップ型プラットフォームの構築戦略》　ブランド・フラッグシップ型プラットフォームで行われる価値共創には，どのようなものが考えられるのだろうか。ウィッチマンら（Wichmann et al., 2022）は，プラットフォーム上で行われる価値共創には5つのタイプ（商業的取引，社会的交換，自己成長，知識の獲得，クリエイティビティの促進）があり，それらの価値共創を適切に組み合わせることで，競争力のあるブランド・プラットフォームの構築が可能となることを指摘している（表2）。

　1つ目の価値共創のタイプは，商業的取引である。このタイプは，製品やサービスの商業取引が主な目的であり，需要と供給をマッチングさせることに重点を置く。これによって，消費者は製品やサービスのなかから自分のニーズに最も適したものを見つけることができる。この機能はビジネスにとって重要な機能の1つであり，多くのブランド・プラットフォームは，この商業的取引を機能の中心としているものが多く見られるが，顧客との価値共創の程度は低いものになる傾向がある。

　社会的交換とは，プラットフォームの参加者の交流を目的とした価値共創で

ある。ブランド，他のメンバー，従業員など，多様なコミュニティ・メンバーとの対話と相互作用によって，コミュニティへの所属意識，アイデンティティ，友情のような結びつきを創出することを目的としている。

　自己成長とは，消費者自身の潜在的能力向上を目的とした価値共創である。とくに，スポーツ，フィットネス，健康などに関連するブランドの多くが，この自己成長を目的としたデジタル・プラットフォームに取り組んでいる。モバイル・アプリやウェアラブル・デバイスとの連携によって，消費者の活動データの測定やトラッキング，ゲーミフィケーション機能（ユーザー・ランキングや目標達成の共有の機会など）などと組み合わせられることもある。

　知識の獲得とは，消費者の能力や目標の達成を強化することを目的とした価値共創である。たとえば，料理レシピの動画サービスのクラシルは，料理に慣れていない人などが，動画で簡単にレシピや料理のプロセスやスキルを学ぶことができるデジタル・プラットフォームを提供している。また，オンライン学習コミュニティサイトの Skillshare は，動画編集やデザイン，起業やマーケティング，ゲームやクラフトなどさまざまなスキルアップのための動画がアップされており，ユーザーはスキルアップに利用することができる。

　クリエイティビティの促進とは，消費者の好奇心や新しい経験への欲求を満たすための価値共創である。たとえば，Pinterest はインターネット上にある画像や動画をコレクションしたり，シェアができるデジタル・プラットフォームを提供している。消費者は，旅行のプランを計画する際に行きたい場所の写真を収集して友人と共有したり，模様替えの際にインテリアの参考になる画像を収集してアイディアを得たりすることができる。Nike run club のプラットフォームは，音楽プレイリストやワークアウト動画を他者と共有する機能によって，メンバー間のクリエイティビティの促進を誘導している。

　ブランド・プラットフォームの設計においては，ブランドと顧客の目的によって，適切な価値共創のタイプを組み合わせる必要がある。ウィッチマンら（Wichmann et al., 2022）は，表2で挙げた5つの価値共創を5つのブロック（トランザクション，コミュニティ，ベンチマーク，ガイダンス，インスピレーション）に分けて捉えることで，自社のブランド・プラットフォームの適切な設計につなげることを提案している。たとえば，トランザクションのブロックに重点を置いた場合（図2のパターン1），マーケットプレイスとしてのブランド・プラッ

図２　プラットフォーム構築のブロックの組み合わせ

パターン１　　　パターン２　　　パターン３　　　パターン４

事例　　Esty, Airbnb　　Komoot, Skillshare　　Addidas Runtastic　　Pinterest, Wittpad

Ｔ：トランザクション　Ｃ：コミュニティ　Ｂ：ベンチマーク　Ｇ：ガイダンス　Ｉ：インスピレーション

（出所）　Wichmann et al., 2022, p. 116 より作成。

トフォームとなり，ベンチマークに重点を置いた場合（図２のパターン３）は，自己成長の目標に対応するトラッキングやコーチングのプラットフォームとなる。

　ブランドは，ブランドや顧客の目的によって，これらのブロックを適切に組み合わせることで，顧客とのユニークな価値共創の場を提供することが可能となる。たとえば，Nike は，顧客の目的によって，4つの異なるブランド・プラットフォームを提供している。Nike アプリは，Nike.com の拡張版であり，Nike の製品の販売を主な目的としている。SNKRS アプリは，最新の人気スニーカーにアクセス可能なアプリであり，顧客はその製品のストーリーを知ったり，限定品の抽選に参加することができる。また，Nike run club は，ランニングを始めたい，継続したい，もっと楽しみたいといった顧客の目的に対応するプラットフォームである。最後の Nike training club は，トレーニングを始めたいという顧客の目的に対して，お気に入りのトレーナーやアスリートがトレーニング支援をしてくれるプラットフォームである。Nike の事例のように，ブランドや顧客の目的によっては，すべてのブロックが適しているとは限らず，ブランドはその目的を特定し，優先順位を決めて，目的に応じたブロックとガバナンスを選択する必要がある。

3　デジタル時代のブランド・リレーションシップ構築の課題

　デジタル・テクノロジーの進展は，ブランド・リレーションシップのあり方

を変容させ，企業にブランド・リレーションシップの再構築の必要性を促している。失った消費者との接点を取り戻すためには，ブランドが直接，消費者とつながるためのタッチ・ポイントの構築が不可欠である。本章では，消費者とつながるためのタッチ・ポイントとして，ブランド・フラッグシップ型プラットフォームの構築に着目し，その構築の考え方について検討・考察を行った。以下では，デジタル時代のブランド・プラットフォームの構築の課題について，ブランド・プラットフォーム構築の視点から，今後の課題を３つ挙げる。

　１つ目の課題は，消費者とブランドによる，ブランド体験の共創を目指すブランド・プラットフォーム構築の必要性である。すでに多くのブランドは，ブランド・フラッグシップ型プラットフォームの重要性を認識して，それを開発し，提案をしている。しかし，その多くは，商業的取引を中心とした，販売チャネルとしての役割であり，ウェブサイトのeコマースの機能をそのまま移行したものも少なくない。商業的取引は，ブランド・プラットフォームの重要な機能の１つではあるものの，ブランドが消費者にとって特別なものとなるためには，単なる商業的取引以上の価値の共創につなげることが求められる。ブランド体験の価値共創を実現するためには，商業的取引以外の，社会的交換，自己成長，知識の獲得，クリエイティビティの促進による価値共創を組み合わせながら，ブランド・リレーションシップを深めることが必要である。

　２つ目の課題は，新しいブランドの役割を意識したブランド・プラットフォームの構築である。スワミナサンら（Swaminathan et al., 2020）は，ハイパーコネクティビティ１）によって，ブランドに新しい役割が生まれていることを指摘している。これまで，ブランドの役割は，品質のシグナル，アイデンティティの表現，文化的・社会的象徴などとして捉えられてきた。しかし，デジタル時代の到来によって，ブランドの役割は，より社会的・政治的な問題に関連するアクティビスト的なツールとしての役割を増やしている（Swaminathan et al., 2020）。とくに，社会問題に対する関心が高い，ミレニアル世代以降の消費者にとって，消費の選択は，彼らが関心をもつ社会問題と関連して行われる傾向が強くなっている。これからの消費者との価値共創を考えるうえで重要なことは，消費者個人にとって，もしくは消費者の人生にとって，真に意味のあるブランド体験をともに共創していくことがブランドに求められるだろう。

　３つ目の課題は，デジタルでのブランド・プラットフォームを含むデジタ

ル・テクノロジーによる，ブランドの仮想世界と現実世界のブランド体験のシームレスな融合の必要性である。デジタル・テクノロジーによって，消費者はオンラインとオフラインの両方でシームレスなブランド体験を享受することが可能となり，リアル店舗とブランド・プラットフォームのシームレス化はもちろんのこと，チャットボット，AR，VRなどの新しい技術の登場によって，ますます現実世界と仮想世界のブランド体験の融合が求められている。企業のブランド・マネジメントにおいて，これらのテクノロジーをどのように使いながら，どのようなブランドをつくっていこうとするのかが，改めて問われている。

デジタル時代のブランド・リレーションシップ構築の取り組みは始まったばかりであり，明らかにしなければならない課題は依然として多い。その理論や方法について，今後，さらなる研究によって検討と考察が求められている。

おわりに

本章では，デジタル・テクノロジーのマーケティングやブランド・マネジメントに与える影響と課題について明らかにしながら，デジタル時代のブランド・リレーションシップとはどういうものか，そしてデジタル時代におけるブランド・リレーションシップの構築を目指すブランド・プラットフォーム戦略の重要性について提案した。

デジタル時代のブランド・リレーションシップは，互いに影響を及ぼしあう相互依存的な関係性となっていることを明らかにしながら，デジタル時代のブランド・リレーションシップ構築のためのブランド・フラッグシップ型プラットフォームの重要性を指摘し，消費者とブランド間の価値共創を促進するプラットフォーム構築の考え方についての検討と考察を行った。

ブランド・フラッグシップ型プラットフォームの構築において重要なことは，いかにして消費者とのブランド体験をもとにした価値共創を実現するプラットフォームを築けるかであり，それにはクラウドソーシングとクラウドセンディングによる相互作用が求められること，さらに，ブランドや消費者の目的によって，適切な価値共創の組み合わせを行うことを述べた。

現代の消費者は，ブランドから影響を受けつつ，デジタル・テクノロジーを利用して，ブランドと積極的につながり，発言し，ブランド体験を他者と共有

し，ブランドに影響を与えようとする。ブランド・マネジメントにおいては，そうした能動的な消費者とインタラクティブな関係性を構築しながら，ブランドを進化させていく時代が到来している。もちろん，すべてのブランドにとって，インタラクティブで深い関係性の構築が求められるとは限らないが，どのレベルにおいても，消費者との相互作用を忘れてしまえば，いつかブランドとして立ち行かなくなる未来がくることは間違いないだろう。重要なことは，顧客と双方向にコミュニケーションを行いながら，お互いが支援しあい，成長できる，信頼関係を構築することである。そのためにデジタル・テクノロジーを活かしていく知恵が，今を生きるブランドに求められているといえるだろう。

＊　本研究は，JSPS 科研費（基盤研究（C）課題番号：23K01654）の助成を受けて進めた研究成果の一部であり，研究支援に対して心から感謝申し上げます。

【注】
1）　ハイパーコネクティビティとは，人々，デバイス，その他の実体のネットワークの拡散，他の人々，機械，組織に対する常時アクセスなどを指し，時間や場所に関係なく常に情報がアクセス可能で豊富であり，検索コストが低く，地理的な境界を超えた商品やサービスに容易にアクセスできる環境のことを意味する（Swaminathan et al., 2020）。本書第 7 章も参照。

第6章

戦略的ブランド・コミュニケーション

丸岡 吉人

　戦略的ブランド・コミュニケーションとは，利益獲得とブランド価値の維持・拡大とを目的としたコミュニケーション活動である。これまで，その立案方法に関してはさまざまな提案がなされてきたが，標準的な原理や方法は確立されていない。そこで本章では，デジタル・コミュニケーション環境を含むさまざまな状況で活用できる戦略的ブランド・コミュニケーション計画立案の基本概念と枠組みを理論的に検討し提案する。

　まず，戦略的ブランド・コミュニケーション活動を構成する個別コミュニケーション施策が，ターゲット，目標の意識と行動，現状の意識と行動，コミュニケーション施策の4要素から成り立つことを確認する。そして，複数の個別コミュニケーション施策が共時的・通時的に統合されることによって生み出す相乗効果の重要性を指摘する。

　次に，年度計画などの共時的（短期的）統合の方法としては，経営活動の全体目的を個々の手段へブレークダウンすることを提案する。あわせて，目的をブレークダウンする際の着眼点や留意点を指摘する。

　また，通時的（長期的）統合では，個別コミュニケーション施策立案時に，ブランド・アイデンティティの一部に焦点を当てる方法を示す。ブランド・ポジショニングに光を当てるブランド発信型アプローチとブランド・パーソナリティやブランド・ナラティブに着目する会話議論型アプローチがその例である。これら方法によって，個別コミュニケーション施策の成果がブランド・アイデンティティに統合され，相乗効果を生み出すことが期待できる。

　最後に，ブランド・アイデンティティが一定不変ではなく動的で可変である点を考慮して，戦略的ブランド・コミュニケーション立案手順を明らかにする。

はじめに

　製品や流通の次元での同質化が進んだ現代のマーケティング環境においては，ブランド次元の差別化が重要であり，ブランド・マネジメントの巧拙が企業業績に与える影響は大きい（Schultz and Barnes, 1999）。

　ブランド構築の主たる手段の１つがコミュニケーションである。優れたブランド・コミュニケーションを実現するためには，ブランド論と統合的マーケティング・コミュニケーション論（IMC：integrated marketing communications）の知見が活用できる。両分野とも，1990年前後から研究が盛んになり（たとえば，Aaker, 1996；青木，2014；岸，1999, 2006, 2017；Schultz et al., 1993；田中，2017），複数のコンセプトやパラダイムが提示されてきた（たとえば，Heding et al., 2020；Louro and Cunha, 2001；Moriarty and Schultz, 2012）。その一方で，戦略的ブランド・コミュニケーション計画の立案方法に関しては，理論に裏づけられた標準的な原理や方法が確立しているとはいえない（竹内・丸岡，2006）。

　本章の狙いは，戦略的ブランド・コミュニケーション計画立案の指針を提示することである。その際，環境条件の違いによって適合する方法が異なると仮定するのではなく，さまざまな状況に一貫して活用できる基本概念と枠組みを抽出する。このような知識は頑健で，多様な事態に対応でき，実務遂行上で有用だからである。

　本章の構成は，戦略的ブランド・コミュニケーション計画立案に必要な２つの指針の存在を指摘した（第１節）後に，個別コミュニケーション施策の構造と特徴を確認（第２節）し，個別施策が構造化された年度計画（第３節）と長期計画（第４節）の統合原理を提案し，最後に，動的なブランド・アイデンティティの問題と計画立案手順を簡潔に議論する（第５節）。

1　戦略的ブランド・コミュニケーション立案の２つの統合原理

　戦略的ブランド・コミュニケーションとは，利益獲得とブランド価値の維持拡大を目的とした一連のコミュニケーション活動である。それは，共時的・通時的な広がりをもつ（図1）。特定の時期（たとえば，特定事業年度）に着目すると個別コミュニケーション活動が並行して複数実施されている。そして，長期的にも（複数年度にわたって）いくつもの個別コミュニケーション活動が展開さ

図1　戦略的ブランド・コミュニケーションの
全体像（模式図）

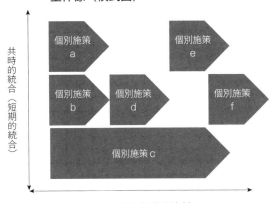

れる。このような複数の個別コミュニケーション活動から構成される戦略的ブランド・コミュニケーションの意義は，一連の活動の成果総体が，個別コミュニケーション施策効果の和以上の相乗効果を生むことである。そのためには，次の2つの統合を実現する原理が必要である。

　まず，年間コミュニケーション計画など，同時期に実行する複数のコミュニケーション活動をマネジメントする統合原理である。ターゲットは顧客や流通業者など複数存在する。施策に目をやれば，ネーミングやパッケージ，自動販売機や小売店頭広告，ソーシャル・メディアやクーポンなどがさまざま遂行されるだろう。ターゲット側から見れば，1人ひとりが多様な組み合わせと順序で諸施策との接点をもつ。これらが，相乗効果を生むように各施策を統合的に運用しなくてはならない。本章ではこれを，目的のブレークダウンによって実行できることを示す。

　もう1つは，ブランド価値を長期的に維持・向上するための統合原理である。各年度の（短期的な）コミュニケーション成果が累積してブランド価値の増減に影響を与え，将来の事業成果を左右する。そこでマーケターは，長期的にブランド価値が向上するように各単年度のブランド・コミュニケーション活動を実行しなくてはならない。本章ではこのために，個別コミュニケーション活動の成果がブランド・アイデンティティに統合されるように計画する2つのアプ

ローチを提示する。ブランド発信型アプローチと会話議論型アプローチである。

2　個別コミュニケーション施策の基本形

■ 4要素モデル

　企業など組織が実施する戦略的コミュニケーション活動は，1つの施策だけで成立することは少なく，複数の個別コミュニケーション施策が，同時期，かつ／または，時系列に組み合わされることが一般的である。たとえば，拡販を目的に「知名度向上のためのテレビ広告施策」「店頭での注目度を高めるためのパッケージ変更施策」「試し購買を促進するためのクーポン施策」の個別施策を組み合わせることはその例である。ここではまず，個別コミュニケーション施策の要件を確認しよう。

　個別コミュニケーション施策とは，固有の目標をコミュニケーションによって達成するための構想である。コミュニケーション活動は，人の意識や行動に作用する。したがって，まず働きかける相手，ターゲットが1つ目の要素である。そして，ターゲットの意識や行動に関して，2つ目の要素である現状の状態と，3つ目の要素である望ましい状態が設定され，その差分が解決すべき課題として認識される。最後の要素は，ターゲットの意識や行動を現状から目標に変化させるためのコミュニケーション施策である。これらをまとめると，個別コミュニケーション施策は，ターゲット，現状の意識と行動，目標の意識と行動，コミュニケーション施策（接点と内容）の4要素からなる図で表現できる（岡田，2000：図2）。

　4要素モデルを「調味料の用途拡大のためのテレビ広告」施策に適用した架空例を見てみよう（図3）。多くの家庭に普及している調味料の利用頻度を高めるために，新しい用途を訴求する場合である。調味料の普及率が高いので，ターゲットはすでに当該調味料を利用している人である。現状では顧客は新しい使い方を認識しておらず，目標は新用途の理解である。新用途理解を形成するための施策として，多くの人に到達しメニューを映像で提示できるテレビ広告を使って，新用途とその味覚，便益を伝えることが計画される。

図2　個別コミュニケーション施策の基本構造：4要素モデル

図3　個別コミュニケーション施策の例：「調味料の用途拡大のためのテレビ広告」

表1　主なコミュニケーション目標

パーセプション目標	人の心（頭）のなかを変える。コミュニケーション活動によって，人の心（頭）のなかに特定の持続的な状態をつくる。 代表的な目標概念：カテゴリー・ニーズ，ブランド認知／ブランド顕出性，ブランド理解，ブランド・イメージ，ブランド・パーソナリティ，ポジショニング，ブランド態度，ブランド・ロイヤルティ，ブランド・トラスト（信頼）
行動促進目標	人の行動を変える。コミュニケーション活動によって，人の行動が一時的に促進された特定の状態をつくる。 代表的な目標概念：ブランド認知，興味関心，情報収集行動，購入意向，比較検討行動，訪店，購入，反復購入，顧客化（ブランドとの積極的な関わり），ブランド・ロイヤルティ，情報共有行動／情報拡散行動
情報環境目標	社会の情報環境を変える。コミュニケーション活動によって，社会に特定の情報環境をつくる。 代表的な目標概念：空気／カジュアル世論，レピュテーション（評判），情報やコンテンツの力による情報流，キーパーソンやメディアの力による情報流，ブランド・コミュニティ形成

■ 意識と行動の目標と現状

　コミュニケーション施策における目標とは，コミュニケーションによってターゲットに作り出せる意識や行動の状態である。売上高や利益額はコミュニケーションによって人に生じるものではないため目標としては不適切である。現状は目標に対応したターゲットの現在の状態であり，目標と現状との差異がコミュニケーションで解決すべき課題となる。

　これまでに理論化されてきたコミュニケーション目標を示す構成概念は，変化する対象によって3つに分類できる（表1）。1つ目はパーセプション目標である。パーセプションとは人の認識を指し，ブランド認知，ブランド・イメー

2　個別コミュニケーション施策の基本形　　103

ジやブランド・パーソナリティなどのように，人の心（頭）のなかに作り出される持続的な状態である。伝統的に，広告のコミュニケーション目標である。

　2つ目は，行動促進目標である。コミュニケーションによって，訪店や購入などの消費者行動が喚起されたり促進されたりする状態である。人が製品やサービスから受け取る価値の大きさは，人の欲望充足の度合いである効用と，効用を得るために支払うコストの関数である。そこで，増量パックやノベルティ提供によって効用を高めたり，クーポンを発行したり値引きを行ったりしてコストを下げることによって，一時的に行動を促進できる。伝統的にセールス・プロモーション活動が狙いとしてきた目標である。

　最後に，情報環境目標である。パーセプション目標と行動促進目標が個人を対象とするのに対して，情報環境目標は社会での集合的な状態である。マーケターはコミュニケーション施策によって，報道や出版，クチコミなどで情報の流れを発生させるなどして，社会で情報や認識が共有されている状態をつくることを目指す。たとえば，社会で共有されたり流布されたりしている評判や信用の状態であるレピュテーションがその例である。伝統的には主に，パブリック・リレーションズ施策が目標としてきた。

■ コミュニケーション施策

　主なコミュニケーション施策には，広告，セールス・プロモーション，スポンサーシップ／イベント，パブリック・リレーションズ，ダイレクト・マーケティング，インターネット／モバイル，人的販売，ブランド要素，インターナル・コミュニケーションがある（販促会議編集部編，2017；関谷ほか，2022；Keller, 2008, 2016；Kotler et al., 2022；丸岡，2021；表2）。ただし，この分類は例示である。たとえば，ブランデッド・エンターテインメントはブランデッド・コンテンツと呼ばれることがあり，デジタル広告施策は，広告に分類することもインターネット／モバイルに分類することも可能である。

　コミュニケーション施策は，接点と内容の2つの側面をもつ。接点はコンタクト・ポイントやタッチ・ポイントとも呼ばれ，ブランドとターゲットとが接触し情報交換をしたり影響を及ぼしたりする接触箇所である。内容はコンテンツとも呼ばれ，メッセージやインセンティブなど接点で交換されたり行使されたりする情報や働きかけの中身である。

表2 主なコミュニケーション施策

大 分 類	小 分 類
広 告	テレビ広告，ラジオ広告，新聞広告，雑誌広告，映画広告，チラシ広告，交通広告，屋外メディア広告（OOHメディア広告），POP広告，ディスプレイ広告，リスティング（検索連動型）広告，ネイティブ広告，SNS広告，動画広告，メール広告，ジオターゲティング広告，アフィリエイト広告
セールス・プロモーション	サンプリング，モニタリング，デモンストレーション，オープン懸賞，販売促進イベント，クローズド懸賞，価格プロモーション，総付け（ベタ付け）プレミアム，カウンセリング，クーポン，タイアップ，リベート，トレードポイント・プログラム，メンバーシップ制度（会員制度），サービス制度，ナッジ
スポンサーシップ／イベント	イベント・スポンサーシップ（スポーツ，芸術，エンタテインメント），コーズリレーテッド・マーケティング，ブランデッド・エンターテインメント，ブランド（プロダクト）・プレースメント，企業博物館，工場見学，アンブッシュ・マーケティング
パブリック・リレーションズ	プレスリリース，ニュースレター，ファクトブック（報道用資料），プレスキット，記者発表会，記者会見，プレスセミナー，プレスツアー／内覧会，PRイベント，メディア・キャラバン／プロモート，アニュアル・レポート，出版，広報誌／紙，講演，チャリティ／寄付活動，ブログ運用，公式SNSの運用，オウンド・メディアの運用（コンテンツ・マーケティング），ユーザー・コミュニティ運営
ダイレクト・マーケティング	カタログ，ダイレクト・メール（DM），テレマーケティング，テレビ・ショッピング，EC運営（D2Cコマース）
インターネット／モバイル	検索エンジン・マーケティング（SEM），検索エンジン最適化（SEO），WOMマーケティング，インフルエンサー・マーケティング，バズ・マーケティング，アプリ，コンテンツ・マーケティング，メール・マーケティング，オンライン・コミュニティ，オンライン・フォーラム，ユーザー・インターフェース
人 的 販 売	展示会，プレゼンテーション，打ち合わせ，質問応答，実演販売，インセンティブ・プログラム
ブランド要素	ブランド名，ブランドロゴやシンボル，ブランドのキャラクター，スローガン，スポークスパーソン，ジングル，パッケージング
インターナル・コミュニケーション	コミュニケーション・ポリシー，社内報，セミナー，研修，表彰，社内イベント，社内コンテスト

（出所） 販促会議編集部編，2017；関谷ほか，2022；Keller, 2008, 邦訳175-224頁，287-356頁；Keller, 2016, pp. 288-289 Table 1；Kotler et al., 2022, 邦訳391-540頁；丸岡，2021より作成。

1つの方法（たとえば，テレビ広告）が1つの目標（たとえば，ブランド認知）と一対一対応しているわけではない。1つの方法が使い方によってはさまざまな効果を生み，特定の目標を実現する方策は複数存在することが普通である。そこで，戦略を立案する際には，達成すべき目標を特定する段階と，そのための施策を創出する段階を分けて検討しなければならない。

3　年度計画──目的のブレークダウンによる統合

　企業などの組織では，週，月や四半期，年度などの期間を単位として，各種活動が統合的に連携した活動計画を立てる。計画期間の間隔は，組織によってさまざまであるが，年度計画に代表される短期計画と5年以上を対象とするような長期計画に分類できる。そこで，ここでは短期計画と長期計画とに分けて，戦略的ブランド・コミュニケーション計画の統合原理を明らかにする。まず，年度（短期）計画の統合原理である。

■ 目的と手段の連鎖

　組織目的を部や課などの個別組織や個人の活動に反映するために，上位目的の達成手段が下位目的となるような連鎖をつくることは経営組織マネジメントの標準的な手法である（高尾，2019）。コミュニケーションにおいても，全体目的を設定し，それを上位計画と下位計画とが目的-手段の関係で連鎖するようにブレークダウンして構造化することがマネジメントの基本原則である（田中・丸岡，1991）。ブランド・コミュニケーションが相乗効果を発揮するには，個々に立案された複数の個別コミュニケーション施策を全体計画にボトムアップで統合するのではなく，経営上の全体目的をトップダウンで個別コミュニケーション施策にブレークダウンすることが重要である。

　上位計画に対する下位コミュニケーション施策の配置の仕方はさまざまである。売上獲得コミュニケーション計画とブランド価値向上コミュニケーション計画のような目的別の組み合わせ，ターゲット・セグメント別コミュニケーション計画，定常的コミュニケーション計画と需要期キャンペーン計画の配置，広告，販促，広報などの施策種類別計画などが想定できる。

　1976年1月に，大和運輸（現・ヤマト運輸）は個人宅配事業に参入した。そ

の前後の諸活動を見てみよう（ヤマトホールディングス株式会社，2020）。まず社内では，事業構想をまとめた直後の1972年に労働組合に協力を要請し，交渉を重ねて75年に事業への協力を得た。宅急便取扱店の拡充では，自社営業所開設に加えて，1976年夏頃から米店，酒店，燃料店，クリーニング店，牛乳店などと交渉し，取扱店契約数は77年3月には450店，80年3月末には9000店となった。従業員向けには，サービス品質向上を狙いとして，1977年9月にすべての社員に「宅急便マニュアル」を配布，78年2月には関西地区で最初のセールス・ドライバー研修会を開くなどの諸活動を行った。消費者向けには，事業開始時の1月はガリ版チラシの配布，3月には団地や商店など重点ターゲットへの統一チラシによる営業活動，アニメーションによるテレビ広告などを組織的に実施，6月には葦原邦子と広告出演契約を交わし，ラジオCM，交通広告，テレビ広告を実施した。また，同年6月に新設された広報室は，新聞や雑誌などマスメディアとのリレーションを深めていった。

　この間のコミュニケーション以外の活動としては，事業地域拡大のための新規路線免許の申請準備，既存業者からの営業権買収や業務提携，小口貨物専用ターミナルの設置，宅急便専用伝票の開発，品質管理室やサービスセンター室の新設などが並行して行われていた。

　宅配便事業の成功にはターゲットである複数のステークホルダー，すなわち，労働組合，取扱店，従業員，消費者，ジャーナリストの意識や行動の変化が必要とされ，それぞれが目標を達成すれば，コミュニケーション以外の諸施策と連動して全体目的が達成するように施策全体が構造化されていたことがわかる。

■ カスタマー・ジャーニー

　顧客（潜在顧客を含む）をターゲットとしたコミュニケーション目的をブレークダウンするときに，カスタマー・ジャーニーの枠組みが活用できる（図4）。カスタマー・ジャーニーは，購買意思決定過程の開始から終了までを旅になぞらえたものである。消費者は，たとえば，喉が渇いた，自転車が壊れたなどの事象をきっかけに，飲み物や移動手段獲得に関する意思決定過程を始める。情報収集や検討を経て購買し，使用し廃棄するまでの間にいくつかの段階を通過すると想定することは自然である。事実，マーケティング・コミュニケーション効果研究の知見によれば，消費者は認知，理解，確信などのいくつかの段階

図4　カスタマー・ジャーニーによる目的のブレークダウン

を経て購買やその後の行動に至ることが知られている（たとえば，Colley, 1961；Lavidge and Steiner, 1961；秋山・杉山，2004；Court et al., 2009）。購買ファネル，購買への道のり（Kotler et al., 2016），行動系列モデル（Rossiter and Percy, 1987）やパーセプションフロー®・モデル（音部，2021）も同様の考え方である。

　バトラやケラー（Batra and Keller, 2016；Keller, 2016）の示すカスタマー・ジャーニーのモデルは次のとおりである。①カテゴリー水準でニーズやウォンツを感じる，②ブランドについて知る，③能動的にブランドを検討する（属性や便益の検討），④さらなる情報収集，ブランドに関する学習，評価の開始（ブランド知識の構築），⑤ブランドを評価し，好意的な態度をもつ（強く，好ましく，ユニークなブランド連想をもつ），⑥当該ブランドに対する肯定的な価値判断と支払い意思に達する（機能的・情緒的・社会的・象徴的便益に基づいて高い知覚的価値を認める），⑦ブランドを試用する計画を立てる，⑧ブランドを消費する，⑨ブランド経験に満足する，⑩ブランドのロイヤルな反復購買者になる，⑪ブランドとエンゲージし交流する（オフラインとオンラインがありうる），⑫ブランドを積極的に支持・推奨（advocate）する（オフラインとオンラインがありうる）。

　また，パーセプションフローの標準形として，①現状，②認知，③興味，④購入，⑤試用，⑥満足，⑦再購入，⑧発信，が示されている。カスタマー・ジャーニーとパーセプションフローとの違いは，カスタマー・ジャーニーが消費者の行動変化に，パーセプションフローが消費者のパーセプション変化に焦点を当てている点である（音部，2021）。

　カスタマー・ジャーニー上の各段階に位置づけられる顧客によって，必要とする情報や行動につながるインセンティブが異なる。そのため，それぞれに対応した個別コミュニケーション施策を考案する必要がある。使用中の化粧水に

不満を感じた人がいたとすれば，まず知りたいことは，自分に合いそうな製品の属性やその属性をもつ製品の選択肢などであろう。ネット検索やブログ記事などがそのニーズに対応できる。特定のブランドの化粧水に興味をもった人には，使い心地を実感するための試用ニーズが生まれる。店頭でのカウンセリングや試供品配布が効果的である。試用結果に満足したターゲットが購入を躊躇している段階では，期間限定の割引クーポン配布が購買のきっかけを提供する。

■ 重要な接点

　上位目的からのブレークダウンと並行して，既存接点を確認してコミュニケーション計画に組み込むことも重要である。とくに，顧客の意識や行動が大きく変化したり，判断を下したりする重要な接点が特定できる場合は，その接点でのコミュニケーションに注意を払うべきである。スカンジナビア航空の経営者であったカールソンは，同社の旅客は，ほぼ5人のスカンジナビア航空の従業員に接するが，その1回の応接時間は平均15秒だと述べ，これらがスカンジナビア航空の成功を左右する「真実の瞬間」（moment of truth）であると指摘した（Carlzon, 1987）。カールソンはビジネス客をターゲットに定めるとともに，サービスを担う従業員の意識改革や彼らへの権限委譲を通じて，「真実の瞬間」の顧客経験の質を高めて，ビジネス客から高い評価を得た。

　「真実の瞬間」としてはこのほかに，インターネットやモバイルでブランドを知ったり情報収集したりする場として ZMOT（zero moment of truth），小売店頭の商品棚の前で購入意思決定をする場面として FMOT（first moment of truth），消費者が製品を使用して製品が好ましく記憶に残る経験を提供する時点として SMOT（second moment of truth），製品体験が，感情，好奇心，情熱や怒りを呼び起こし，ブランドについて語るきっかけになるときとして TMOT（third moment of truth）が提唱されている（Procter & Gamble, 2006；Blackshaw, 2008；Google, 2012）。

■ 必須の接点

　接点のなかには，製品やサービスの提供にとって必須のものがあり，そこでのコミュニケーションは必須である。これらは実態を把握して，コミュニケーション計画に組み込む必要がある。製品パッケージ，ブランド・ウェブサイト，

販売員ユニフォームなどは，必ず接点を形成する必須コミュニケーション活動の例である。これに対して，キャンペーン活動は，特定された目標を達成するための期間限定の一連の活動である。経営面から見れば，キャンペーンはその必要性が認識され，投資対効果が高いと判断されるときにだけ実施する。たとえば，新製品導入時に告知広告を行うかどうかは，マーケターが実施の要否を判断するキャンペーン活動である。

　必須コミュニケーション施策のなかでは，長期にわたって使用するブランド要素（表2参照。ブランド・アイデンティファイア，ブランド識別子とも呼ぶ）の決定に慎重さが必要である。また，ブランド要素を管理するために，声の調子（tone of voice）や見た目の印象（look and feel）の規定が有効である。人にその人らしい言葉遣いや口調，見た目があるように，ブランド要素によってブランドらしさを表現できる。そのブランドが人だったら，年齢や性別，職業は何で，どのような性格か（ブランド・パーソナリティ）を拠り所として規定する。

　現在では，モバイル・デバイスなどによって消費者がブランドと常に接点をもつことが可能になっている。これに対応して，マーケターも顧客が必要とするときにいつでも情報を提供できる態勢を整える必要がある。効果的効率的なコミュニケーション活動のためには，相対的に必須コミュニケーション活動の質と量を高めることが求められている。

4　長期計画——ブランド・アイデンティティへの統合

■ ブランド・アイデンティティの役割

　ブランド・アイデンティティは，ブランド・ビジョンやブランド・バリューとも呼ばれ，「そのブランドとは何ものか」という問いに対する答えである。ブランド・アイデンティティには，製品やサービスの名前やシンボル，属性や品質，機能的便益だけでなく，情緒的便益，自己表現的便益，ブランド・パーソナリティ，組織連想などが含まれている（Aaker, 1996；本書第2章も参照）。個別コミュニケーション施策の成果が長期的にブランド価値向上に結びつくのは，コミュニケーション活動が顧客などステークホルダー本人自身の経験や知識と結びつけて解釈されることによってブランド・アイデンティティの理解が深まるとともに，人々の価値観や生活にとってのブランドの意味が明確になっ

て消費者にとって現実的な魅力をもつからである。これが，ステークホルダーと個別コミュニケーション施策との接触や単体の経験が互いに影響しあうことによって生じる相乗効果の中身であり，ブランド価値の源泉である。すなわち，長期的な相乗効果は，顧客などステークホルダーによるブランド・アイデンティティ理解の深化に表れる。

　通時的（長期的）統合の場合にも，長期的な経営目的をあらかじめ個別施策にブレークダウンする方法は，理論的には可能だろう。しかし，激しい環境変化のもとでの経営を前提とすると，現実には機能しにくい。そこで，長期目標としてブランド・アイデンティティをいったん設定したうえで，ブランド・アイデンティティの一部に光を当てて個別コミュニケーション計画立案に活用する方法を採用することが現実的である。そのアプローチは大別して，ブランド発信型コミュニケーションと会話議論型ブランド・コミュニケーションの2つがある。前者は理想のブランド・アイデンティティ（イメージ）を消費者の心（頭）の中に構築することを，後者は人々がブランドの意味を共創することを企図する。実務では，両者は折衷的に活用されている。

■ ブランド発信型アプローチ

　基本アイディアは，マーケターが，顧客などステークホルダーの心のなかに創造したいと思うブランド・アイデンティティを規定し，それをコミュニケーション活動によって構築することである（Aaker, 1996；Heding et al., 2020；Louro and Cunha, 2001）。ケラー（Keller, 1998）が，顧客ベースのブランド・エクイティ概念を提唱し，ブランド力の源泉たる顧客のブランド知識構造と，それを形成・維持・変化させる統合的マーケティング・コミュニケーションを関係づけたことにより，論理的体系的な根拠が与えられた枠組みである（岸, 2006）。現在の戦略的ブランド・コミュニケーションの主要アプローチの1つである。

　この戦略を選択する条件は，ブランドの差別化点の中心が属性や機能的便益，組織連想などマーケターがコントロールできるものに存在すること，当該ブランドやカテゴリーにまつわる社会でのコミュニケーション全体のなかでブランドが発信するコミュニケーションの影響力が大きいことである。マーケターが意図したものを顧客の心（頭）のなかに作り出すため，コミュニケーションは伝統的な放送や出版と同じようにブランドから顧客などステークホルダーへの

一方向が中心となる。

《ブランド・ポジショニング》　　ブランド発信型コミュニケーションでは，顧客などステークホルダーが心に抱く認識をブランド・イメージと呼び，マーケターが規定したブランド・アイデンティティと区別する（Aaker, 1996）。ブランド・イメージは，ブランド・アイデンティティとは大なり小なり乖離している。しかし，ただちにその乖離解消をコミュケーション目標に掲げればよいかというと，そうとはいえない。まず，ブランド・アイデンティティは多様で複雑，多面性をもつ概念であり，消費者がアイデンティティを完全に理解することは困難である。さらに，消費者などステークホルダーにはブランド・アイデンティティを理解しようとする動機がない。消費者は自分自身のニーズを満たすために意思決定するのであり，そのために必要なコンテンツに限って取得したり情報処理したりする。つまり，ブランド・アイデンティティとブランド・イメージとの全面的な乖離解消は，実務上現実的な目標とはなりえない。

　年度など一定期間のブランド・コミュニケーション目標を示す中核概念が，ブランド・ポジショニングである。ポジショニングとは，見込み客などステークホルダーの心（頭）のなかにブランドを位置づけることであり，当該ブランドの特徴だけでなく，競合ブランドとの相対的な強みや弱みも考慮に入れたものである。現代社会では消費者は多くのブランドを比較・検討するので，相対的な情報は消費者が利用しやすく行動に結びつきやすい（Ries and Trout, 1986）。ブランド・ポジショニングは，ブランド・アイデンティティの要素から現下の市場の競争環境を考慮して選び取られたもの，言い換えれば，ブランド・アイデンティティの1つの側面に光を当てたもので，消費者などステークホルダーが必要としていて，利用しやすい情報に着目した概念である。

《ステークホルダー間の情報交換への対応》　　ステークホルダーや顧客セグメントによってブランドの見方は異なるので，目標とするポジショニングはターゲットごとに定めればよい（Rossiter et al., 2018）。乗用車のブランドならば，消費者では長期間乗れるブランドと位置づけ，自動車販売業者には収益性が高いブランドとポジショニングするようなことである。しかし他方で，別セグメントに属する人同士が当該ブランドに関して情報交換すると，ポジショニングに矛盾が感じられたり，その結果，ブランドに不信を覚えたりするかもしれない。その解決には「消費者の樹」仮説が援用できる（片平, 1999）。たとえば，A,

B，Ｃの３つのセグメントがあり，Ａセグメントの満足するポジショニングは
B，Ｃセグメントも満足し，Ｂセグメントの満足するポジショニングはＣセグ
メントは満足するがＡセグメントは満足しないという関係になっているとき
には，Ａセグメント対するポジショニング目標は全セグメントに適用可能で
ある。

《一見矛盾するコンテンツを発信する際の工夫》　　ブランド・ポジショニングは
一朝一夕に確立できるものではない。消費者ニーズや競合の戦略が変化する環
境下で，ブランド・ポジショニングを確立するには長期的視点が必要である。
ブランドが発信するコンテンツは，すべてブランド・アイデンティティに由来
するので，いかなるメッセージがいつどこでどの順序で発信されても，原理的
には消費者が形成するブランド・イメージの一貫性が失われたり，不調和が生
じたりすることはないはずである。しかし，消費者の情報処理の仕方によって
は矛盾を感じることがあるので，その回避方法が提案されている（Keller et al.,
2002）。

　１つは，時間差を利用することである。たとえば，「最高の味わい」と「カ
ロリーオフ」という一見すると相反する要素を伝える場合に，まず「最高の味
わい」をコミュニケーションし，次期に「カロリーオフ」を訴求する。第２の
方法は，矛盾する要素とは無関連の第３の属性を導入することである。「最高
の味わい」と「低カロリー」という相反する要素を同時に訴求する際に，好感
度が高い有名人を広告に起用して，両者が両立するというコミュニケーション
の信頼性を高めることが考えられる。３つ目の方法は，矛盾する要素が互いに
補完的であると説明することである。サービス提供会社が「大企業である」こ
とと，「個人や小規模事業所顧客に親切」ということが，顧客から矛盾して感
じられる場合は，「個人や小規模事業所顧客に親切だからこそ大企業になった」
と説明するようなことである。これに関連して，一見すると矛盾に見える特徴
をもつブランドが，高次の概念によってそれが解決される場合はさらに強力に
なるという主張もある（Zaltman, 2003）。

■　会話議論型アプローチ

　基本アイディアは，ブランド・アイデンティティはマーケターと顧客などス
テークホルダーとがコミュニケーションを通じて共創するという想定である

（Aaker, 1997；Fournier, 1998；Heding et al., 2020；Holt, 2004；Louro and Cunha, 2001）。消費者には能動的な役割が期待され，コミュニケーションはブランドとステークホルダーとの双方向の会話や，複数のステークホルダーが参加する多対多の分散的な会話や議論型のやりとりとなる。このアプローチでは，ブランドに関する知識や情報，意味は，会話や報道などのコンテンツとして社会に存在すると見る。消費者はクチコミやSNSで，ジャーナリストは記事や番組で，マーケターは広告や広報活動を通じてブランド関連情報を発信している。これらを受け取った消費者は自分の解釈や発見・修正を加えて発信し，マーケターもコミュニケーション施策を追加したり修正したりして対応する。さまざまな知識や情報の断片は，常に社会を循環したり，サイバー空間に蓄積したりされて人々に利用される。ブランドに関する知識や情報，人々が与えた意味は，変化したり新たな解釈が加わったりしながら消費者行動に影響を与える（Allen et al., 2008；青木，2014）。

　この戦略を選択する条件は，ブランドの差別化の中心が顧客やその文化によるブランドの意味づけに結びついた情緒的便益や自己表現的便益などに存在すること，当該ブランドやカテゴリーに関する社会でのコミュニケーション全体のなかで顧客などステークホルダーが発信するコミュニケーションの影響力が大きいことである。

《意味の共創》　　キットカットは，ウエハースをチョコレート膜で覆った棒状の菓子である。それが，1990年代後半から受験のお守りとして利用されるようになり，今では受験の必需品となっている（高岡，2022）。キットカットが，家で食べるおやつから受験の必需品になるきっかけは，福岡の受験生たちが語呂合わせから受験の縁起担ぎに購入していたことである。キットカットに，受験に役立つ成分が含まれているわけではなく，マーケターが受験時の利用を発案したのでもない。キットカットが受験のお守りになるという意味は，消費者の行動をきっかけとして，SNSなどを舞台として，消費者とブランド，メディア，関係者が感想や要望，考えを述べあうことを通して，社会で共有されていった。その際のコンテンツは「キットカットは受験のお守りに最適だ」などの説得的メッセージではなく，それぞれの体験や発見の物語だった。

　物語る行為や物語そのものをナラティブと呼ぶ。私たちは古くから，自分たちの経験したことを互いに物語ることによって，自らや社会に知識を蓄えてき

た（Shank and Abelson, 1995）。ナラティブの助けによって，人々とブランドとのさまざまな接点での経験や観察の断片の意味が明らかになる（McQuail and Deuze, 2020）。消費者はみずから語り，能動的にブランド・コミュニケーションに参加して，ブランドの意味，すなわちブランドの生活のなかの位置づけや複数回のブランド経験の相互関係に対する理解をマーケターとともに共創する（Allen et al., 2008）。意味の重要性は，ブランドが属性や機能的便益だけでなく意味によっても選ばれていることから理解できる（Sherry, 2005；Solomon et al., 2006）。

《ブランド・パーソナリティ》　　ステークホルダー間の対話や議論によってブランドが意味づけられていくときに，マーケターはいかにブランドをマネジメントすればよいだろうか。1つの方法は，ブランド・アイデンティティのなかのブランド・パーソナリティに焦点を当てて，マーケターが実施するブランド・コミュニケーションではそれが常に一貫するよう維持することである。ブランドが顧客などステークホルダーと会話や議論をすると考えると，ブランドと人々の関係は人対人の関係の類推として理解できる。人間がそうであるように，パーソナリティはブランドのふるまいの一貫性や独自性を保つ中心的役割をもつ。ブランド・パーソナリティをマネジメントする際に活用できる枠組みとしては，ブランドのアーキタイプ（元型）を明確にしてそのブランドらしさを保持する方法がある。アーキタイプとは，「神話的性格をそなえた普遍的・人類史的象徴性をそなえた心像（イメージ）」である（小川，1978）。たとえば，「意志あるところ，道あり」をモットーとする英雄型ブランドとして Nike が，「ルールは破るためにある」を信条とする無法者ブランドとしてハーレーダビッドソンが挙げられる。ほかに，創造者，援助者，探検家，賢者などのアーキタイプとブランドとの対応が指摘されている（Mark and Pearson, 2001；松浦，2004）。これら事例を参考にすれば，あるアーキタイプを体現するブランドを戦略的に創造することが可能だろう。

《ブランド・ナラティブ》　　もう1つの方法は，ブランド・アイデンティティに基づいて，ブランドが物語る内容の核，ブランド・ナラティブを定めることである。ブランドが語る1つひとつの物語は，ブランド・ナラティブがプラットフォーム（共通の土台）となって場面や文脈に応じて展開されたものと位置づけられる（Dahlen et al., 2010）。ブランド・ナラティブ開発の着眼点の1つが，

ブランドと消費者との価値観の一致である（Keller et al., 2002；Zaltman and Zalt-man, 2008）。消費者がブランドに共感するのは自身の価値観や究極の目標がブランドのそれと一致したときである。消費者がブランドの属性や機能を自分自身の価値観に基づいて意味づけすると仮定した手段目的連鎖モデルでは，ブランドや商品，サービスの属性がより抽象的な目的（便益）のための手段となり，それがさらに消費者の価値観を目的としたときの手段になる形で連鎖していることを前提としている（丸岡，1998）。この考え方を使って，ブランドと消費者の価値観－自己表現的便益－情緒的便益－機能的便益－ブランドの属性，のような構造を踏まえたブランド・ナラティブを創造できる。ブランドの大義や理想（why）からコミュニケーションを始めて，他とは違う製品やサービスのやり方や手法（how）を説明し，最後に提供している製品やサービス（what）を述べることで人々を鼓舞し，ファンを引きつけよという提案も，ブランドと消費者にとって重要なものに焦点を当てる点で，ブランド・ナラティブの一形態といえるだろう（Sinek, 2009）。

ハンロン（Hanlon, 2006）が主張するプライマル・ブランディングでは，ブランドが提供する属性や機能，広告などに大きな差異がないにもかかわらず，熱狂を感じさせるブランドとそうでないブランドとが存在する原因を，7つの符号（code）からなる信念体系の有無に見出す。7つの符号とは，発祥の物語，信条，アイコン，儀式，対立相手／非信者，聖なる言葉，指導者である。ブランドがこれら7つの符号に基づくナラティブを人々に語ると，ブランドを信じる人たちが生み出され，彼らはブランドのコミュニティに所属していると感じるようになる。

ブランド・ナラティブを活用する場合には，価値観の長期的な支持と広がりを見きわめることが重要である。ブランドが信奉する価値観に高い優先順位を置く消費者が継続的に存在したり，将来的に増加したりすると予測できる場合には，ブランド価値の増大が期待できる。たとえば，カルチュラル・ブランディング・モデルが主張するように，ブランドを社会の矛盾から生じる人々の願望や不安に関連づけることはその具体的形態である（Holt, 2004；本庄，2020）。第二次世界大戦後のアメリカでフォルクスワーゲンは，当時のマスカルチャーによって押しつけられたライフスタイルやテイストに立ち向かい，知性ある独創的な人たちが自分自身で良いものを見分ける世界の一員として振る舞って，

神話づくりに成功した。

5　動的なブランド・アイデンティティと戦略立案手順

　戦略的ブランド・コミュニケーションでは，ブランド・アイデンティティがマネジメントの起点であり，同時に，長期的目標である（青木，2011）。ただし，起点であり目標であるブランド・アイデンティティは一定不変ではなく，動的に変化しつづける性質をもつと考えられる（da Silveira et al., 2013）。

　ブランドはしばしば擬人化されるためか，ブランド論にはアイデンティティを含めて心理学概念が多く採用されている。心理学分野でアイデンティティが一生をかけて変化していく動的な概念（浅野，2001；河合，2013；McAdams and McLean, 2013；家島，2012）と捉えられていることは，ブランド・アイデンティティに動的性質を仮定する根拠の1つになろう。人よりも長生きする長寿ブランドとなれば，環境変化やブランドの沿革に従ってブランド・アイデンティティが変化するほうが自然かもしれない。

　セゾングループを率いていた堤清二は，1984年末に，その傘下のブランド無印良品とは何かをもう一度はっきりさせる必要があると発言したという。1980年に市場導入した無印良品が，3年後の青山の独立路面店開店でブームになり，それが収まりつつあった頃である。彼は，合理化，新生活運動，消費者の自由の確保，ファッション・デザイン性という選択肢を示し，自身の考えとしては，消費者の自由の確保が中心であり，ほかは要素だと述べたという（鈴木，2018）。このようなブランド・アイデンティティの問い直しを節目節目に行うことが必要である。

　マーケターは戦略的ブランド・コミュニケーション計画立案を始める前に，ブランド自身に代わって「このブランドとは何ものか」を問い，ブランドの過去を有機的に結びつける特徴や性質を確認し，さらに未来を想像してブランド・アイデンティティを再定義すべきである。その後，ブランド・ポジショニング，ブランド・パーソナリティやブランド・ナラティブなどの概念を活用して年度（短期）コミュニケーション計画立案に進む。年度（短期）コミュニケーション立案時には，ブランド・アイデンティティの維持・強化も含む今期の経営の全体目的を個別コミュニケーション施策に順次ブレークダウンするとと

もに，現実の接点を確認してボトムアップで計画に組み込む。コミュニケーション計画の実行によって，顧客などステークホルダーは観察や経験，自身の知識を解釈してブランド・アイデンティティの理解を深化する。この循環によってブランドは，環境変化へ適応しつつ自らの価値を高めていく。

おわりに

　本章では，戦略的ブランド・コミュニケーションの標準的な原理や方法を理論面から検討し，基本概念や拠って立つべき枠組みを提示した。これらを参照することによって，戦略の必須要素を検討し忘れるようなことがなくなり，また，担当者同士の意思疎通も円滑になると期待できる。ただし，これは魅力的なブランドづくりの必要条件であって十分条件ではない。料理レシピかせいぜいコツのようなものであって，確かに料理をつくる助けになるが，とびきりの味にするにはこれだけでは不十分である。

　ブランド・マネジャーは，本章で示したような基本概念や枠組み，理論や法則を理解するとともに，目の前の市場環境や人間行動に洞察を働かせ，創造性を発揮しなくてはならない。優れたブランド・マネジメントには，サイエンスとアートの両面が求められている。

第7章

リキッド消費とブランド戦略

久保田 進彦

　人々の生活は時代とともに移り変わっていく。たとえば，今やオンライン・ショッピングは当たり前となり，かつては珍しかったリモート・ワークも普通のものとなった。

　こうした変化を受けて，人々の消費スタイルも大きく変化している。まず，生活や消費のテンポが速くなることで，欲しいものが比較的短期間で変化するようになった。また，モノを自分で所有せず，レンタルなどで済ますことも多くなった。さらに電子書籍やeチケットの普及が示すように，モノを使わない消費も多くなってきた。自分たちでも意識しないうちに，消費のスタイルが大きく変わろうとしている。

　こうした消費スタイルの大きな変化を，マーケティングでは「リキッド消費」という。リキッド消費は，現代の消費の特徴を的確に捉えた概念であり，シェアリング・エコノミーといった社会経済の変化や，サブスクリプションといったビジネス・スタイルの普及をうまく説明している。

　そこで本章ではリキッド消費について概説するとともに，その戦略について検討を行い，裾野を広げる戦略と，生活に溶け込む戦略の2つを提唱していくことにする。

は じ め に

　消費者の行動について，これまで多くの研究が行われてきた。その結果，明らかになったことの1つに，「消費者の行動の本質は変わらない」ということがある。たとえば，消費者は興味がないものは深く考えずに購入するし，購入した製品が期待を上回れば満足する。彼らの行動を支える本質的な部分は，長

い歴史を通じてほとんど変わらない。

　その一方で，消費者の行動は社会環境や社会規範から大きな影響を受ける。このため社会が変われば，消費者の具体的な行動も変化する。つまり現象としての消費者の行動は，時代とともに変化する。

　優れたマーケティングを行うには，これら双方に対応していく必要がある。すなわち消費者行動の基本について十分な知識をもつとともに，社会環境をしっかり理解し，それにフィットした戦略を策定していくことが大切となる。

　それでは今日の消費者の行動には，どのような特徴があるのか。バーディーとエカート（Bardhi and Eckhardt, 2017）は，今日の消費の大きな特徴として3つの点を指摘している。まず価値が文脈依存的となり，その場その場で欲しいものが変わることが多くなった[1]。いわば，気まぐれな消費が目立つようになった。また製品を所有しなくても，その価値にアクセスできればよいと考える傾向が強くなってきた。つまりレンタルやシェアリングで十分だと考えることが多くなった。さらに同じことをするのに，以前より物質に頼らない傾向が強くなってきた。たとえば，写真は紙焼きでなく，データとして保存することが一般的になった。

　こうした消費スタイルの大きな変化を包括的に捉える概念として，「リキッド消費」（liquid consumption）がある。そこで本章ではリキッド消費について理解を深めるとともに，リキッド消費環境におけるブランド戦略について考えていく。

1　消費スタイルの大きな変化

■ リキッド消費

　リキッド消費は，今日見られる消費スタイルの大きな変化を「消費の流動化」として捉えた概念であり，上述したバーディーとエカートによって提唱されたものである（Bardhi and Eckhardt, 2015, 2017）。リキッド消費という概念は，社会学者のバウマン（Bauman, 2000）が提唱した「リキッド・モダニティ」（liquid modernity: 液状化する社会）論を発展させたものであり，短命ではかなく（ephemeral），アクセスベース（access based）で，脱物質的（dematerialized）な消費と定義される（久保田，2020a）。リキッド消費は，現代の消費の特徴を的

図 1 ソリッド消費とリキッド消費

かつて　ソリッド消費

現在　リキッド消費　ソリッド消費

確に捉えた概念であり，シェアリング・エコノミーといった社会経済の変化や，サブスクリプションといったビジネス・スタイルの普及をうまく説明している。

　リキッド消費（あるいは消費の流動化）が浸透した背景として，さまざまな環境変化が考えられるが，なかでも重要なこととして，技術の進化と合理主義的な価値観の浸透がある。こうした変化は 18 世紀に産業革命が生じてから漸次的に広まってきたが，デジタル化によっていっそう加速されたと考えられている（Bardhi and Eckhardt, 2017；久保田，2020a）。

　もちろん冒頭にも記したように，デジタル化によって消費者の行動の本質が変わったわけではない。むしろ，デジタル化によってそれまで不可能だったことが可能となったり，あるいは消費者に制約を課していた社会規範が変化したりしたことで，かつては実現できなかった欲求を満たすことが可能となったことが，消費の流動化を加速したと考えるのが自然である。

　また当然のことながら，すべての人の消費がリキッド化するわけではないし，ある消費者の生活のすべてがリキッド化するわけでもない。リキッド消費の議論では，これまでの伝統的な消費スタイルを「ソリッド消費」（solid consumption）ということがある。そして人々の消費は，ソリッド消費〜リキッド消費というスペクトラムのどこかにあると考える（図 1；Bardhi and Eckhardt, 2017）。したがってリキッド消費は，消費スタイルのシフトではなく拡張として存在する（久保田，2020a）。またそれゆえ，ある消費現象を理解するには，それが上述したスペクトラムのどのあたりに位置するのか（ソリッド的なのか，リキッド的なのか，あるいは中立的なのか）を意識することが大切となる。

■ リキッド消費の実態

　リキッド消費の実態について，先行研究に基づき簡単に整理する。マーケティング領域では，2010年頃から，新しい消費現象が次々と報告され始めた。たとえばシェアリング・エコノミー（Belk, 2010；Eckhardt et al., 2019），所有しない消費（Lawson, 2011；Lawson et al., 2016），アクセスベース消費（Bardhi and Eckhardt, 2012），共同消費（Benoit et al., 2017；Botsman and Rogers, 2010），一時的所有（Chu and Liao, 2007, 2010；Nissanoff, 2006；山本，2021）などである。これらの研究はいずれも，所有を前提としていた消費現象が，使用や利用，あるいは共有をベースとしたものに拡張していくことや，個々のブランドやアイテムの使用ないしは利用期間が短くなりつつあることを明らかにしている（久保田，2022a）。

　こうした消費スタイルの変化は社会的地位や社会階層にも影響を及ぼしているようである。たとえばバーディーとエカート（Bardhi and Eckhardt, 2020）は，従来からの贅沢で排他的な高級ブランド，財産，所有といった要素が，今日の社会でもステータス・シンボルとして機能し続けているのかと，疑問を投げかけている。そして現実には，アテンション・キャピタル（attention capital）を構築することでその地位を獲得した，新しいタイプの社会的エリートが出現していると主張している。彼女らによると，こうした人々は新たな可能性を受け入れ，それに適応する「柔軟性」（flexibility）と，SNSなどを駆使してデジタル空間で広く人々の「注目」（attention）を得ることを武器としている。そして今日のステータス・シグナルは，非顕示性（inconspicuousness），経験を含む非所有（non-ownership including experiences），知識と職人技に基づく本物感（authenticity based on knowledge and craftsmanship）に依存しているという。

　上述した一連の研究の大半が定性的なものであるのに対して，定量的な観点からリキッド消費の実態について示した研究もある。久保田（2020a）は過去20〜30年にわたる日本人の価値観のデータを分析し，「仲間を求める欲求」がじわじわと低下し，「マイペース」を求める傾向が強まっていることや，「利益につながらない情報にはお金をかけない」傾向が強まり，「価格は時間や手間を含めたトータル・コストで比較する」ようになってきたことを明らかにしている。これらの分析から現代の消費者の特徴として，個人化が進み，実利志向が強まり，時間や手間を嫌うようになってきたことが推察できる。

また久保田（2022a, 2022b）は，リキッド消費傾向を測定するために「消費の流動性尺度」を開発し，この尺度を用いてリキッド消費傾向の強い消費者の特徴を分析している。それによると彼らには，単位期間当たりの購買金額には目立った特徴はないものの，購買対象ブランドが相対的に広く，スイッチング傾向が相対的に高く，買物集約度傾向（まとめ買い傾向）が相対的に低い特徴が見られる。すなわちリキッド消費傾向の強い消費者は，いろいろな種類の製品を，毎回変えて，少しずつ購買する傾向があるわけである。

　さらにリキッド消費傾向の強い消費者は，自動車を保有せざるをえない環境的制約が緩やかになるほど，実際に自動車を保有しない傾向が強くなることも発見されている。一般に，子どもがいたり，公共交通機関が十分でない場所に住んでいたりすると，好むと好まざるとにかかわらず自家用自動車を保有せざるをえないが，こうした条件が緩和されると，リキッド消費傾向の強い消費者の自動車保有率は，それ以外の消費者よりも低下する傾向にある（久保田，2022b）。

2　リキッド消費環境におけるブランド戦略

　リキッド消費の浸透を前提とした場合，企業はどのような対応をすべきなのか。本節ではブランド戦略という観点から検討を進めていく。

■ リキッド消費環境における基本課題

　リキッド消費環境では，消費者の流動的なニーズに適切に対応することが求められる。そのためには，①その時々に応じた選択肢が消費者に提供されるとともに，②それらをより少ない努力で自由に選択したり消費したりできるようにすることが大切となる。そして，いつでも，簡単に，その場に応じたブランドを容易に選択し消費できれば，③消費者の快適性はいっそう高まることになる（久保田，2020b）。

　このようにリキッド消費に対応したブランド戦略では，①文脈への適応と②手軽さ（あるいは省力化）を同時に満たすことで，③心地よさを提供することが基本課題となる。つまり，時間や手間をかけることなく，すぐさま簡単に，その場に応じた満足が得られることで心地よさを感じられる仕組みづくりが，戦

図2　裾野を広げる戦略と生活に溶け込む戦略

タイプA 裾野を広げる戦略

- 快適で心地よい消費環境を，消費者自身が実現しやすくする
- わかりやすさ，選びやすさ，買いやすさと，安心感を提供する
- キーワード
  - easy（わかりやすい・理解しやすい）
  - available（手に入れやすい）
  - safety（安心できる・失敗しない）
- 身離れの良いつきあい
  - 必要なときだけ関わる
  - あっさり，さっぱり
  - 取引型（transaction）
- 快適で心地よい消費経験を手軽に実現できるブランド
- 実践のポイント
  - より多くの人に
  - 市場浸透率
  - ライトユーザー

タイプB 生活に溶け込む戦略

- 快適で心地よい消費環境を，ブランドが率先して実現する
- すべてをブランドが代行する環境を提供する
- キーワード
  - automatic（自動で）
  - assemble（組み合わせて）
  - inclusive（込み込みで）
- 深く長い関わり
  - いつも，ずっと関わる
  - べったり
  - 関係型（relationship）
- 快適で心地よい消費経験を提供してくれるブランド
- 実践のポイント
  - 消費者理解とパーソナライズ
  - 離反することを忘れてしまう心地よさ
  - 集合体の形成（まとめる力）

略の課題となる（久保田，2020b）。

■ 2つの戦略

　それでは時間や手間をかけることなく，すぐさま簡単に，その場に応じた満足が得られる心地よさを，誰が実現するのか。これこそがリキッド消費の戦略を識別するための重要な視点であり，そこから2つの戦略が導かれることになる（図2）。1つは「快適で心地よい消費環境を消費者自身が実現しやすくする戦略」であり，もう1つは「快適で心地よい消費環境をブランドが率先して実現する戦略」である。ここでは仮に，前者をタイプA，後者をタイプBということにしよう。

　タイプAの戦略において，企業は「わかりやすさ，選びやすさ，買いやすさ，安心感」を提供することになる。なぜならそうすることで，快適で心地よい消費環境を，消費者自身が容易に実現できる世界がもたらされるからである。したがってこの戦略では，easy（わかりやすい，理解しやすい），available（手に入れやすい），safety（安心できる，失敗しない）などがキーワードになる。

タイプ B の戦略において，企業は「すべてをブランドが代行する環境」を提供することになる。なぜならそうすることで，快適で心地よい消費環境をブランドが実現してくれる世界がもたらされるからである。この戦略では，automatic（自動で），assemble（組み合わせて），inclusive（込み込みで）などがキーワードになる。

　2つの戦略は，消費者との関わり方において異なる様相を見せる。タイプ A の戦略では，身離れの良いつきあいが基盤となる。そこにおいて消費者は，欲しいと思ったときにだけ，そのブランドを利用し，すぐに他のブランドへと移っていくことになる。つまり必要なときに，必要なだけ関わる，「あっさり」「さっぱり」としたつきあいが提供されることで，「1つのブランドに束縛されたくない」というニーズが満たされる。結果として消費者には，「快適で心地よい消費経験を手軽に実現できるブランド」というイメージが形成されることになる。

　他方，タイプ B の戦略では，深く長いつきあいが基盤となる。すなわち深く，長くつきあうことで，言い換えれば「べったり」とした関係を構築することで，その消費者のことを詳細に理解し，彼らの好みに合わせた製品やサービスを提供することになる。そこでは「快適で心地よい瞬間を，手間をかけずに実現したい」というニーズが満たされることになり，「快適で心地よい消費環境を提供してくれるブランド」というイメージが形成されることになる。

　こうした様相をマーケティングの伝統的な考え方にあてはめると，タイプ A は取引型（transaction）のつきあいを基盤とし，タイプ B は関係型（relationship）の関わりを基盤とするといえるだろう（Dwyer et al., 1987）。

■ 裾野を広げる戦略と生活に溶け込む戦略

　上述した消費者との関わり方から，それぞれの戦略の特徴が見えてくる。まずタイプ A の戦略について考えてみる。消費者と身離れの良いつきあいをすることは，「来るものは拒まず去る者は追わず」を実践することになる。そしてこの戦略では消費者に行動的ロイヤルティ（あるいは反復購買）を期待できないため，顧客数を増やすこと，つまり，より多くの人に買ってもらうことが大切になる。

　より多くの人に買ってもらうということは，すでに買ったことのある人だけ

でなく，これまで買ったことのない人にも買ってもらうことを意味している。マーケティング用語を使えば，市場浸透率（ある期間内にそのブランドを1回以上買ったことのある人）を高めることが目標となる。

　したがってこの戦略では，ある期間内にそのブランドを1回以上買ったことのある人を増やすこと，換言すればそれまで購買回数が0回だった人を1回へと持ち上げることがポイントとなり，必然的にライトユーザーに焦点を合わせることになる。こうした特徴から，タイプAの戦略は「裾野を広げる戦略」といえる。

　続いてタイプBの戦略について考えてみる。消費者と深く長いつきあいをするには，彼らの生活のさまざまな場面に接点（コンタクト・ポイント）を設けることで，消費者の日常をかたちづくるブランドとなっていくことになる。タイプBの戦略は，消費者の生活になじみ，それと一体となっていくことを目指すものであることから，「生活に溶け込む戦略」といえる。

　「生活に溶け込む戦略」を，現時点において，最も成功させているブランドの1つがAppleだろう。Appleはスマートフォンとスマートウォッチというデバイスを使い，日常生活のありとあらゆる場面で，その人にあわせた情報とサービスを自動的に組み合わせて提供している。これによって消費者には，何も考えなくても，何も努力しなくても，その場面に応じて，欲しいものが提供されることになる。

　裾野を広げる戦略と生活に溶け込む戦略には，それぞれ得意な分野がある。裾野を広げる戦略は，消費者がバラエティを求める製品カテゴリー，言い換えれば単一ブランドの反復購買（あるいは継続利用）では飽きが生じやすい製品カテゴリーにフィットする。たとえばお菓子やデザートなどは，こうした傾向が強いだろう。生活に溶け込む戦略は，生活のあらゆる場面をカバーできるブランドにフィットする。このため生活に溶け込む戦略は，エコシステム型のブランドやプラットフォーム型のブランドと親和性が高い。また一部のサブスクリプション・サービスも，このタイプの戦略にフィットする。

　第3節および第4節では，2つの戦略についてさらに詳しく検討していく。

3 裾野を広げる戦略

　裾野を広げる戦略は3つの課題から構成される。これら3つの課題は，いずれかを選択するのではなく，すべてに同時に取り組むことが大切である。

■ 第1の課題：選択・購買・使用を容易にする

　第1の課題は「選択・購買・使用を容易にする」ことである。これは，ブランドを簡単に選び，手に入れ，使えるようにすることであり，そのためには，①ブランドの意味のわかりやすさ，②手続きの容易さ，そして③安心感を高めることがポイントになる。

　まず「ブランドの意味のわかりやすさ」を高めることで，ブランドの理解が容易になり，知識や動機づけが十分でなくても，ブランドを選びやすくなる。ブランドの意味のわかりやすさを高めるには，そのブランドから何が得られるかを明確にするとよい。

　「手続きの容易さ」とはブランドを選択したり，購買したり，使用するために必要とされる労力が少ないことであり，より簡単に手に入り，使用できる状態を実現することで達成される。このためには，ブランドの見つけやすさ，比べやすさ，選びやすさ，買いやすさ，受け取りやすさ，などを高めることになる。たとえば販路を広げたり，発注・支払・配送の手続きを自動化したり，省力化することは，手続きの容易さにつながる。

　手続きの容易さを実現することは，「ひと手間かけない」消費を提供することである。このとき大切なのは，選択・購買・使用という一連のプロセスのなかの，どの部分の手間を少なくするかを見極めることである。その具体的方法として，ターゲットとなる消費者が労力や時間を費やしたい部分を明らかにし，それ以外の部分の手間を省くことがある。たとえば料理という作業に楽しさを感じている人であれば，その部分以外（食材の購買手続きなど）を省力化するといった具合である。

　「安心感」を高めることも重要である。自分自身の選択に間違いがないことを簡単に確証できる仕組み，たとえばお墨つきを得られたり，誰かに褒めてもらえたりするような仕組みをつくることで，消費者は失敗への恐れを抱きにく

くなり，安心して購買ができるようになる。

　これら第1の課題をひとことで述べれば「わかりやすくて，買いやすくて，失敗しないブランド」を実現することとなる。

■ 第2の課題：消費者が多様性を楽しめるようにする

　第2の課題は「消費者が多様性を楽しめるようにする」ことである。これは，その時々の場面や状況にあわせて最適なブランドを消費したいという，消費者のバラエティ欲求に応えることであり，移り気な消費者を満足させるためのものである。

　消費者が多様性を楽しめるようにするには，2つの方法がある。1つは，特定のブランドを使用し続けながら，変化に富んだ消費を経験できるようにする方法である。このためには，頻繁に新製品を発売したり，リニューアルを続けたりすることで，消費者が飽きることがないように工夫することになる。もう1つは，消費者が特定のブランドに留まることをあきらめ，バラエティー・シーキング行動を積極的に支援する方法である。このためには，ブランド・ポートフォリオを充実させて，極力自社ブランド内を回遊してもらうことが有効となる。

■ 第3の課題：非能動的な選択を促す

　第3の課題は「非能動的な選択を促す」ことである。これは消費者がブランドAとブランドBのどちらでもよいと考えているときに，自社ブランドAを選んでもらえる確率を高めることである。

　非能動的な選択の典型は，たまたま目についたから買った，たまたま思いついたから買ったといった，偶発的な選択である。こうした選択を促すには，ブランド認知とセイリエンス（顕著性）を高めることと，入手容易性を高めることが鍵となる。まず，ブランド認知の深さと幅を広げるとともに，高いセイリエンスを維持することで，ブランドの存在感を保つことが可能となる（久保田，2019）。このためには消費者とブランドの接点をできるだけ多くすることがポイントとなる。同時に，入手容易性を高めることも重要である。流通経路を強固にして，簡単に買える環境を整えることは，手軽な選択を促すための基本となる。

4　生活に溶け込む戦略

　「裾野を広げる戦略」が個々の消費者との相互作用を前提としないものであるのに対して，「生活に溶け込む戦略」は相互作用によって1人ひとりの消費者に関する理解を深め，パーソナライズされた対応を提供しようとするものである（久保田，2020b）。したがって生活に溶け込む戦略は，消費者に対して個別的な価値提供システムを構築することといえる。

■ 5つのタイプ

　生活に溶け込む戦略は，5つのタイプに分けることができる。

《タイプ1》　　まず考えられるのが，ある製品やサービスがそれ単体で生活に溶け込むようにするタイプである。たとえば好みの番組を選択して録画してくれるレコーダーや，生活パターンにあわせて室温を調整してくれるエアコンなどが，これに相当する。また，そのときの気分，状態，あるいは場面にあわせて，パーソナライズされた内容を提供するサービスなども，このタイプに相当する。

《タイプ2》　　次に考えられるのが，複数の自社製品・サービスが組み合わさることで，生活に溶け込むタイプである。たとえば消費者の好みや習慣に応じて，自社ブランドの照明とAV機器とエアコンが連動して最適な生活環境を提供したり，あるいは自社の冷蔵庫と調理器具と食洗機が連動して最適な食事環境を提供したりする仕組みをつくっていく，といった具合である。

　タイプ1と異なるのは，単一の製品ではなく複数の製品の連動によって，快適な環境を実現しようとすることである。つまり生活に溶け込むための単位が，単体ではなくて集合体となっているのが，このタイプの特徴である。

　現時点において，この種の価値提供システムは，「エコシステム」と呼ばれることも多い。たとえば前述したように，Appleは自社ブランドのハードウェア（パソコン，タブレット，スマートフォン，スマートウォッチなど），ソフトウェア，クラウド・サービス，コンテンツ・サービスを連動させることで，快適で心地よい消費環境を実現させている。

《タイプ3》　　さらに考えられるのは，自社の製品・サービスだけでなく，他

社の製品・サービスとも組み合わさることで，生活に溶け込もうとするタイプである。複数の製品・サービスを組み合わせることで快適な消費環境を実現しようとする考え方はタイプ2と同じだが，特定の企業の製品・サービスだけでなく，異なる企業の製品・サービスが組み合わさる点で異なっている。つまりタイプ1やタイプ2と，このタイプ3では，価値提供システムの開放性において本質的な違いがある。自社製品・サービスだけで消費者に価値を提供しようとするタイプ1やタイプ2は「クローズ型」であり，他社製品・サービスとも組み合わさることで消費者に価値を提供しようとするタイプ3は「オープン型」といえる 2)。

《消費経験と購買経験》　　上述した説明を今いちど振り返ると，いずれも製品やサービスの使用あるいは消費に焦点を合わせていることがわかる。つまりそこでは，企業がいかにして消費者の「消費経験」（ないしは使用経験）をサポートするかに焦点があわせられている。しかし生活に溶け込む戦略は，製品やサービスの購買領域にも適用できる。すなわちある消費者が，数多くの製品やサービスの中から最適なものを選択し，購入できるように，「購買経験」をサポートするわけである。そしてこの購買経験のサポートは，やはり開放性という点から2つのタイプに分けられる。

《タイプ4とタイプ5》　　1つは，複数の自社製品・サービスのなかから最適なものを選択し，購入することをサポートするタイプである（タイプ4）。たとえば，メールやアプリによって自社の製品やサービスに関するおすすめ情報を提供することは，このタイプの活動に相当する。また自社の製品やサービスを自由に利用できるサブスクリプション・プログラムも，やはりこのタイプに含まれる。

　もう1つは，複数の企業の製品・サービスのなかから最適なものを選択し，購入することをサポートするタイプである（タイプ5）。たとえば現時点において広く普及しているものとして，AmazonやZOZOTOWNのような購買プラットフォーム，エアクローゼットのような提案型サブスクリプション，Yahoo!ニュースのようなニュース配信サイト，キュレーション・サイトなどが含まれる。

■ 5つのタイプの整理

ここまで説明してきた5つのタイプについて整理したのが，表1である。列をみると価値提供システムの単位と開放性によって3列に分かれており，行をみると価値提供の場面によって2段に分かれている。なお製品やサービスの選択をするためには，複数の製品あるいはサービスが選択肢として必要となる。言い換えれば，単一の製品やサービスから適切な製品あるいはサービスを選択するということはありえない。このため「単体×購買経験のサポート」のセルは空白となっている。

顧客に提供される価値はそれぞれのタイプで異なってくる。一般論として右に行くほど，生活への溶け込み具合は高くなりやすい。また上段の購買経験のサポートと，下段の消費経験のサポートが組み合わさることで，より包括的な価値提供が可能となる。いずれも将来的には，AIによる顧客学習と顧客適応がベースとなると考えられる。

■ クローズ型とオープン型

生活に溶け込む戦略において，企業にとって大きな意思決定となるのは，クローズ型を選択するか，オープン型を選択するかであろう。クローズ型とオープン型には，それぞれメリットもあればデメリットもある。

企業にとってクローズ型の最大のメリットは，自社の製品・サービスだけで完結されるので，比較的容易に実現が可能なことである。またもう1つのメリットは，インテグラル（すり合わせ）型のシステムを構成しやすいこと，言い換えれば複数の製品やサービスをシームレスに結びつけやすいことである。

逆にクローズ型のデメリットは，自社の製品・サービスだけでは消費者に十分に価値を提供できない可能性があることである。シビアな表現をすれば，どんなに努力をしても，消費者にとって魅力を感じられない可能性がある。ただし自社の製品・サービスが生活全般をカバーするカテゴリーであったり，あるいは自社が生活全般をカバーするきわめて多くの種類の製品やサービスを提供したりしていれば，こうしたデメリットは克服できることもある。

オープン型は他社との連携が必要となるので，クローズ型と比べて，実現のためのハードルが高い。事前の調整に手間がかかるだろうし，参加する企業が少なければ価値提供システムが閑散としてしまい，消費者に十分な価値を提供

表1　生活に溶け込む戦略のタイプ

価値提供システムの単位	単　体	集　合　体	
価値提供システムの開放性		クローズ	オープン
価値提供の場面　購買経験のサポート　製品やサービスの選択や購入をサポートする		**タイプ4** ・複数の自社製品・サービスのなかから，最適なアイテムを選択し，購入することをサポートする ・自社ブランドのレコメンド・システム，自社ブランドのサブスクリプションなど	**タイプ5** ・複数の企業の製品・サービスのなかから，最適なアイテムを選択し，購入することサポートする ・購買プラットフォーム，提案型サブスクリプション，ニュース配信サイトやキュレーション・サイトなど
価値提供の場面　消費経験のサポート　製品やサービスの使用や消費をサポートする	**タイプ1** ・ある製品やサービスがそれ単体で生活に溶け込む ・AI家電など	**タイプ2** ・複数の自社製品・サービスが組み合わさることで，生活に溶け込む ・単一企業によって提供されるエコシステムなど	**タイプ3** ・自社の製品・サービスだけでなく，他社の製品・サービスとも組み合わさることで，生活に溶け込む
現時点における主たる提供主体		・メーカー ・サービス業	・小売業 ・情報プラットフォーム企業

できなくなる。また無事ローンチ（立ち上げ）をしても，どの企業がリーダーシップをとるかという問題や，参加企業間の利害関係をどのように調整するかという問題が生じる。つまり企業間でコンフリクトが生じたり，逆にどの企業も積極的に関与せず，次第にコンセプトや方向性が曖昧となったりする危険がある。さらに主幹となる企業が定まったとしても，他企業の顔色を窺うような意思決定では，消費者に高い利便性を提供するのは難しいだろう。製品やシステムの連携がスムーズさに欠けるものとなり，モジュール・システムの悪い面が強調されることになりかねないからである。しかしこうした困難さとは反対に，うまく軌道に乗れば，オープン型は消費者にとって非常に魅力的となる。

■ 生活に溶け込む戦略の現状と今後

　購買経験のサポートに着目すると，メーカー企業の多くが，直販サイトの運営などにおいてタイプ4を採用している。対照的に流通業者やプラットフォーム型ビジネス企業の多くは，オンライン・ショッピングモールなどにおいてタイプ5を採用している。つまりメーカー企業はクローズ志向が強く，流通業者やプラットフォーム型ビジネス企業はオープン志向が強い。

　またメーカー企業の多くは，消費者が自社製品を単体で，あるいは自社製品同士を組み合わせて使用することを期待している。このため消費経験のサポートでもオープン型のタイプ3でなく，クローズ型のタイプ1あるいはタイプ2を志向している。メーカー企業は，自社製品を優先して購買・使用して欲しいと考えるだろうから，クローズ志向が強くなるのは当然だろう。これに対して流通業者は，本来的に商取引におけるハブやプラットフォームであるため，オープン型のシステムと相性がよい。

　重要なのは，こうした実態から，なぜデジタル社会におけるマーケティングの成功事例に流通業者やプラットフォーマーが多いのかが，ある程度説明できることである。デジタル社会の特徴の1つは，ハイパーコネクティビティ（hyperconnectivity）だといわれる。これは，人，デバイス，その他の存在物（entity）によって構成されるネットワークが増殖し，時間や場所に関係なく，他の人，機械，組織に継続的にアクセスできることを意味する（Swaminathan et al., 2020）。ハイパーコネクティビティが進展した世界におけるブランドの価値は，そのブランドが何と，どのように結びつくかによって左右されることになる。

　こうした環境において，流通業者やプラットフォーマーは異なる企業の製品やサービスを組み合わせて提供することで，消費者の利便性を高めている。マーケティングにおける古典的な表現を用いれば，オルダーソン（Alderson, 1957）のいう「品揃え形成」（sorting）を達成することにより，売り手と買い手の間に存在する懸隔（の一部）を架橋する機能を担っている 3)。企業がこうした行為を率先して行うことで，消費者には，何もしなくても，欲しい情報やサービスが提供されることになる。つまり自分で探す必要がない状態が提供される。

　優れた価値提供システムは「離反することを忘れてしまう心地よさ」（久保

田, 2020b, 72頁) を提供する。そこでは，必要なときに必要なものが届けられることで，心地よい状態がもたらされ，消費者はいつのまにか継続して利用したり，自然と買い続けたりしてしまうことになる（久保田, 2020b）。こうした心地よさは，そのシステムが包括的に価値を提供することによって実現される。このことは，サブスクリプション・ビジネスで成功しているのが複数の企業の製品やサービスを楽しめるタイプのサービス，つまりタイプ5のオープン型消費経験サポートであることが多いことからも理解できるはずである。

　5つのタイプのうち，現時点において現実にはほとんど存在しないのがタイプ3である。この領域は，前述したハードルゆえ実質的に未着手となっている。しかしその重要性は，すでに複数の研究者によって指摘されている。たとえばホフマンとノヴァック（Hoffman and Novak, 2018）は「消費者－オブジェクト集合体」（consumer-object assemblages）という概念を提示して，複数のブランドが相互に接続されることで消費者の生活を支える姿を論じている 4)（Hoffman and Novak, 2018；Swaminathan et al., 2020 も参照）。こうした動向を踏まえると，オープン型の消費経験のサポートは，今後発展が見込めるブルー・オーシャンの領域とも考えられる。

　オープン型の価値提供システムには，いくつかのバリエーションが考えられる。完全に対等な形で他社と連携する方法もあるだろうし，ある種の経済圏を自社ブランドで確立し，そのなかに部分的に他社の製品やサービスを組み込む方法もある。

　また生活のすべてに溶け込むことが難しくても，消費者の生活を構成する特定の側面に範囲を絞り，そのなかで卓越した価値提供システムを構築していくことも有効だろう。たとえばフィットネス・ライフという範囲で，すべてが届けられる価値提供システムを構築するといった具合である。

　いずれにしても，オープン型の価値提供システムにいかにして取り組むかは，メーカー企業にとって今後の大切な課題の1つとなるだろう。

おわりに

　本章ではリキッド消費について概説するとともに，その戦略について検討を行い，裾野を広げる戦略と生活に溶け込む戦略の2つを提唱した。これら2つの戦略はどちらか一方が優れているわけではない。企業は自社ブランドの特性

に応じて，いずれかを選択することになる。

　ただしどちらの戦略も，すべてのブランドに適しているわけではないことに注意が必要である。このことは他者との関係にたとえてみると容易に理解できる。誰でも，ときおり会う仲の良い友だちもいれば，家族のように生活をともにする他者もいる。これと同様に，自社ブランドは「ときおり顔を合わせるブランド」として優位性を発揮しやすいのか，それとも「生活をともにするブランド」として優位性を発揮しやすいのかについて，冷静に判断することが大切だろう。いうまでもなく自社ブランドが前者にあてはまるようならば裾野を広げる戦略が適しており，後者にあてはまるようならば生活に溶け込む戦略が適している。

　もう1つ忘れてはならないのは，第1節で述べた「リキッド消費は，消費スタイルのシフトではなく拡張として存在する」という指摘である。繰り返しになるが，すべての人の消費がリキッド化するわけではないし，ある消費者の生活のすべてがリキッド化するわけでもない。リキッド消費に対応した戦略は常に必要とされるものではないし，有効なものでもない。したがってリキッド消費の戦略の第一歩は，自社ブランドがリキッド消費に対応した戦略を採用する必要があるかを検討することといえるだろう。

　＊　本章第2節の「裾野を広げる戦略と生活に溶け込む戦略」の項と第3節は，久保田（2020b）第2節に加筆修正したものである。なお，本章の一部は科学研究費事業（18K01885）の助成を受けたものである。

【注】
1）　このように価値が文脈依存的となり，その場その場で欲しいものが変わることが多くなった状態を，消費の「ビュッフェ化」と表現する者もいる（gmi@hatena, 2022）。ビュッフェではおいしそうなものが大量に並び，目移りするが，時間には限りがある。そこで一瞬で「おいしそうか」を考え，ひとくち食べてみる。そしておいしくないと思えば，他の食べ物へと移っていく。こうしたビュッフェにおける行動様式が，生活全般に見られるようになってきたというわけである。
2）　クローズ型とオープン型という考え方については，久保田（2022a）の注3も参照のこと。
3）　こうした品揃え形成を，より現代的な言葉で表現すれば，「キュレーション」や「セレクション」といえるだろう。あるいはさらに砕けた表現をすれば，「まとめ」という言葉もあてはまる。
4）　ホフマンとノヴァック（Hoffman and Novak, 2018）の論文は，*Journal of Consumer Research* 誌の2021年度最高論文賞（best paper）を獲得している。

デジタル生活空間と
ブランドの成長プロセス

澁谷 覚

　本章では，マーケティングの準備段階として基本的なプロセスである STP（セグメンテーション，ターゲティング，ポジショニング）のうちポジショニングを取り上げ，ブランドの成長プロセスとの関連について議論したい。

　ポジショニングとは，特定のニーズをもつ消費者にとって「このブランドでなければならない」と思われるようなブランドとなること，と理解することができる。しかし他方で成熟市場においては，ほとんどの消費者がブランド間の差異などには無関心であることも近年しばしば議論される。このことから引き出される問題意識として，このようなブランドに無関心な消費者において，ブランドのポジショニングは可能なのか，という論点を挙げることができる。

　本章では，この問題意識に基づいて，ブランドの立ち上げ期においてはきわめて有効であるポジショニングは，ブランドが成長して顧客層が拡大していく局面では，ブランドに無関心な大部分の顧客（＝マス顧客）に対しては有効ではないこと，を指摘する。また，これらの顧客に対しては，ポジショニングよりアクセシビリティが重要であることについて議論する。本章の結論として，ブランドはその成長プロセスに沿って，当初はポジショニングによって特定の消費者（＝コア顧客）において高い満足度を達成することによって立ち上がっていくが，拡大期においては，その戦略をポジショニングからアクセシビリティの獲得へと適切に切り替えていくことが求められることを述べる。その際に，拡大期においてコア顧客に向けたマーケティングとマス顧客に向けたマーケティングをどのように両立するか，という課題も重要な論点であるが，今回は紙幅の関係で論じることができなかった。この点については機会を改めて議論したい。

はじめに

社会の隅々までデジタルが浸透した今日，企業はどのようにブランドを構築

していけばよいのだろうか。顧客消費者とインターネットを介して直接やりとりし，急速に成長するD2Cブランド（ネット上で直接顧客とコミュニケーションを行い，実店舗をもたずに直接ネット上で販売を行うデジタル・ブランド）の多くは，なぜ成長の踊り場を迎えるのだろうか。

　本章では，ブランドの成長プロセスを「立ち上げ期」と「拡大期」の2つに大きく分け，それぞれの時期において求められるブランド戦略とその背景について議論を行う。従来マーケティング領域で重要な概念として定着してきた「ポジショニング」は，ブランドの立ち上げ期には有効であるものの，ブランドに無関心な顧客が流入してくるブランドの拡大期には，ポジショニングに加えてブランドの「アクセシビリティ」が有効な場合がある。本章ではいくつかのD2Cブランドを取り上げるが，これらのなかには当初顧客に熱狂的に支持されたものの，ブランドを拡大していくなかで失速していったものもある。このような事例は，ブランドが拡大していくなかで，マーケティング施策をポジショニングからアクセシビリティへ適切に切り替えていくことができなかった例として理解することができる。

1　ブランドの立ち上げ期──コア顧客との強い結びつき

■ ポジショニングの重要性

《マーケティング・プロセスにおけるSTP段階》　典型的なマーケティングのプロセスは，図1に示すように，STP（セグメンテーション，ターゲティング，ポジショニング）の段階とマーケティング・ミックスの策定および実行の段階から構成される。以下では前者をSTP（段階），後者をMM（段階）と呼ぶことにする。

　ブランドの立ち上げ期においては，とくにSTPがきわめて重要な役割を果たす。スタートアップ企業などによって新たなブランドが立ち上げられた場合には，一般に経営資源は潤沢ではない。そのようななかで新たなブランドは，なんらかのイノベーションやデザインにより，これまでにないユニークな方法で特定のセグメントの消費者が有するニーズを満足させる。そしてこれらの消費者にとって，他とはまったく異なる，なくてはならないブランドとして認知されることを通じて熱心に支持されながら，新しいブランドは立ち上がってい

図1　マーケティング・プロセス

S　セグメンテーション

T　ターゲティング

P　ポジショニング

MM
Product
Price
Promotion
Place
　マーケティング・ミックス

図2　ポジショニングされた状態

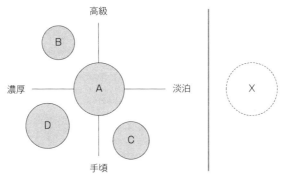

（出所）　久保田ほか，2022，228頁。

く。

　特定セグメントの消費者にとって，なくてはならないブランドとして認知されている状態は，一般に「ポジショニングされている」と表現される。図2（ヨーグルトの例）は，特定のブランドがポジショニングされている状態を示している。図2中の「X」ブランドは，特定のセグメントの消費者にとって完全にポジショニングされている。すなわちある特定のセグメントに属する消費者にとって，他のブランドでは彼／彼女らのニーズを満たすことができないことや，そのブランドでなくてはならないもの，として認知されている。そのような状況では，特定の消費者セグメントがすでに選択されていることが必要であり，その消費者のなかで他のブランドと決定的に差別化されている状態が実現

されている。この意味でSTP，すなわちセグメンテーションとターゲティング，およびポジショニングは，常にセットで検討される必要がある。

《マーケティング・プロセスにおける STP 段階と MM 段階》　MM 段階においては，経営資源が潤沢であればこれを集中投入することにより競合他社を圧倒することも可能であり，集中的に広告を出したり，流通に経営資源を投入して小売店の店頭スペースを押さえたりする方法がしばしば用いられる。これに対してSTP 段階は，特定のセグメントに属する消費者のいまだ満たされぬニーズを見出し，これを満足させるための方策を検討する作業が中心である。この段階でも消費者調査，仮説検討などに多くの労力を投入する必要があるものの，経営資源の多寡に左右される MM 段階に比較すれば物量勝負の色彩はやや薄い。このため経営資源が潤沢でないスタートアップ企業においても，巧みなSTP の設定を通じて特定セグメントの消費者からの熱心な支持を獲得することが可能である。

　たとえば創業まもない時期の，保有航空機わずか 3 機の弱小航空会社であったサウスウェスト航空は，数百機の航空機を保有する巨大な競合他社からの圧力に対抗しながら，なんとかビジネスを立ち上げることに成功した。この背後には，テキサス州内で通勤に航空機を利用したい消費者の，いまだ満たされぬニーズを徹底的に分析した同社のサービスが，このセグメントの消費者に支持されたことがあった（Lovelock, 1975）。これは経営資源が潤沢でない企業が，巧みなポジショニングによって物量に秀でる競合他社に対抗しえた典型的な事例として理解することができる。

■ D2C ブランドにおけるポジショニング

　2010 年代半ばから多くの D2C ブランドが立ち上がり，同じ業界の既存ブランドから顧客を奪って急速な成長を見せるようになった。これらのなかには，サステナブル・デザインのシューズを製造販売する Allbirds のように継続的に成功を収めている企業もある一方で，当初の勢いを失っているブランドも多い。たとえば，以下にみる Quirky は 2015 年に破産申請，高価格のジューサーを販売していた Juicero も 17 年に事業停止，Jawbone も 17 年に破産手続きを申請している。

　多くの D2C ブランドに共通する特徴として，立ち上げ当初に一部の消費者

に熱心に支持されることが挙げられる。たとえば消費者から募るアイディアによって家庭用品を開発・製造したQuirkyは，クリエイティブなデザインに関心がありテクノロジーに精通した消費者の支持を集め，家庭用のデジタル・ジュース抽出機を製造販売したJuiceroは，オーガニック食品や自然環境保護に関心がある健康志向の消費者に当初熱心に支持された。食品配達のBlue Apronは，健康に関心があり新しい食材や料理に関心があるが調理の時間がない多忙な消費者から熱心に支持された。また多様な化粧品ブランドのサンプルを集めたボックスを定期的に顧客に届けるBirchboxのサービスは，最新の美容製品を低価格で入手することができることから，美容に関心が高く主として若い世代の消費者の支持を集めた。フィットネス関連のウェアラブルなデジタル・ツールを製造販売したJawboneは，テクノロジーとフィットネスに関心が高い消費者に支持された。

　多くのD2Cブランドは，デジタル技術を積極的に活用し，オンラインで顧客と直接コミュニケーションを行い，主として若い世代に支持され急速に成長した点が共通している（佐々木，2020）。誕生当初は他に並ぶものがなく，特定セグメントの消費者によって熱心に支持されたこれらD2Cブランドは，いずれもターゲット消費者のなかで明確にポジショニングされていたと理解することができる。

　なお，特定のブランドを熱心に支持する消費者を，以下では「コア顧客」と呼ぶことにする。

■ 立ち上げ期のブランドにおけるコア顧客との結びつき

　以上に見てきたように，ポジショニングの重要性はマーケティング・プロセスの大部分がデジタル化された今日においても，従来と変わることはない。ただしデジタル環境下の今日は，ブランドとコア顧客の結びつきや関わりをサポートするためのさまざまな概念やツールが登場している。

《SNSミックス》　　図3は，ブランドが消費者とコミュニケーションを行うために用いられるデジタル・メディアを，消費者のエンゲージメントの強さに沿って並べたものである。ブログは，コア顧客に向けてブランドの理念をじっくりと説明するのに適している。Glossierの創設者であるエミリー・ワイスやNasty Galの創設者ソフィア・アモルーソは，ブログを活用してファッショ

図 3　SNS ミックス

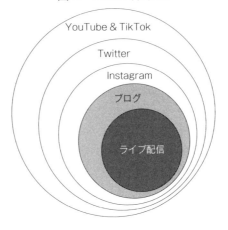

YouTube & TikTok

Twitter

Instagram

ブログ

ライブ配信

（出所）　天野，2019，211 頁より作成。

ンに関する情報や自身のストーリーを発信することを通じて若い女性の支持を
獲得していった。ただし Glossier の場合，出自のブログである "Into the
Gloss" の中心読者は 30〜40 代の女性であったのに対して，後に立ち上げた
Glossier ブランドのターゲット顧客は 10 代が中心であり，ギャップがあるこ
とが指摘されていた（Avery, 2019）。

　ライブ配信は配信時刻にリアルタイムで視聴する必要があり，またアーカイ
ブが提供されない場合は早送りもできないため，配信時間中そのブランドに接
し続ける体験をもたらす。このためライブ配信は，ブランドとコア顧客とが最
も濃くつながるツールとして用いられる。たとえば，20〜30 代の小柄な女性
をターゲットとする COHINA は，ブランド設立から 400 日以上欠かさず毎日
インスタグラム・ライブを配信し，ライブ配信を通じてコアな顧客基盤を形成
した。

《ブランドの「つながる価値」》　　ブランドと顧客が，心理的・物理的につなが
っていることによってもたらされるエンゲージメントの価値を奥谷・岩井
（2022）は，「つながっている価値」と表現し，ブランドが顧客にもたらす価値
のなかでももっとも重要なものと位置づけている（図 4）。

　たとえば，Peloton のユーザーは，自宅に置いたフィットネス・バイクに取

図４　ブランドの「つな
がっている価値」

つながっている価値

体験価値

機能価値

（出所）奥谷・岩井，2022，45頁より作成。

り付けられたディスプレイを通じて，スタジオにいるカリスマ・インストラクターとつながり，直接指導を受けながらトレーニングを行う。また同時にトレーニングをしている他のユーザーともディスプレイを通じてつながることができる。これが Peloton のユーザーにとっての「つながっている価値」である。

　登山用の地図 GPS アプリを提供する YAMAP では，地図機能の利用だけでなく，登山の愛好家同士が交流できるコミュニティを提供し，ここが同社を支持する顧客基盤となっている。Glossier も同様に化粧品や美容に関心が高い消費者が集まるオンライン・コミュニティを，同社のビジネスモデルの基盤としていた。

■ インタレスト・グラフ空間におけるコア顧客相互の結びつき

　デジタル環境がもたらした，アナログ時代との顕著な違いの１つが，インタレスト・グラフと呼ばれる消費者間のつながりである。デジタル環境下の今日，消費者の情報入手先は知り合いすなわちソーシャル・グラフ（詳細は後述）で結ばれた相手ではなく（Hoffman and Novak, 1996；Lim and Van Der Heide, 2015），興味・関心が似た他者である（Bickart and Schindler, 2001；Reagans, 2011）ことがたびたび指摘される。同じ対象についての興味・関心を共有する消費者間の結びつきを，今日ではインタレスト・グラフと呼ぶことが多い（Rashad, 2012）。

インタレスト・グラフとは，本来はネットワーク分析において個々の消費者と当該消費者が選好する対象，あるいはそうした対象同士を結ぶグラフを意味していたが，アメリカでは Twitter がこの用語を使い始めた 2007 年前後から急速に知られるようになった概念である。Twitter では利用者が興味のある発信者を一方的にフォローすることができ，これをインタレスト・グラフと呼んだことから (Pollitt, 2014)，今日ではインタレスト・グラフは興味・関心，態度，信念，嗜好などが近い消費者同士の一方向または双方向の結びつきを意味するようになっている (Bagozzi, 2000)。

　立ち上がったばかりのブランドのファンは，同じブランドに強い関心を共有する多くのファンとネット上で結びつき，相互に影響し合う。つまり同じブランドのファン同士はインタレスト・グラフで結びついている。インタレスト・グラフは，主にデジタル上に存在する。なぜなら立ち上がったばかりでまだ知名度が低いブランドのファンを日常生活のなかで見つけることは難しく，同好の士が集まるネット上の空間，すなわちインタレスト・グラフ空間でこそ，同じブランドのファン仲間は見つかるからである。

　立ち上がったばかりのブランドにおいて，このようなファン同士のつながりはきわめて重要である。ファン同士の，主としてオンライン上での結びつきが非常に強く，「カルト・ブランド」と呼ばれていた初期の Glossier のように (Avery, 2019)，あるいは先に挙げた YAMAP や Peloton などの初期のように，一般的な知名度が低い立ち上げ直後のブランドにとっては，ファンのためのインタレスト・グラフ空間をオンライン上に用意することは，「つながっている価値」を提供するためにきわめて重要な戦略である。

2　ブランドの拡大期——一般消費者への拡大

■ ポジショニングからアクセシビリティへ

　コア顧客に支えられて立ち上がったブランドの多くは，成長プロセスの半ばでビジネスの転換局面を迎える。立ち上げ期にブランドを支えたコア顧客だけではブランドの成長を支えきれなくなり，拡大期には顧客の裾野を拡げ，より多くの消費者に購入されることを目指す必要が出てくるからである。

　たとえば 2000 年代初頭のスターバックスは，このような転換局面を迎えて

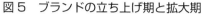

図５　ブランドの立ち上げ期と拡大期

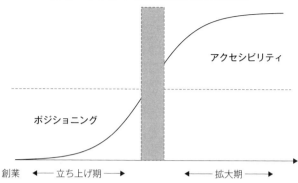

アクセシビリティ

ポジショニング

創業　◀──立ち上げ期──▶　　◀──拡大期──▶

いた。創業以来スターバックスの躍進を支えたコア顧客の中心は，20〜40代の比較的教育水準が高い女性であり，それまでのスターバックスは，「サード・プレイス」として位置づけた店舗空間を通じてこのセグメントの消費者がもつニーズを高い水準で満たすことで，ブランドの立ち上げに成功していた。しかし2000年代初頭には，店舗形態はガソリンスタンド併設店，空港やホテル内の小型店などに拡大し，また同ブランドのさまざまな製品がスターバックスの店舗以外の幅広い小売店で購入可能になるなど，ブランドは大きく拡大していた（Moon and Quelch, 2003）。

　このようなブランドの拡大期には，ブランドへの関心が薄い顧客，すなわちそのブランドのコンセプトや世界観に強い関心はなく，他のブランドとの違いについての理解度も低い一般消費者にも広く購入される状況へと至る（Sharp, 2010）。実際に2000年代初頭のスターバックスでは，顧客層が当初のコア顧客から大幅に拡大した結果，これらの顧客におけるスターバックス・ブランドへのロイヤルティや信頼の低下が大きな問題となっていた（Moon and Quelch, 2003）。多くのブランドが，拡大し成長していく過程でこのような局面に直面する（図5）。

　このような転換局面を超えてブランドが成長を続けるために，ポジショニングに代わって重要になるのがブランドへのアクセシビリティ（アクセス容易性）であることがシャープ（Sharp, 2010）によって指摘されている。第1節で検討したようにポジショニングとは，特定のセグメントに属する消費者が共通して

もつ特定のニーズを，あるブランドが高い水準で満足させることを指す。このことによって，ターゲットとする消費者にとってなくてはならない，他で代替できないブランドとして認知される。このようなポジショニングは，ブランドの顧客層が拡大しニーズや好みが多様化し関心が低下するにつれて，立ち上げ当初と同様に維持することは難しくなる。新たに拡大した顧客セグメントに属する関心が低い消費者に購買してもらうためには，ポジショニングよりもアクセシビリティの重要性が相対的に高くなるのである。

アクセシビリティには，以下に見るように物理的側面と心理的側面がある。

■ 物理的アクセシビリティ

物理的アクセシビリティとは，一般の消費者が店舗で購入しやすいこと，店頭の目立つ場所に陳列されていることなどのように，ブランドの商品やサービスが物理的に入手しやすいこと，および消費者を取り巻く物理的空間において消費者に知覚されやすいこと，すなわち消費者の視界や聴覚，嗅覚などに入りやすいことを指す。すなわち物理的アクセシビリティとは，消費者を取り巻く現実空間においてブランドのタッチ・ポイントとして立ち現れる。シャープ (Sharp, 2010) は，これをアベイラビリティと呼んでいる。

物理的アクセシビリティは，拡大期に入ったブランドにとって，関心が薄い消費者に購買されるためにきわめて重要である。2000年代のスターバックスは，創業以来のカフェ形態から，さまざまな形態の自社店舗や小売店へ販路を拡大することによって物理的アクセシビリティを拡大し，ロイヤルティが低い消費者への売上を伸ばしていった。

同様の理由から，さまざまなD2Cブランドが当初はオンライン販売のみからスタートしたビジネスを実店舗へ拡大していく。Warby Parker（眼鏡），Casper（ベッド用マットレス），Glossier（化粧品），Away（スーツケース），Quirky（家庭用品），Nasty Gal（衣料），Peloton（トレーニング用バイク，トレーニングウェア）などのD2Cブランドは，当初はオンラインのみで商品を販売していたが，後に実店舗へ販路を拡大している。これらのブランドが販路を実店舗へ拡大する理由には，物理的アクセシビリティの確保以外に，顧客層の拡大に伴う好みの多様化への対応という側面もある。

たとえばWarby ParkerやCasperは，実店舗をもたずにオンラインで販売

することにより，これまでの眼鏡やベッド用マットレスの購買プロセスにおける煩雑さを取り除いたことが一部の消費者に熱狂的に支持された。つまり当初これらのブランドを支えたコア顧客は，オンラインで購入することを歓迎する消費者のみから構成されていた。しかし顧客層の拡大に伴い，眼鏡やベッド用マットレスを購入する前に実店舗で試してみたい消費者も購買層に含まれることになった。このような消費者に購買されるためには，販路をオンラインから実店舗へ拡大する必要があったのである（Rangan et al., 2021）。

■ 心理的アクセシビリティとソーシャル・グラフ

《日常生活とソーシャル・グラフ》　　心理的アクセシビリティが高い状態とは，特定のブランドに関するさまざまな情報が一般の消費者を取り巻く日常生活のなかで頻繁に話題に上がること，および当該ブランドを思い出させるさまざまなトリガー（Berger, 2013）やタッチ・ポイントが日常の生活空間のなかに多数存在していることを通じて，消費者がそのブランドを思い浮かべやすい状態を指す。

　消費者の日常生活空間のなかで特定のブランドが話題に上がるということは，消費者間の日常のクチコミにおいて，そのブランドが言及されることを意味する。本章第1節では，立ち上がったばかりのブランドのファン同士がデジタル上のインタレスト・グラフを介して結びつくことの重要性を述べたが，これに対して日常生活空間における消費者間の結びつきはしばしばソーシャル・グラフと呼ばれる。ソーシャル・グラフとは，もともとはネットワーク分析において個人間，または個人と組織の間の社会的関係を表したダイアグラムの呼称として用いられていたが，Facebook が同社の SNS の基盤を示す概念としてこの用語を用いたことなどが契機となり，近年は広く個人間または個人と組織の間の社会的関係を意味する概念として用いられている（Choudary, 2015）。つまりソーシャル・グラフとは，基本的にはもともとオフラインで知り合い同士である消費者間の結びつきを意味しており，オンラインとオフラインの領域にまたがって存在する。

　消費者の日常生活のなかにおけるクチコミにおいて特定のブランドが話題に上がるためには，消費者のソーシャル・グラフに基づくコミュニケーションにおいて，そのブランドに言及されることが必要である。すなわち特定のブラン

ドに関する消費者間のコミュニケーションが，オンライン上のインタレスト・グラフ空間からオンラインとオフラインにまたがるソーシャル・グラフ空間に進出する必要があるのである。

《インタレスト・グラフとソーシャル・グラフがもたらすコミュニケーションの差異》　1人の消費者を取り巻く他者との結びつき方には，知り合いではないが同じ興味・関心を共有する者同士を結びつけるインタレスト・グラフと，もともとオフラインで交友関係がある者同士を結びつけるソーシャル・グラフがある。これらを介した消費者間のコミュニケーションには，以下の2つの大きな違いがある。

　第1に，先に述べたように，インタレスト・グラフを介したコミュニケーションはそのほとんどがオンライン上で行われるのに対して，ソーシャル・グラフを介したコミュニケーションは，オンラインとオフラインのどちらにおいても生起する。

　第2に，インタレスト・グラフを介したコミュニケーションには，これを介して結びつく消費者間の関係を超えて，インタレスト・グラフ空間の外へ広く情報を拡散させるパワーに乏しい。なぜならインタレスト・グラフとは，基本的には特定の個人と，当該個人が興味・関心をもつ対象とを結びつける関係であり，これを介して引きつけられるほとんどの消費者にとっては，その基本的な誘因はあくまでも関心対象についての情報取得であり，同じ興味・関心を有する他者との交流ではない（Küçük, 2010；van Mierlo, 2014；澁谷，2017）からである。

　インターネット上のコミュニケーションに関する研究がスタートした1990年代初頭において，主に研究対象とされたのはインタレスト・グラフを介したコミュニケーションであったが，そこではしばしば「90-9-1の法則」（Arthur, 2006；Nielsen, 2006）が成立することが指摘されてきた。これは，こうしたコミュニケーションへの参加者のうちわずか1%がほぼすべてのコンテンツの作成や投稿を行い，9%は他の参加者とコミュニケーションを行うことがあり，残りの90%はコンテンツを見ているだけであるという経験則である。近年はより大規模な調査によって，ほぼ同様の比率が確認されている（van Mierlo, 2014）。この法則からも，インタレスト・グラフによって特定の対象に引きつけられる消費者のほとんどは，同じ興味・関心を共有する他の消費者との相互のコミュ

ニケーションには関心がないことがわかる。すなわちインタレスト・グラフが引きつける消費者は，基本的には対象（モノ）への興味・関心に動機づけられているのであって，他者とのコミュニケーションではない。

これに対してソーシャル・グラフを介したコミュニケーションは，上述のようにそもそもオフラインで交友関係がある者同士の間のコミュニケーションであり，オンライン・オフラインにまたがって，常時行われているという特徴がある。

以上のような両者のコミュニケーション特性の違いから，インタレスト・グラフを介したコミュニケーションには，オンライン上のインタレスト・グラフ空間を超えて，広く外部へ情報を拡散させる力が相対的に弱く，常時活発にコミュニケーションが行われ，情報を拡散させていく力においては，基本的にはソーシャル・グラフを介したコミュニケーションのほうが相対的に優れているということができる。

《インタレスト・グラフ空間からソーシャル・グラフ空間への進出》　先に見たように，心理的アクセシビリティの高さとは消費者が特定のブランドを思い浮かべやすい状態を意味しており，このためには，①特定のブランドに関するさまざまな情報が一般の消費者を取り巻く日常生活のなかで頻繁に話題に上がること，②当該ブランドを思い出させるさまざまなトリガーが日常の生活空間のなかに多数存在していること，が必要である。

このうち①の日常生活における消費者間の会話において特定のブランドが頻繁に話題に上がる状況を実現するためには，当該ブランドに関連する話題が，ソーシャル・グラフで結びつけられた消費者間の日常のコミュニケーションにおいて取り上げられることが望ましく，オンライン上のインタレスト・グラフ空間のなかでコミュニケーションが完結してしまう状況は好ましくない。つまり，ブランドの立ち上げ期には当該ブランドに強い関心をもつコア顧客が集い，コミュニケーションを行う場をオンライン上に設けることは有利に働くが，ブランドがビジネスを拡大していくためには，このような消費者間のコミュニケーションがオンライン上のインタレスト・グラフ空間から，オンラインとオフラインを跨いだソーシャル・グラフ空間へ進出する必要がある。

《実店舗への進出》　上記②で述べたように，特定のブランドを思い出させるさまざまなトリガーが消費者の日常の生活空間のなかに多数存在している状況

をもたらすために有効な方策の1つは，オンラインとオフラインの両方に当該ブランドのタッチ・ポイントを多数設けることである。タッチ・ポイントがトリガーとなって，消費者は日常生活のなかでもそのブランドを想起するようになり，あるいは消費者同士の日常会話のなかに当該ブランドが話題として上がることが期待できるからである。

　多様なタッチ・ポイントのなかでも，実店舗はきわめて有効である。実店舗へ進出するためには，ブランドが自前の店舗を開設する方法と，既存の流通小売業のなかに自社ブランドの製品を配荷する方法があるが，いずれも自社の製品やサービスをトリガーとして消費者の日常の生活空間のなかに配置することができるという点において，きわめて有効であると考えられる。

　すなわち実店舗への進出は，ブランドの商品やサービスについての物理的アクセシビリティを高めるだけでなく，心理的アクセシビリティを高めるうえでも有効である。多くのD2Cブランドがビジネスの拡大局面で実店舗への進出を検討する理由として，このような物理的・心理的両面におけるアクセシビリティの向上という背景があると考えることができる。

おわりに

　本章では，ブランドの成長プロセスを前半の「立ち上げ期」と後半の「拡大期」とに区分し，それぞれの時期における重要な施策やその背後の要因について議論を行った。ブランドの立ち上げ期には，特定のセグメントに属する消費者のなかでポジショニングを行うこと，およびブランドを熱心に支持してくれるコア顧客が集まることができるインタレスト・グラフ空間をオンライン上に設けることが重要である。対照的にブランドの拡大期には，自社のブランドと競合ブランドの違いに関心が薄い消費者を対象顧客に含まざるをえなくなるため，施策の重点はポジショニングからアクセシビリティへシフトすることが望ましい。

　アクセシビリティには物理的アクセシビリティ（アベイラビリティ）と心理的アクセシビリティがある。物理的アクセシビリティとは，自社ブランドの商品やサービスの入手のしやすさであり，販路の拡大，実店舗への進出などが重要である。心理的アクセシビリティの高さとは，消費者にとって自社ブランドが想起されやすい状態であり，このような状態を作り出すためには自社ブランド

が消費者の日常生活のなかで話題に上がることが重要である。すなわちブランドに関する消費者間のコミュニケーションがオンライン上のインタレスト・グラフ空間から，オンライン・オフラインのソーシャル・グラフ空間に進出することが求められ，このためには消費者の生活のなかに，自社ブランドを想起させる数多くのトリガーを設置することが重要である。そしてこのようなトリガーとして，ブランドのタッチ・ポイント，とくに実店舗はきわめて有効である。

第9章

デジタル時代の
センサリー・ブランディング

外川 拓

　センサリー・ブランディングとは，消費者の感覚（すなわち，視覚，聴覚，嗅覚，触覚，味覚）を通じてブランド経験を創出し，ブランドに対する知覚・評価・行動に影響を及ぼす戦略を指す。自動車のエンジン音やホテル独自の香りなど，感覚的な情報はブランド固有の経験を創出し，ロイヤルティの向上に結びつく。近年では，仮想現実（VR）や拡張現実（AR）に関する技術が進展し，センサリー・ブランディングの手法や効果も，新たな広がりを見せている。

　ブランド研究において，感覚の影響が本格的に論じられるようになったのは，2000年頃にブランド経験という概念が確立されてからである。「ブランドを通じてどのような経験を得ると，ロイヤルティが高まるのか」という問題意識のもと，ブランド経験の一次元として，多くの研究が感覚経験の影響力を実証的に示してきた。感覚的な経験を創出するためには，適切に設計されたブランド要素を用いる必要がある。ブランド要素とは，他の製品やサービスとの違いを明確化するために使用される構成要素を指し，ネーム，ロゴ，パッケージなどが含まれる。デジタル時代においては，これらに加えて，新たな要素にも着目する必要があるだろう。たとえば，ブランド・サイトのデザイン，ソーシャル・ロボット，アバターなどは，それらの感覚的特性を通じて，ブランド経験を創出する役割を担うと考えられる。

　デジタル環境では，従来では不可能であったブランド経験も実現されつつある。たとえば，VR／AR環境で，製品やブランドに関連する音は，購買経験を改善する効果がある。新たなデバイスを用いることによって，製品に疑似的に触れる経験もできる。

　新たなブランド要素やツールにより，提供可能なブランド経験は質・量ともに劇的に変化してきた。今後は，製品やブランドとの関連性を考慮しながら，デジタル技術を活用し，新たな感覚経験を創出することが求められる。

はじめに

あるオートバイのブランドは，電動式バイクを開発した際，1つの問題に直面した。テスト・ユーザーから「バイクの音はどこへ行ってしまったのか」という声が聴かれたのである（Krishna, 2013）。電動モーターによって実現した静寂性は，一見すると，歓迎されることかもしれない。ところが，オートバイ・ブランドのファンにとって，エンジンの音は，運転中に味わえる感覚経験の一部となっていたのである。類似したことは，自動車にも当てはまる。高級自動車のベントレーは，開発の初期段階から音響エンジニアを交え，「ベントレーの音」が出るように，自動車の吸気，排気系統を設計している（Lindstrom, 2005）。

ブランド固有の経験をもたらすのは，音だけではない。たとえば，ウェスティンホテルは，客室のボールペンに独自の香りを付した。ボールペンを持ち帰った顧客に，宿泊時の好ましい経験を想起させ，再訪を促すためである（Krishna, 2013）。

消費者の感覚（すなわち，視覚，聴覚，嗅覚，触覚，味覚）を通じてブランド経験を創出し，ブランドに対する知覚・評価・行動に影響を及ぼす戦略をセンサリー・ブランディングと呼ぶ（Lindstrom, 2005）。近年，学術研究においても，センサリー・ブランディングにおけるさまざまな手法とその効果が明らかにされてきている。また，仮想現実（virtual reality: VR）や拡張現実（augmented reality: AR）に関する技術の進展により，センサリー・ブランディングの手法も新たな広がりを見せている（Petit et al., 2019）。

本章では，ブランド経験の全体像，ブランド要素の効果，およびデジタル環境における感覚要因の役割について，既存の研究知見をベースに論じていく。

1　ブランド研究における感覚

ブランド研究において，感覚の影響が本格的に研究されるようになった端緒の1つは，「ブランド経験」という概念の登場である。ここではまず，ブランド経験が提唱された背景と，感覚の位置づけについて整理する。

■ 選択から経験へ

1980年頃まで，ブランドは主に「購買場面で選択される対象」として捉えられていた。一部に例外はあったが，多くの研究の関心事は，「複数のブランドのなかから，消費者はなぜ，どのように1つのブランドを選択するのか」という点にあった。環境要因，個人要因などの効果が明らかにされるなかで，感覚も，ブランド選択に影響を与える1つの要因として位置づけられていた。具体的には，ブランドの識別や想起における視覚的コミュニケーション（たとえば，ロゴ）の役割（Stahl, 1964）や，ネームの音声的特徴がブランド連想に及ぼす影響（Collins, 1977）について論じられていた。

こうしたなかで，購買選択だけでなく，製品の消費過程に着目する重要性を広く認識させたのが，1982年に出版されたホルブルックとハーシュマンによる論文であった（Holbrook and Hirschman, 1982）。彼らが注目したのは，音楽や演劇の鑑賞など，楽しさや喜びを経験するために行われる快楽消費である。製品は，実利的効用（たとえば，食器用洗剤の洗浄力，自動車の走行性能など）を獲得するために購買されるだけでなく，ポジティブな感情を経験するために消費される対象として捉えられる（堀内，2001）。ホルブルックらの研究を契機として，ブランド研究でも，「いかにして選ばれるか」だけではなく，「ブランドによってどのような経験が生じるか」という議論が行われ始めた。

■ 経験価値概念の登場

消費の経験的側面についての研究が進むにつれ，経験を構成するさまざまな次元について議論が及ぶようになった。たとえば，シュミットは，ブランドが消費者に経験価値を提供するための5つの戦略的モジュールを提唱しており，そのなかの1つとして，「感覚的経験価値」を挙げている（Schmitt, 1999）。彼によれば，感覚的経験価値に加え，情緒的経験価値，創造的・認知的経験価値などを通じて，独自性のあるブランド経験は創出される。そのため，マーケターは，ブランドを単なる識別手段ではなく，好ましい経験を創出する手段として捉える必要がある。

同時期にシュミットらが出版した別の著書においても，ロゴやパッケージのデザイン，店舗空間などの審美性知覚における，五感を通じた感覚経験の重要性が主張された（Schmitt and Simonson, 1997）。こうした議論は，ブランドの価

値に対する捉え方が，「顧客に提供されるもの」から「顧客とともに創造されるもの」へと転換していく契機にもなった（青木，2011）。

■ ブランド経験の体系化

　経験価値に関する議論を踏まえ，ブランド経験とその構成要素を，実証的なアプローチで示したのが，ブラーカスらによる研究である。彼らによると，ブランド経験とは「ブランド関連刺激（たとえば，特定のブランドらしさを表わす色，形，書体，デザイン，スローガン，マスコット，ブランドキャラクターなど）によって喚起される主観的で内的な消費者の反応（感覚，感情，認知）および行動反応」と定義される（Brakus et al., 2009）。

　ブラーカスらは，さまざまな分野の文献や，消費者から語られた経験などから，「感覚経験」「感情経験」「認知経験」「行動経験」という4つの経験次元を特定した。ここでの「感覚経験」は，ブランドが視覚やその他の感覚にどの程度強く訴えてくるものがあるかという程度を指す。たとえば，消費者調査では，AppleのiPodについて「製品に触れることが大好きだ」，ディズニーについて「私の感覚を刺激する」，スターバックスについて「良い香りがして，見た目も温かい」といった感覚経験が語られた。

　ブランドの感覚経験を把握するためには，測定尺度が必要となる。前述のブラーカスほかが用いたのは，以下の3項目からなる尺度である。「このブランドは，私の視覚的感覚，他の感覚に強く訴えてくるものがある」「感覚的に／直観的に，このブランドに興味関心が湧く」「このブランドは感覚的に魅力を感じない」（邦訳は，田中・三浦，2016）。調査参加者は，これらの項目に対して，1（「まったくそう思わない」）〜7（「強くそう思う」）の7件法で回答した。

　ブラーカスらの尺度は，3項目で容易に測定できるという長所を有する一方で，測定内容の精緻さには限界もある。ブランドを消費する過程のうち，どの局面で，どのような感覚経験が得られたのか，という点について把握できないためである。また，そのほかにも，彼らの尺度にまつわる限界が，先行研究において指摘されている（田中・三浦，2016）。

　こうした状況を踏まえ，測定内容の詳細さと項目数の簡潔さを両立させた尺度も開発されている。たとえば，ガオとランは，顧客の感覚経験について，多面的，かつ簡潔に測定できる尺度を開発した（Gao and Lan, 2020; 表1）。また，

表 1　感覚的ブランド経験尺度

次　　元	項　　目
豊富性（volume）	・このブランドは，私の五感を総動員してくれる。 ・このブランドは，私に多くの感覚的な刺激を与えてくれる。 ・このブランドには，私の感覚を刺激する要素が多い。
独自性（uniqueness）	・このブランドは，感覚的な面で他のブランドと異なっている。 ・このブランドは，感覚的な面で他のブランドよりも目立つ。 ・このブランドは，感覚的な面でユニークだと思う。
一貫性（consistency）	・このブランドの感覚的特徴は，私の住む地域に適している。 ・このブランドの感覚的特徴は，私のアイデンティティ（年齢，性別，人種，社会階層など）に合致している。 ・このブランドの感覚的特徴は，私の性格と合致している。 ・このブランドの感覚的特徴は，私の価値観と合致している。

（出所）　Gao and Lan, 2020, p. 9 より作成。

日本の消費者を対象とし，日用品ブランドに対する経験を包括的に捉えるための尺度を開発した研究も行われている（國田，2022）。

2　ブランド経験における感覚の効果

　ブランドの感覚経験はどのような要因によって高まるのだろうか。そして，結果的にどのような効果をもたらすのだろうか。以下では，ブランド・ロイヤルティに及ぼす感覚経験の効果について，既存の研究結果を踏まえながら議論する。さらに，ブランドの感覚経験を高めていくうえで，デジタル時代に考慮すべき要素についても考察する。

■ ブランド・ロイヤルティへの影響
　ブラーカスらが，ブランド経験の次元を特定して以降，多くの研究が，ブランド・ロイヤルティに対するブランド経験の影響について実証してきた。既存の知見をもとに，現在有効と考えられている影響関係をまとめた概念モデルを図1に示す。
　たとえば，ある研究では，感覚，感情，認知，行動というブランド経験の各次元が，ブランド・ロイヤルティ，知覚品質，ブランド連想に及ぼす影響について分析が行われた（Pina and Dias, 2021）。これによると，いずれの次元も前

図1 先行研究に基づく概念モデル

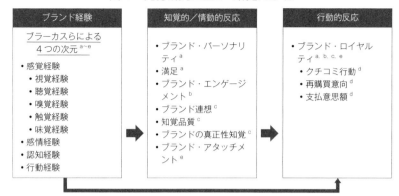

（注）　a：Brakus et al., 2009；b：Hepola et al., 2017；c：Pina and Dias, 2021；d：Safeer et al., 2021；e：Shahid et al., 2022 より作成。

述の成果変数へ統計的に有意な影響を及ぼしていたが，なかでも感覚的なブランド経験は，他の次元に比べて相対的に強い影響を示した。

　別の研究では，ブランド経験の各次元がブランドの真正性知覚を介して，再購買意向，クチコミ行動意図，支払意思額にプラスの影響を及ぼすことが示された（Safeer et al., 2021）。この分析でも，4つのブランド経験のうち，感覚的な次元が，ブランドの真正性知覚に対して最も強い影響を及ぼしていた。

　そのほかにも，五感を通じたブランド経験が，当該ブランドに対する情緒的アタッチメント（愛着）とロイヤルティを高めることや（Shahid et al., 2022），感覚的なブランド経験が，当該ブランドに対するエンゲージメントを高めることが明らかにされている（Hepola et al., 2017）。

■ デジタル時代のブランド要素

　ブランドの感覚経験を創出するうえで鍵となるのは，ブランド要素である。ブランド要素とは，他の製品やサービスとの違いを明確化するために使用される，ブランドの構成要素を指す（恩蔵・亀井編，2002）。具体的には，ネーム，ロゴ，シンボル，キャラクター，スローガン，ジングル，パッケージなどが含まれる。

　各要素は感覚を通じてブランド「らしさ」の形成や，好ましい経験の創出に

寄与する。たとえば，ある実験では，MacBook，キットカット，TikTokなど，反復的な韻を踏むネームは，その聴覚的な心地よさから，ポジティブなブランド態度をもたらすことがわかった（Argo et al., 2010）。

パッケージも，ブランド要素として重要な役割を果たす。コカ・コーラの瓶は，粉々に砕いた破片だけでも，それが「コカ・コーラのボトルである」と認識される（Lindstrom, 2005）。青みがかったガラスのかけらですら，ブランドの象徴になりうるのである。近年の研究でも，パッケージの視覚的特性や触覚的特性が，食品の消費行動に影響を与えることがわかっている（Motoki and Togawa, 2022）。

これらのブランド要素の役割は，使用される文脈がオフライン（たとえば，印刷広告）であっても，オンライン（たとえば，ウェブ広告）であっても本質的に変わらない。とはいえ，デジタル技術の発展と普及に鑑みるならば，上記の要素に加え，新たなブランド要素にも注目してみる必要がありそうだ。

たとえば，パッケージがブランド印象を形成するのと同様に，ウェブ・デザインも，ブランド・パーソナリティの形成やブランド経験の表現など，重要な役割を果たす。ブランド・サイトなどを設計する際，多くの場合，使いやすさ（usability）が優先的に考慮されがちだが，美しさ（aesthetics）は同等かそれ以上に重要だという指摘もある。ある研究によると，美しいと知覚されたウェブサイトは，消費者の検索行動を促進したり，当該ブランドの購入意向を高めたりするという（Wang et al., 2010）。

人工知能技術を用いたロボットも，ブランド経験を左右する要素となりつつある。今日，多くの企業は，カスタマー・サービスにおいて，チャットボットを導入し始めている。また，広報，イベント，サービス提供といった場面で，ロボットを使用する例も珍しくない。

こうしたチャットボットは，外見や声を人間に似せたり，名前をつけたりするなど，擬人性を高めるための工夫が行われてきた。ところが，最近の研究によると，こうした努力は裏目に出る場合もある。通信事業者のカスタマー・サービスにおけるデータを分析したところ，顧客が怒り感情を有している場合，擬人性の高いチャットボットが，顧客満足や企業評価をさらに悪化させたという（Crolic et al., 2022）。

したがって，人間に類似したロボットを導入するか否か判断する際には，使

用場面や目的などを慎重に考慮しなければならない。むしろ，無機物的な外見やぎこちない話し方など，「ロボットらしさ」の効用に注目することで，消費者のブランド経験が向上することもある（本書第10章も参照）。

■ 伝統的ブランド要素への影響

ブランド要素としてのキャラクターは，単に広告やパッケージに掲載されるマスコット以上の要素を含むようになっている。たとえば，企業の公式SNSアカウントでは，企業アバターが使用されているものもある（白井・西川，2017）。ブランドのスポークス・パーソンとして，アバターを使用する例も増えている。

前述のロボットにおける議論と同様，アバターに関しても，現実の人間にどの程度似せるか，という点が問題となる。学術誌 *Journal of Marketing* の「マーケティングにおける新技術」と題する特集号では，既存の研究と実際のビジネス慣行に基づき，アバターの類型と活用法について整理が行われた。これによると，アバターは外見的なリアリティの高低と，行動的なリアリティの高低によって分類される（Miao et al., 2022；図2）。

外見と行動がいずれもリアルなアバターは，高度なコミュニケーションを要するサービスなどに向いている一方，いずれもリアルでないアバターは，基本的な問い合わせや簡潔に済ませられる顧客対応に適している。

外見はリアルでないが，行動がリアルなアバターは，顧客が最初に抱く期待が低水準のため，実際のコミュニケーションが始まると，行動のリアルさから喜びや満足が生じやすい。外見がリアルだが，行動がリアルでないアバターは，高い期待に応えられず不満が生じやすくなる。

ロゴやネームといったブランド要素においても，デジタル環境での活用について検討する必要がある。近年，オンライン・ゲーム内にブランド広告を挿入するケースがある。一般的に，視覚的な情報であるロゴは，言語的な情報であるネームに比べて記憶されやすいといわれている。実際，ゴーシュらが行った実験でも，ゲーム内に挿入されたロゴは，ネームに比べ，より正確に記憶された。ところが，ゲーム展開のスピードを下げると，この差は消失したという（Ghosh et al., 2022）。

図2 アバターの分類

外見的リアリティ

	低	高
低 行動的リアリティ	**簡易的アバター** • 非現実的な外見であるため，行動に対する消費者の期待は低い • 迅速かつ決まったタスクをこなすことで，簡便さを提供できる • 顧客からの基本的な問い合わせ，安価なオンライン購買など，低リスクの取引に適している • 例：TwentyBN の Millie	**表面型アバター** • 外見に対して，行動のリアリティが低いため，否定的な反応になりやすい • 低リスク取引における生産性向上（例：銀行の残高照会）に有効 • 高リスク取引（例：株式購入）にはネガティブな影響 • 例：ナットウェスト銀行の Cora
高	**知能型非現実的アバター** • 初期の期待が低下するため，顧客の喜びをもたらしやすい • 自律的で自然な言語的・非言語的コミュニケーションが可能 • デリケートな個人情報（メンタルヘルスなど）を扱う，複雑な関係性のある取引に適している • 例：PTSD セラピストの Ellie	**デジタル人間アバター** • リアルな外観と知性を両立させ，最高レベルの顧客体験を提供 • 高度にパーソナライズされたサービスを必要とする複雑な取引（例：スキンケアなど）に適している • 情報提供，娯楽，親密さなどを提供し，長期的な関係を構築可能 • 例：SK-II の Yumi

（出所）　Miao et al., 2022, p. 78 より作成。

3　デジタル技術による感覚経験の発展

　利用経験がないレストランをオンラインで予約する際，事前に客席や店内の雰囲気を味わえたら便利だと感じたことはないだろうか。同様に，オンライン・ショッピングを楽しんでいる際，製品に触れてみたいと感じたことがある人は少なくないであろう。いかに精巧に作り込まれたウェブサイトでも，既存の媒体で伝達可能な感覚経験は，主に視覚と聴覚に限られている。ところが，近年，デジタル技術の進展に伴い，こうした制約はなくなりつつある。

　本節では，既存のデバイスがもたらした触覚経験への効果について述べたうえで，デジタル環境で提供される新たな感覚経験について議論する。

■ デバイスを通じた製品接触経験
一般的なウェブサイトの閲覧から，最新技術を用いた VR / AR での購買に

図3　デバイスが消費者行動に及ぼす影響

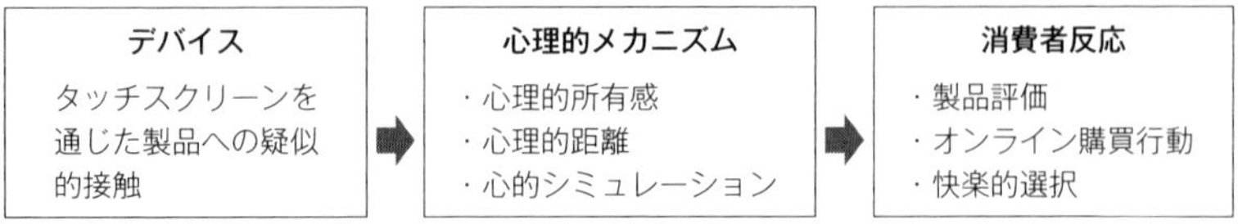

デバイス	心理的メカニズム	消費者反応
タッチスクリーンを通じた製品への疑似的接触	・心理的所有感 ・心理的距離 ・心的シミュレーション	・製品評価 ・オンライン購買行動 ・快楽的選択

(注)　複数の影響関係を簡潔に示すため，調整変数は割愛されている。

至るまで，デジタル環境でのブランド経験には，スマートフォンやウェアラブル端末などのデバイスが必要となる。こうしたデバイスを通じて得られる感覚経験は，製品やブランドの評価に影響を与えることが知られている（図3）。

　ブラセルとジップスは，操作方法をもとに，デバイスを3つに分類した（Brasel and Gips, 2014）。すなわち，①スマートフォンやタブレットのようなタッチスクリーン，②多くのノートPCに標準装備されているタッチパッド，そして③デスクトップ型パソコンで使用されることが多いマウスである。

　実験では，いずれかのデバイスで，画面上の製品を選択してもらう課題を参加者に与えた。分析の結果，タッチスクリーンを用いたとき，他の2つのデバイスを用いたときに比べて製品に対する支払意思額が顕著に高かった。その理由として，彼らは心理的所有感を挙げている。つまり，画面を通じて製品に疑似的に「触れる」という経験が，心理的に当該製品を所有した経験をもたらしたため，愛着がわき，支払意思額が高まったのである。

　デバイスは，選択内容にも影響を与える。シェンらの研究によると，タッチスクリーン型のデバイスを用いたとき，パソコンのマウスを用いたときに比べて，フルーツ・サラダなどの健康的な食品ではなく，チョコレート・ケーキなどの快楽的な食品を選択する傾向が確認された（Shen et al., 2016）。これは，画面を通じて食品に接触することで，快楽的な感情状態に対する心的シミュレーションが促進されることによって生じる。

　最近の研究では，デバイスによって，表示された対象への心理的な距離感が異なることもわかっている（須田ほか，2021）。これによると，対象（たとえば，製品，人物，国など）をスマートフォンで見たとき，パソコンで見たときに比べて，対象を心理的に近いと感じる。心理的に近い対象を，人は具体的な思考様式で処理しようとする傾向があるため（Liberman and Trope, 2008），これに適合

した具体的な情報（たとえば，白黒写真ではなくカラー写真）を提示したときに，製品評価が高まった。こうした影響は，実際のバナー広告に対する1クリック当たりの購入数を対象とした分析でも確認された。

　これらの研究を踏まえると，デバイスを考慮したブランド・コミュニケーションへの示唆が見えてくる。たとえば，同じオンライン・ストアでも，スマートフォンで使用されるアプリと，パソコンでアクセスされるウェブサイトでは，それぞれに与える役割や提供する情報を変えることが効果的であろう。

■ VR / AR 技術による感覚経験

　私たちは，製品を目にしただけで，それに触れたり動かしたりすることを頭のなかで想像する傾向がある。たとえば，マグカップの画像を見ることで，実際には触れていなくても，おのずと手にもったときの経験を想像することが知られている（Elder and Krishna, 2012）。VR / AR 技術の進展に伴い，こうした心的シミュレーションを手助けするための手法や効果に関して研究が進められている。

　たとえば，製品画像は，立体的なもののほうが平面的なものに比べ，製品に触れた感覚の心的シミュレーションを促し（Li et al., 2001），その結果，広告ブランドに対する態度，購入意図，およびウェブサイトへの再訪問意図にプラスの影響を与えていた（Choi and Taylor, 2014）。また，別の実験では，洋服を回転する画像で提示したとき，回転しない画像で提示したときに比べて，参加者は，製品の情報を豊富に得られたと知覚し，好ましい製品態度や強い購買意図を示した（Park et al., 2008）。

　立体表示や画像の回転に加え，拡大表示（たとえば，ズームイン／ズームアウト）や仮想試用（たとえば，洋服を自身が仮想的に試着する技術）などで，消費者は現実世界と類似した感覚を経験できる（Petit et al., 2019）。

　聴覚情報がオンラインでの感覚経験を向上させることもある。ある実験によると，シャンパン・ボトルの開栓音や，衣類用洗剤のブランド・スローガンの音を流すことで，バーチャル店舗における当該カテゴリーの製品探索時間が短縮した（Knoeferle et al., 2016）。この結果は，バーチャル店舗において，製品やブランドと関連する音を顧客に向けて流すことで，購買経験を改善できることを示唆している。検討中のカテゴリーに応じて，顧客に異なる音声を流すこと

は，オフラインの店舗では難しいため，バーチャル店舗ならではの戦略といえる。

　聴覚情報によって，従来のオンライン環境では味わえなかった触覚経験を仮想的に創出することもできる。たとえば，ある実験では，参加者にアパレルのバーチャル店舗で冬用のジャケットを仮想的に試着してもらった。ディスプレイを通して自身の映像を見ると，ジャケットを着た姿が映し出される仕組みとなっている。その際，無音で映像のみが映し出される条件に比べて，参加者の身体的な動きに合わせて，ジャケットの摩擦音が聞こえる条件のほうが，ジャケットに対する支払意思額が高まった（Ho et al., 2013）。

　もちろん，すべての聴覚情報が，購買経験を高めるわけではない（Petit et al., 2019）。ブランドと一致しない背景音楽などは，かえって消費者の円滑な買物や心的シミュレーションを阻害する恐れもある。バーチャル店舗において，視覚的・聴覚的な情報を追加することにより，購買経験を高めるためには，ブランドとの関連性が高いか，製品判断の手がかりになるか，といった点を考慮しなければならない。

■ 感覚経験の発展

　前項で紹介した視覚的・聴覚的な経験に加え，最近では，VR／AR環境において，触覚や味覚などの感覚経験を実現するための技術も開発されている。つまり，実際に触れていなくても，VR環境で触れているような感触を得られたり，実際に口にしなくとも，食品を味わったりすることが可能になりつつある。

　たとえば，オンラインにおいて，振動を体感するためのデバイス，製品をつまんだり，ねじったりする感触が味わえるデバイス，さらには空中を飛んでいる感覚が得られるデバイスなども存在する（Petit et al., 2019）。こうしたデバイスの実用化により，たとえばバーチャル店舗内で衣類や寝具などを購入する際，現物に触れなくても製品の手触りを確認できるようになる。

　仮想的に創出される感覚経験は，触覚だけにとどまらない。ラナシンハほかは，味覚を疑似的に経験可能な「バーチャル・レモネード」という装置を開発した（Ranasinghe et al., 2017；図4）。この装置では，センサーがレモネードの色と味覚成分を分析し，情報が専用のタンブラーに伝達される。タンブラーは，

図４　バーチャル・レモネードの仕組み

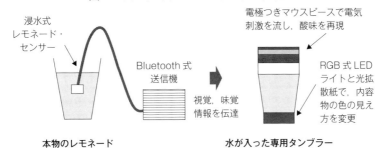

浸水式
レモネード・
センサー

Bluetooth 式
送信機

視覚，味覚
情報を伝達

本物のレモネード

電極つきマウスピースで電気
刺激を流し，酸味を再現

RGB 式 LED
ライトと光拡
散紙で，内容
物の色の見え
方を変更

水が入った専用タンブラー

（出所）　Ranasinghe et al., 2017, p. 186 より作成。

色と酸味を再現する機能を備えているため，内容物は真水であるにもかかわら
ず，遠隔のレモネードと同じ味覚経験を味わうことができる。また，別の研究
では，実際に口にする食品の味覚を変える技術も開発されている。MetaCook-
ie＋と呼ばれる AR デバイスを用いると，プレーン・クッキーの外見をディス
プレイ上で変え，チョコレートの香りを噴霧する技術によって仮想的にチョコ
レート・クッキーを食べているような感覚を味わえる（Narumi et al., 2011）。

　これらの技術が実用化されるためには，課題も多い。いかに忠実に再現され
た感覚情報であっても，「人工的なものである」という情報を知ってしまうと，
味覚評価にネガティブな影響が生じうる（Spence et al., 2017）。また，デバイス
の費用やマーケティング実務での実用性といった壁もある。課題は少なくない
が，技術革新の進展により，いずれは実際に食べ物を提供しないが，おいしさ
を味わうことができる，VR カフェや VR レストランのような業態が登場する
かもしれない。ブランドを通じた感覚経験の幅も格段に広がるであろう。

おわりに

　本章では，ブランド経験における感覚の位置づけ，ブランド要素の影響を踏
まえたうえで，デジタル環境において感覚経験を高める戦略や手法について述
べてきた。アバターやチャットボットなど，ブランド経験を高めるため，すで
に実用されているものも少なくない。新たなデバイスや，VR / AR 技術を通
じて，従来の環境では味わえなかった感覚経験を，バーチャル空間で創出する
ことも可能になっている。

デジタル技術の応用により，ブランドの感覚経験は質的にも，量的にも劇的に変わりつつある。ブランド要素の見直しや，コミュニケーション戦略の刷新が求められることもあるだろう。しかしながら，ブランド戦略の本質が変わるわけではない。ブランド要素の組み合わせにより，好ましいブランド経験を創出し，顧客との間に強固な関係性を構築すること。こうした目標は，デバイスやツールが高度化したデジタル時代でも，変わらぬ原則であり続けるであろう。

第**10**章 ─────────────────

デジタル技術を活用した
ブランド顧客管理戦略

大西 浩志

　本章では，新しい３つのデジタル技術，CDP（カスタマー・データ・プラットフォーム）による顧客情報収集，AI による自動化，Web3 技術（メタバースと DAO〔分散型自律組織〕）を取り上げ，企業の課題と消費者の課題の双方の視点から，それぞれの新しい技術がブランド顧客管理に与える影響について議論する。今後，これらの新しいデジタル技術が消費者とブランドの間に介在し両者の直接的な関係性を分断していくことが想定され，企業はブランド顧客管理戦略について考え方を更新していかなければならないと考えられる。

　CDP による顧客情報収集は，ブランドの顧客に対してカスタマイズされたレコメンデーション提案を可能にし，消費者の意思決定の探索コストを減少させ意思決定の質を高めるが，レコメンデーションの負の影響も少なくないことに留意が必要である。また，顧客へのカスタマイズは，ダイナミック・プライシングなどの消費者への差別的な施策にもつながるため，ブランド価値を毀損させないような対応が必要となる。

　AI による自動化は，企業と消費者の間の取引や関係性において意思決定に介在したり，非人間存在として対応したりすることによる，さまざまな影響をもたらす。AI チャットボットの擬人化レベル（見た目とインタラクティブ性）の組み合わせは，消費者のポジティブ・ネガティブ両方の反応に影響を与える。一方で，消費者対応における失敗に対するブランド・リカバリーにおいて，XAI（説明可能な AI）が有用な対策になりうる。

　Web3 技術のうちメタバースは，リアルとバーチャルの融合した体験によって消費者に自己拡張感や自己膨張の感覚を与える。AR（拡張現実）を用いた試着アプリなどではパーソナライゼーション感覚を高め購入意向につながるものの，自己肯定感の高い消費者のみに有効である。また，DAO の促進によってブランド・コミュニティは分散化・多様化していくことが予想され，社会的価値に関連

167

したブランドのパーパス（目標）に対して，非消費者を含む生活者に賛同・応援してもらうパーパスドリブン・コミュニティを目指す必要がある。

はじめに

本章では，DX（デジタル・トランスフォーメーション）の推進や Web3 などのデジタル関連の新しい技術や個人情報保護といった規制が，今後のブランドと顧客との関係にどのような影響を与えるか，また顧客との関係を管理するためにどのような項目や測定指標に注意していくべきかについて，近年の研究や事例，実務家へのヒアリング結果を参照しながら紹介する。具体的には，ブランドに対して影響をもたらす新しいデジタル技術は数多く考えられるが，紙幅の制限もあることから，筆者が注目するブランド顧客管理に関連する 3 つのデジタル技術を取り上げ，それらの課題を企業側と消費者側の観点から議論する（表 1）。

また，筆者が想定しているフレームワークは，図 1 のような新しいデジタル技術が消費者とブランドの間に介在する関係性である。これまでのマーケティングが取り組んできたフレームワークは，消費者とブランド（企業）が直接的に（場合によっては，流通やメディアなどの仲介者を通じて）交換や関係性構築を行っている環境であった。しかしながら，CDP や AI，Web3 といった新しいデジタル技術は，消費者とブランドの間に媒介して直接的な関係性を分断するような技術となることが考えられる。

表 1　本章で取り上げる，新しいデジタル技術と企業・消費者の課題

新しいデジタル技術	企業の課題	消費者の課題
CDP による顧客情報収集	・カスタマイゼーションと差別化施策のトレードオフ ・個人情報保護への対応	・意思決定の質への正・負の影響 ・ブランドへの信頼と情報提供行動（プライバシーのパラドックス）
AI による自動化	・顧客対応の自動化・非人間化 ・非人間対応の告知 ・擬人化 AI チャットの効果 ・説明可能な AI（XAI）の活用	・AI への意思決定の委譲 ・非人間対応への反応 ・非人間対応への寛容性（ブランド・リカバリー）
Web3 技術（メタバースと DAO）	・バーチャル空間でのブランド価値 ・リアルとバーチャルの融合 ・コミュニティの多様化，自律化	・リアルとバーチャルの融合体験への反応 ・バーチャル体験と自己意識 ・多様なコミュニティへの参加動機

図1 新しいデジタル技術による消費者とブランドの仲介

たとえば，ブランドは顧客対応のカスタマイズや業務効率化のため CDP や AI を導入するが，それらの技術によってマーケティング施策の実行が自動化され，場合によってはブランドが意図しないような自動化された非人間による対応が行われることになる。一方，消費者側もスマートフォンの AI アシスタントなどを活用して，自身の興味関心に合わせてカスタマイズされた情報のみを受け取るようになる。すでに，AI アシスタントは消費者の選好を学習して精度の高いレコメンデーションや対応を行えるようになりつつあり，消費者側も自分用にカスタマイズされた AI を介して情報収集し，さらに AI によって提案された選択肢を受け入れることで意思決定の一部を新しいデジタル技術に委譲するようになると考えられる。また，Web3 の技術は，バーチャルでのブランド体験を可能としたりコミュニティの多様化と自律化を促すことによって，それらのコミュニティをブランドが意図するように管理することが難しくなってきている。

　以上のことから，筆者は，新しいデジタル技術は消費者とブランドにとって効率化や意思決定の労力を軽減したり，バーチャル体験をはじめとした新たな経験価値や社会的価値をもたらしたりする効果が期待される一方で，これまでの消費者とブランドの交換・関係性パラダイムに介在して一部の意思決定を担うようになり，両者の直接的な関係性を分断する一因になると推測している。

1 CDP による顧客情報の収集と活用

　近年の EC（電子商取引）化や DX の推進によって，ブランドはさまざまな接点で顧客に関するデータを収集することが可能となっている。オンラインとオ

フラインの両方から顧客に関連するデータを収集・蓄積し，それらのデータを分析することによって顧客像を把握・理解して個々の顧客に適したマーケティングを実行するための基盤とするシステムは，CDP（カスタマー・データ・プラットフォーム）と呼ばれ，企業にとってその重要性が高まっている（小畑ほか，2021）。本節では，CDPなどを活用したブランドによる顧客情報収集に対する消費者のポジティブおよびネガティブな反応と，政府など統治機構による個人情報保護規制強化とが企業活動や消費者の情報共有行動にどのように影響するのかを議論する。

■ カスタマイゼーションと差別化施策のトレードオフ

　CDPは顧客情報を蓄積したシステムであり，その主目的はCRM（顧客関係性管理）である。ブランドは自社データや外部データを統合したCDPに，顧客のデモグラフィック情報やオンラインとオフライン両方での購買履歴，ウェブサイトやSNSの行動履歴といった情報を蓄積している。それらの顧客情報を活用することで，ブランドは顧客をセグメンテーションしたり，顧客のロイヤルティやカスタマー・ジャーニーの段階に応じてカスタマイズしたCRM施策を実施したりしている（小畑ほか，2021）。

　デラートとハウブルの研究（Dellaert and Häubl, 2012）では，消費者はレコメンデーションがある場合に意思決定までにより多くの選択肢を評価したが，その一方で，選択肢の魅力度の差が大きい場合により少ない選択肢を評価した。またレコメンデーションは，消費者の探索コストを減少させることによって意思決定を容易にし，考慮集合（本書第3章も参照）のサイズを減少させ，選択行動の効用を改善させることが明らかになっている（Häubl and Trifts, 2000；Dellaert and Häubl, 2012）。しかしながら，レコメンデーションの負の影響として，消費者は探索コストが下がることでより多くの選択肢を評価しようとして，結局は悪い選択をしてしまう（Diehl, 2005）。また，レコメンドされた選択肢が，消費者の事前期待と異なったものであったり，明らかに優位でなかったりする場合，消費者の選択がより困難となるといった指摘もある（Goodman et al., 2013；Fitzsimons and Lehmann, 2004）。

　一方で，企業はカスタマイズやパーソナライズによって消費者に特定の情報のみを提供すると同時に，リアルタイムの顧客情報を活用することによって，

顧客ごとに異なった差別的な価格提示を行うことが可能になる。これらのダイナミック・プライシングは，同一の商品やサービスを異なる顧客に対して異なる価格で販売し，最も支払い意欲の高い顧客から最も高い価格を引き出す手法で，実際にドイツの Amazon における商品の 81％ がダイナミック・プライシングによる差別価格で値付けされている（Keller et al., 2022）。他方，消費者側の反応としては，高い価格を提示された顧客が差別的取り扱いによる取引での損失を知ったとき，企業にとっては高いブランド毀損が生じることが示されている（Grewal et al., 2004；Haws and Bearden, 2006）。

　したがって，企業やブランドは，ダイナミック・プライシングなどの差別価格を用いる場合には，価格策定のルールを消費者に対して明示するなどして，価格の妥当性と透明性を顧客に理解し納得してもらうことが重要である。また，ブランドは価格を差別的に操作するのではなく，顧客の詳細な情報からそれぞれの嗜好性やニーズを推測して複数の商品やサービスをバンドルしたカスタマイズの提案をすることによって，クロスセルやアップセルによる売上の増加に加えて，顧客ロイヤルティを高める施策が適している。

■ 個人情報保護問題に対するブランドと消費者の反応

　企業によるデータ収集に関連して，消費者の個人情報保護や企業の責任範囲について法整備が議論されており，日本では 2022 年 4 月より改正個人情報保護法が施行された（総務省，2021）。EU（欧州連合）域内においては，すでにEU 一般データ保護規則（GDPR：General Data Protection Regulation）が 2018 年5 月より施行され，自然人の基本的な権利の保護という観点から個人情報保護やその取り扱いがより厳しく規制されている。

　個人情報保護法による厳しい規制は，企業側のコストを増加させ，市場参入の障壁を築き，情報の流れや収集活動を制限し，新規事業や施策が成功するかどうかの不確実性を高めることになる。実際に，GDPR のオンライン・テクノロジー産業への影響は大きく，企業によるオンラインでのデータ共有を減少させ，結果として市場の独占を高め上位 4 社（市場の 94％）に産業の取引が集中するという規制当局にとって意図せざる結果を招いている（Johnson et al., 2020）。ゴールドバーグら（Goldberg et al., 2022）によると，消費者は GDPR に準拠したオプトイン（個人情報共有の許諾）に 9 割近く同意しているものの，小

規模な企業に対しては同意率が低いことから，プライバシーに関する規制が市場の集中や競争に影響を与える可能性があることを示唆している。

　次に，消費者にとって CDP などを使ったブランドによる消費者個人情報データの収集・蓄積は，心理的，また行動の側面でどのような影響があるかについてみていく。チェンら（Chen et al., 2021）は，「プライバシーのパラドックス」と呼ばれる，消費者がプライバシーの懸念を意識しながらも，ブランドからの少額（または無料）の報酬で自身の個人情報を共有する行動が多く見られることを指摘し，この矛盾した行動パターンが多くの異なる文化圏の国々で当てはまると述べている。

　一方で，オンライン広告の文脈における研究でも，消費者は新しいサービスやツールの利用期間が長くなるほど，プライバシーを考慮するようになり，オプトイン率が低下することが示されている（Goldfarb and Tucker, 2012；Acquisti et al., 2016）。ジョンソンら（Johnson et al., 2023）は，北米の消費者はいったんオプトインした場合，その後のオプトアウト（個人情報共有を拒否する）率は低く 0.23％ に留まると報告している。また，タッカー（Tucker, 2014）は，オンライン広告のターゲティングの効果を高めるためには，消費者に対してプライバシーの信頼性を担保することが必要だと述べている。つまり，ブランドは消費者がサービスを利用開始する初期段階において，個人情報保護の信頼性を伝えることによって，なるべく多くの利用許諾のオプトインを得ることが重要となる。

2　AI 活用によるブランド顧客管理の非人間化

　本節では，近年急速に発展している AI（人工知能）などの非人間による自動化対応の技術が消費者の意思決定や消費行動に与える影響に関して議論する。AI とは，「人工的につくられた人間のような知能，ないしはそれをつくる技術。人間のように知的であるとは，『気づくことができる』コンピュータ，つまり，データの中から特徴量を生成し，現象をモデル化することの出来るコンピュータ」（松尾，2015, 45 頁）と定義される。近年，IoT（internet of things：モノのインターネット化）によって人間活動や周囲の環境などのデータをリアルタイムに大量に取得できるようになり，また，機械学習の発展により AI やロボティクスの技術や応用事例が飛躍的に進歩してきている。しかし，AI による顧客対

応は，人間による対応と比較して感情的なコミュニケーションに乏しく，これらの非人間による対応がブランド顧客にどのような反応を及ぼすのか注意が必要である。本節では，AI がブランドと消費者の関係性を媒介することによって消費者の意思決定に与える影響に関する研究を対象として議論する。

■ AI のマーケティングにおける活用領域

AI 学会は「AI 課題マップ」を公開しており，AI の用途を下記の 3 つに分類している。1 つ目に，画像認識や音声認識などによってモノゴトを識別する識別系の AI で，マーケティング実務においては文章や画像，動画などの特徴を識別してウェブサイトを分類することなどに利用される。2 つ目に，データから未来の事象を予測するための予測系の AI で，売上や需要の予測からオンライン広告などの最適化，ユーザー属性の推測などに用いられる。3 つ目に，表現生成やデザイン，行動の最適化，作業の自動化を行う実行系の AI で，提示したキーワードなどから画像や動画を自動作成したり，ChatGPT のようにユーザーの質問に対して自然な回答文章を作成したりすることに利用され，近年，急速にそれらの技術が向上している領域である。

一方で，マーケティング研究領域においてクマールら（Kumar et al., 2016）は，IAT（intelligent agent technology: 市場環境を常時監視してマーケティング機能を提供する「知的エージェント技術」）の活用が期待される 5 つの領域として，「情報検索」（市場情報，顧客情報，競合情報），「情報分析」（市場分析，顧客分析，競合分析），「インタラクション」（交渉，顧客関係構築，競合対応），「意思決定」（仲介，マッチング，推奨，RTB，価格設定，競売入札），「協業」（信頼付与，グループ購買，プライバシー）を挙げている。IAT の 5 つの活用領域と上記の AI 学会の提案する AI の用途 3 分類と対応させると表 2 のような関係性となる。

■ AI など非人間による対応への消費者の反応

前述の通り，実務において AI などの非人間的な新しいデジタル技術を利用した消費者対応が普及してきている。一方で，田中（2017, 221 頁）は，MA（マーケティング・オートメーション）やコンテンツ・マーケティング，インバウンド・マーケティングなどの非人的販売活動においても，最終的には人間が管理することが重要で人的な介入が必要であると述べている。AI などによる非人

表2　マーケティングにおけるAIの活用領域

マーケティングIATの領域 (Kumar et al., 2016)	AIの用途 (AI課題マップ)	AIの活用内容
情 報 検 索	識別系AI	市場情報, 顧客情報, 競合情報の収集
情 報 分 析	識別系・予測系AI	市場分析, 顧客分析, 競合分析
インタラクション	識別系・予測系・実行系AI	交渉, 顧客関係構築, 競合対応
意 思 決 定	識別系・予測系	仲介, マッチング, 推奨, 価格設定 (ダイナミック・プライシング), 競売入札 (RTB)
協 　 業	識別系・予測系・実行系AI	信頼付与 (ブランド, 顧客価値), グループ購買, プライバシー問題

　間による対応は，情報量や情報の正確性など消費者にとっては利便性や認知的な便益にとって有利である一方，人間による対応に比べて感情的なコミュニケーションに乏しく，消費者への対応として情緒的な便益で劣ることが指摘されている（Loughnan and Haslam, 2007；Haslam et al., 2008）。

　ミャオら（Miao et al., 2022）はAIチャットボットの既存研究をレビューし，上記の情緒的な便益と関連してチャットボットの擬人化レベルが消費者の反応に影響を与えることを指摘している（本書第9章も参照）。彼らは，チャットボットの擬人化を2つの要素（見た目とインタラクティブ性）に分類し，チャットボットが人間に近い見た目だった場合には，消費者は人間が対応するのと同等の高いインタラクティブ性を期待するため，チャットボットへの評価や満足度が低くなると予想した。逆に，チャットボットの見た目がイラスト風だったりキャラクターのような非人間的なモノだったりした場合は，消費者の期待値が低くなるためインタラクティブ性の高いチャットボットへの満足度が最も高まると述べている。

　AIチャットボットに対する消費者の反応については，消費者行動論の研究として実験を用いた検証が数多く行われており，たとえば，デジタルカメラの購買意向（Go and Sundar, 2019），ブランドの購買意向（Lee et al., 2022）や第一印象の評価（Kull et al., 2021），デジタル動画コンテンツの利用（Son and Oh, 2018），映画チケットの購買（Van den Broeck et al., 2019），オンライン金融商品の契約（Luo et al., 2019）などでミャオらが予測したような結果が確認されている。また，AmazonのAlexaやAppleのSiriのような音声を主体としたボイ

スアシスタントでも同様の傾向が得られている（Son and Oh, 2018；Sun et al., 2021；Tong et al., 2021；Zierau et al., 2022）。

■ 非人間対応の告知とブランド・リカバリー

　人間のスタッフではなく非人間である AI が対応することを，消費者に対してどのように伝えるかという問題に関しても研究が行われている。ルオら（Luo et al., 2019）は，AI チャットボットを用いた消費オンライン金融商品販売対応でのフィールド実験によって，消費者がチャットボットであることを知って対応を受けた場合に契約率が低下するが，知らなかった場合は契約率が有能な人間のセールスと同等となることを明らかにした。一方で，ヨウンとジン（Youn and Jin, 2021）は，ファッション・ブランドのチャットボット対応において，消費者にチャットボットをアシスタントの役割として認識させるほうが友人と認識させるよりも，ブランド・パーソナリティの能力が高く知覚されることを示した。また，チャタラマンら（Chattaraman et al., 2019）は，高齢者に対するデジタル・アシスタントの実験によって，社交的な対話を行うデジタル・アシスタントは，インターネット利用能力の高い高齢者に対しては対話の双方向性を通じてサイトへの信頼度を上げるのに効果的であったと示した。これに対して，インターネット利用能力の低い高齢者は，デジタル・アシスタントが質問に回答するだけのタスク指向の対話方法を採用した場合に，情報負荷が軽減されサイトの使いやすさが向上したと感じ，自己効力感が向上した。

　また，クロリックら（Crolic et al., 2022）は，消費者が怒りの感情をもっている場合は，擬人化されたチャットボットの対応は逆効果であり，満足度や購買意図，企業評価が低下することを実験で示し，実際のフィールド・データでも検証を行った。一方で，スリニバサンとサリアル－アビ（Srinivasan and Sarial-Abi, 2021）は，消費者対応の失敗に対するブランド・リカバリー（ブランドの肯定的反応を取り戻すこと）の実験を行い，失敗が人間（もしくは擬人化されたアルゴリズム）に起因する場合よりも，システムのアルゴリズムに起因する場合のほうが消費者の否定的反応が少ないことを示した。さらにイッシェンら（Ischen et al., 2020）は，健康保険を推薦するチャットボットの実験において，擬人化されたチャットボットのほうがプライバシーに対する懸念を低下させ，それによって消費者が個人情報をより提供しやすくなることを示した。中古衣

料品買い取り EC サイトのチャットボット実験においても，同様の結果が得られている（Schanke et al., 2021）。

　最近では，XAI（explainable AI：説明可能な AI）が活用されるようになっており，自然言語解析技術を適用して AI などの機械学習アルゴリズムによるアウトプットを人間のユーザーが理解できるようにフィードバックすることが可能になっている（Rudin et al., 2022）。XAI による説明内容については，予測結果をそのまま説明する場合と反実仮想（仮説に基づくシミュレーション）の結果を説明する場合との比較において，事実に基づく説明のほうが適切であることが明らかになっている（Riveiro and Thill, 2021；Muller et al., 2022）。同様に，ラモンら（Ramon et al., 2021）は，解釈レベルが低い（時間的・空間的に遠い）課題では XAI による具体的な説明が好まれ，逆に解釈レベルが高い課題では抽象的な説明に対する選好が高まることを明らかにしている。

3　Web3 の技術，メタバースと DAO によるブランドの価値化

　ハタミら（Hatami et al., 2023）によると，メタバースは 2030 年までに 4 兆ドルから 5 兆ドルの価値を生み出すと推定されており，約 95％ のビジネス・リーダーがメタバースによって 5〜10 年以内に自分たちの業界にポジティブな影響があると予想している。また，アメリカではブランド・マーケティングと消費者エンゲージメントを高めるために，すでに多くの企業が Roblox や Fortnite，Sandbox などのメタバース・プラットフォームを活用し成功を収めている。

　たとえば，2021 年 11 月にスポーツ・ブランドの Nike は Roblox 上に Nikeland というメタバースのコミュニティを立ち上げ訪問者 2600 万人以上を獲得し，また NFT（非代替性トークン）技術を活用したデジタル・スニーカーなどのバーチャル商品を 1 億 8500 万ドル以上売り上げ，同社のデジタル部門売上が 3 倍増となり全社売上の 4 分の 1 を超えることに貢献した。日本でも，2021 年 12 月にキャラクター・グッズを扱うサンリオがバーチャル音楽フェス SANRIO Virtual Festival を開催し，メタバースの VR（仮想現実）空間上で VR アーティストの歌やパフォーマンスを上演し，2022 年と 23 年にも継続開催してブランドコミュニティを形成している（SANRIO, 2023）。

本節では，メタバースやWeb3の技術によって，消費者がリアルとバーチャルの双方でブランド体験をできるようになったとき，消費者はどのような感覚を経験するのかという問いに関連する消費者行動論と心理学の実験研究などの成果を紹介する。また，Web3技術はバーチャルなコミュニティをDAO（分散型自律組織）化するといわれており，分散化され多様化したブランド・コミュニティに生活者でもある消費者の参加や関与を高めるためにはどうすればよいのかブランド実務の専門家にインタビューを実施した内容について議論する。

■ リアルとバーチャルの融合と自己拡張・自己膨張

ホフマンとノヴァック（Hoffman and Novak, 2018）は，社会哲学者マヌエル・デランダの集合体論（assemblage theory）を援用し，スマート・ホームやスマート・シティなどのようにIoTによって消費者とモノがシームレスにネットワークに接続された状況で，消費者の自己意識が個人から接続されたモノにまで膨張すると主張している。ライシュとクラコフスキー（Raisch and Krakowski, 2021）も，経営マネジメント領域の研究として，高度化したAI技術の利用によって個人もしくは組織の能力拡張が起こることにより，今後は従業員の作業の一部をAIに代替していく経営判断が行われることを指摘している。

消費者のバーチャルな購買体験について，ARを活用したブランドの試着や試用においても，消費者がどのような自己拡張や自己膨張の感覚を得るかについて，いくつかの消費者行動論の実験が行われている。バークら（Baek et al., 2018）は，ARミラーによる試着の実験で，プロのモデルの試着画像よりARミラーで自分が試着する様子を見るほうが，自己とブランドの関連性を高め購買意図を高めることを実証した。ただし，自己肯定感の高いナルシシスト傾向の消費者では高いブランド関連性を示したものの，非ナルシシスト傾向の消費者では効果がやや弱くなることも明らかになった。また，スミンクら（Smink et al., 2020）は，ARメイクアップ・アプリを使った実験で，消費者の顔に仮想的なメイクによる変更を加えることは，消費者にとってパーソナライゼーションの知覚を高め購買意図につながるものの，知覚された押しつけがましさが説得効果を減少させる結果を得た。また，AR家具アプリでも実験を行い，消費者自身への変更ではなく周囲に仮想商品のARイメージを表示する場合は，空

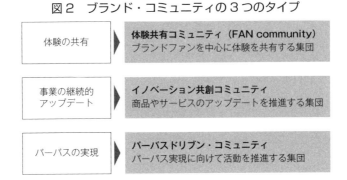

図２　ブランド・コミュニティの３つのタイプ

体験の共有	▶	**体験共有コミュニティ（FAN community）** ブランドファンを中心に体験を共有する集団
事業の継続的 アップデート	▶	**イノベーション共創コミュニティ** 商品やサービスのアップデートを推進する集団
パーパスの実現	▶	**パーパスドリブン・コミュニティ** パーパス実現に向けて活動を推進する集団

（出所）　博報堂ブランド・トランスフォーメーション，2022 より作成。

間的な存在感の知覚が購買意図を高め，さらに説得効果の減少は見られなかった。さらに，イムとパーク（Yim and Park, 2019）は，サングラスのAR試着を用いた実験を行い，消費者が自身のボディ・イメージを好ましく感じていない場合に，AR試着をより好むことを示した。

■ DAO（分散型自律組織）とパーパスドリブン・コミュニティ

　Web3の技術を活用することにより，オンライン・コミュニティはDAOとなることが促進され，将来的に個人が自律的にさまざまなコミュニティに参加して活動した成果などをNFT（非代替性トークン）や暗号通貨などを通じてやり取りするようになると予想されている（國光, 2022）。また，SNSなどによって個人での情報発信が容易になり，顧客がブランドやブランド・マネジャーとともにブランドの意味や経験を共創しやすくなったことで，ブランドが企業の単一所有から消費者との共同所有へと移行する傾向が指摘されている（Swaminathan et al., 2020）。

　博報堂（2022）は，ブランドを起点として生活者発想によって企業の事業を変革すること，およびブランドの概念をアップデートすることを「BX（ブランド・トランスフォーメーション）」と定義したうえで，生活者のコミュニティを3タイプに分類している（図2）。第1は，いわゆるファン・コミュニティでブランドのファンたちの体験の共有を目的とする「体験共有コミュニティ」。第2は，商品やサービスのアップデートにユーザーを巻き込む「イノベーション共

創コミュニティ」，第3は，近年のパーパス経営と同様の社会貢献や課題解決を志す「パーパスドリブン・コミュニティ」である。

　博報堂ブランド・イノベーションデザイン局（インタビュー当時，現博報堂執行役員）の宮澤正憲氏は，第3のパーパスドリブン・コミュニティが重要となってくると述べている。とくに，ミレニアル世代やZ世代などの若年層は，商品やサービスの消費を起点とした機能的な価値や情緒的価値よりも，生活者としての社会的価値を重視しており，それらの目的の実現に向けて協力しあう自発的なコミュニティがより力をもつようになってきているという。こういった状況に対して，企業はコミュニティにおいてブランド・アイデンティティを一方的に管理しようとするのではなく，最初にブランドとしての目標（パーパス）を設定し，そのパーパスの実現に向けて賛同する生活者と共に活動していくコミュニティが適しているという[1]。したがって，ブランドはコミュニティをコントロールしようとするのではなく，パーパスを実現するためにブランドがどのような活動をすればよいのか，そのブランドの活動に対して生活者にどのように賛同・参加してもらうのか，また，生活者による自発的な活動をブランドがどうやって支援していくのかというパーパスドリブン・コミュニティを目指す必要がある。

　また，宮澤氏は，ブランドの顧客管理フレームワークとして，これまでの購買・消費前後のファネル構造に着目したAISASやAISCEASといった段階的な消費者行動モデルではなく，生活者が消費と関係なく継続的にブランドに関与し続けている状態に対応したモデルを考える必要性を指摘している。なぜなら，上記のパーパスドリブン・コミュニティが主流になれば，ブランドを消費していなくともそのブランドのパーパスに賛同する生活者がコミュニティに参加し，その人たちは消費とは無関係にSNSなどでブランドの推奨といったクチコミなどを発信してくれるからである。そういった状況では，ブランドを評価する指標として，顧客や潜在顧客による売上額やLTV（顧客生涯価値）といった既存の管理指標だけではなく，そのブランドの顧客ではないような一般の生活者も含めて，どれだけブランドやそのパーパスに賛同・応援しているのかを測定できるような新しい指標が求められる。

　また，それらの新しい指標には，第1に生活者のブランドやブランドパーパスに対する感情を指標化することが有効で，テキスト・マイニングによるクチ

表3 新しいデジタル技術とブランド顧客管理の注意点

新しいデジタル技術	ブランド顧客管理の注意点
CDP による顧客情報収集	• レコメンデーションの量と意思決定の質 • 差別価格ルールの妥当性と透明性 • カスタマイズ提案による顧客ロイヤルティ • サービス利用開始初期のオプトイン率と信頼性
AI による自動化	• 擬人化レベル：見た目＆インタラクティブ性 • 非人間対応の告知タイミング • ブランド・リカバリーとプライバシー懸念 • AI アルゴリズムの解釈可能性（XAI）
Web3 技術（メタバースと DAO）	• 自己拡張と自己膨張の感覚（集合体論） • 自己肯定感・自己評価の高さ • 非消費者を含む生活者のブランドとパーバスへの賛同・応援 • コミュニティ参加者の感情指標と関与時間

コミデータや音声・画像データを機械学習などで感情分析する方法を提案している。第2に，生活者は一日24時間という有限の時間のなかでさまざまな活動を行っており，その有限時間のなかでどの程度の時間をブランドのために使っているのか，またその時間の使い方の質や今後も時間を使い続けるかどうかの継続意向などといった時間的な指標も有効であると述べている。

おわりに

　本章を締めくくるにあたって，これまで議論してきた新しいデジタル技術の活用におけるブランド顧客管理の注意点を，表3のようにまとめることができる。

　本章では，紙幅の制限からとくに筆者が興味をもっている3つのデジタル技術を取り上げて議論したが，その他にも重要なデジタル技術やその影響がいくつもある。近年ではD2C（Direct to Consumer）ブランドと呼ばれる自社サイトやSNSなどを通じて直接消費者に商品やサービスを提供するブランドが注目されている。D2Cでは顧客にブランドの世界観を伝えファンになってもらうことが重要だといわれており，本章のブランド・コミュニティの議論が参考になると考える。また，NFTや暗号通貨は消費者同士の取引や関係性を促進しC2C（Consumer to Consumer）取引やクリエーター・エコノミーを拡大し，ギグ・ワーカーや共同消費を拡大させつつある。これらの現象も，図1に示したブランドと消費者の間を分断する要因になると考えられ，ブランドとして消費

者との関連性や顧客管理を構築していくうえで考慮しなければならない要因と
なっていくであろう。

【注】
1) アパレル・ブランドのパタゴニアが地球環境保全をパーパスに掲げて多くの賛同
   を得ているのはその好例である。

第 11 章

デジタル時代の高級車ブランド戦略

テスラの事例

髙田　敦史

　世界の高級車市場でテスラが急速に存在感を増している。近い将来には高級車市場において販売台数でトップに立つ勢いである。一方，既存の高級車ブランド（メルセデス・ベンツ，BMW，アウディ，レクサス）は，1990 年代に起こった「ラグジュアリーの大衆化」に対応してコングロマリット化した他のラグジュアリー産業とほぼ同じ特徴をもつことで地位を維持してきた。その特徴とは「高性能・高品質」「価値表示の高価格」「歴史・伝統」「地理的な文化背景」「排他性・希少性の演出」「スター的人物の存在」である。

　しかし，世界的なデジタル化が進展し始めた 2003 年に誕生したテスラは，既存の高級車とはまったく異なる新種の高級車ブランドである。テスラは電動化の先駆者であるだけでなく，操作系をタッチ・スクリーンに集約したシンプルかつ斬新なデザイン，事前告知もなく行われる頻繁な価格改定，自動車販売店という制度を否定するかのような EC によるメーカー直販など，従来の常識を覆しながらファンを増やし続けている。テスラは「広告費がゼロ」であることも有名であるが，広告など打たなくても世間におけるテスラの露出は膨大であり，それを支えているのは CEO（最高経営責任者）であるイーロン・マスク氏の発信力，カリスマ性である。

　テスラは自前の EV（electric vehicle）充電設備の展開，車両製造方法の革新，分散型電力会社の構想，人型ロボットの開発など，革新的な活動も次々と打ち出している。テスラはデジタル化の時代にクルマ自体をつくり変えようとしているかのようだ。今後のクルマ産業の変化を表す言葉に CASE（connected, autonomous, shared, electric）があるが，既存の高級車ブランドが生き残るためには，単なる電動化の推進だけでは十分ではない。今後はデジタル世代の富裕層が中心になることも踏まえて，情報サービス分野の強化を図る一方で，今まで蓄積してきたラグジュアリーとしての資産も活かしたテスラとは異なる戦略を打ち出すことも必要であろう。

はじめに

　本章の目的は，昨今の自動車市場で存在感を急速に高めているテスラが高級車ブランド市場においてどうような位置づけにあるのかを分析するとともに，今後の高級車ブランド全体にどのような影響を与えるのかを考察することである。テスラは 2003 年にアメリカのデラウェア州で誕生した EV 専業の自動車メーカーである。テスラの創業時期は Amazon, Google, Facebook（現・Meta）といった IT 企業が誕生し，デジタル化が大きく進み始めた時期と重なる。ちなみに，2022 年の世界自動車販売上位 20 社のなかで 2000 年以降に自動車事業に参入した企業はテスラと BYD（中国）だけであり，22 年の EV（electric vehicle）の世界販売台数ではこの両社が 1 位，2 位を占めている。

　高級車のブランド戦略についてレクサスを中心に分析した研究（髙田・田中, 2017）では，テスラに言及があり，新しいタイプの高級車ブランド（IT 系ラグジュアリー）になるであろうという予測がされていた。その後の成長によって，テスラは当初の予測をはるかに超える存在になった。当時のテスラの世界販売台数は 8 万台程度（2016 年）であったが，2022 年にはその 15 倍以上（130 万台）となり，レクサス（63 万台）を大きく抜き去り，わずか 6 年でメルセデス・ベンツ（204 万台），BMW（239 万台），アウディ（161 万台）に次ぐ世界 4 位の高級車ブランドになった。これほど急速な成長は誰も予想しなかっただろう。

　そして，2022 年の 8 月にイーロン・マスクは「2030 年にテスラ車を 2000 万台販売する」と宣言した。2000 万台は世界の自動車総市場の 2 割に相当し，2022 年のトヨタ自動車の世界販売台数（1048 万台，トヨタ，レクサスの合計）の約 2 倍である。この宣言を信じるか否かは別にしても，もはや高級車ブランドのみならず，自動車業界全体を論じるに当たってもテスラを外しては考えられない。

　本章では，高級車ブランドの代表として，欧州 3 ブランド（メルセデス・ベンツ，BMW，アウディ）およびレクサスの特徴を改めて整理したうえで，既存高級車ブランドに対するテスラの異質性を明らかにし，その異質性が高級車ブランド市場にどのような影響を及ぼすのかを考察していく。

1　現代的ラグジュアリーの要素——大衆化時代への適合

　高級車ブランドの分析に先立ち，自動車の枠組を超えた「現代的ラグジュアリーの要素」について整理していく。既存の高級車ブランド（メルセデス・ベンツ，BMW，アウディ，レクサス）は，程度の差はあれラグジュアリー業界全般の枠組みのなかで説明できると考える（た）からである。なお，以下の分析は『マーケティングジャーナル』に掲載された論文「自動車業界におけるブランド戦略」（高田・田中，2017）をもとに筆者が作成したものである。

■ 現代ラグジュアリーの要素とは何か

　ヨーロッパにおける多くのラグジュアリー・ブランドは，小規模なファミリー・ビジネスを起源とし，顧客層は少数の上流階級に限定されてきた。その典型であったパリのオートクチュール市場の顧客数は1950年代には2万人程度いたと想定されるが，その後は1000人以下にまで縮小し，ビジネスの対象としては成り立ちにくくなった。そんななかで，1980年の後半を境に，ヨーロッパのファッション・ブランドを中心として，ラグジュアリー産業は大きな変貌を遂げていく。ラグジュアリー産業の構造的再編とグローバル化が起こり，ラグジュアリー企業は傘下に多数のブランドを有する強大なコングロマリットになっていった。その一例がLVMHやリシュモンなどである。対象とする顧客は中間層にまで広がり，いわゆる「ラグジュアリーの大衆化」が起こったのである。しかし，ラグジュアリーの大衆化は企業側に新たな課題を与えることになる。販売数量の増加は，プレミアム価格を正当化していた排他性や希少価値を低下させる恐れがあるからだ。

　現代におけるラグジュアリー・ブランドの課題は，プレステージ性（威光・権威）を低下させることなくブランドの認知度と売上を高めるという，矛盾した課題を同時に達成しなければならないことである。ラグジュアリー・ブランドの経営学的な研究の多くは，ラグジュアリーの大衆化が始まった1990年代以降に行われているが，さまざまな論者が唱えている考察をまとめると，「現代的ラグジュアリーの要素」は以下のよう6つの種類に整理できる。

　第1は，「高性能・高品質」である。多くの場合，ブランドの起源には「技

術的イノベーション」の存在があるといわれている。ロレックスにおける「世界初の防水時計」，ルイ・ヴィトンにおける「上流階級向けの高品質な衣装ケース」などがその一例である。他ブランドが追随して性能差・品質差が縮小する場合にも，ラグジュアリー・ブランドはその優位性を保つ努力を怠ってはいけない。

　第2は，「価値表示としての高価格」である。ラグジュアリー・ブランドは高性能・高品質という機能的価値をもちつつ，価格面では機能的価値相当以上の価格づけを行わなければならない。そのためには，ブランド自体に「機能を超えた情緒的価値」が必要である。また，高価格自体が顧客に対しての価値の表示であり，機能を超えたブランドの価値に高額な金銭を支払える人に顧客層を絞り込むことで，ブランドの排他性・希少性を維持することもできる。

　第3は，「歴史・伝統」である。情緒的価値の重要な要素として，ブランドのもつ「時間的価値」（歴史・伝統）が挙げられる。ブランドに必要な要素である「ストーリー」を伝えるにあたり，ブランドの起源から現代に至るまでの歴史や，その間に培われた伝統は重要な訴求点になる。

　第4は，「地理的な文化背景」である。多くの高級ブランドは，ブランドの創業地または製品が生産されている地域の文化的背景を訴求している。ラグジュアリー全般ではフランスやイタリアが強いが，時計ではスイス，工業製品ではドイツや日本が，「Made in ○○」と訴求することでブランド価値を高めることができる。

　第5は，「排他性・希少性の演出」である。ラグジュアリーの大衆化が進むなかで，ブランドの排他性・希少性を演出する方法として，意図的に「供給＜需要」の状態を作り出すことがしばしば行われる。ビジネスとの両立性を考えた場合には，超富裕層を対象にした一部の高額商品は，供給を制限することでブランドの排他性・希少性を演出する一方で，多くの顧客が購入可能な価格帯の商品は，量を絞らずに多くの顧客に販売して売上や収益をあげるという「二面的な手法」が用いられる。宝飾品業界の例でいえば，前者が1000万円以上のハイ・ジュエリーであり，後者は100万円以下のブライダル・ジュエリーである。

　最後の第6は，「スター的人物の存在」である。ブランドを象徴するスター的な人物をつくり，憧れの対象としてブランド価値を高める方法である。多く

のファッション・ブランドでは創業者自身がこれに該当し，ブランド名にもその氏名が用いられている。また，創業者以外でもデザイン責任者がスターとして扱われる例もある。さまざまなハイ・ブランドを経て1982年にシャネルに移り，ブランドの再興に貢献したカール・ラガーフェルドが代表的な例である。

　上記のうち，①高性能・高品質，②価値表示の高価格，③歴史・伝統，④地理的な文化背景の4要素はラグジュアリーが元来もっていた要素を大衆も含めた顧客へ明示化することといえるが，⑤排他性・希少性の演出，⑥スター的人物の存在の2要素は「ラグジュアリーの大衆化」が生み出した新たな要素であろう。

2　既存高級車ブランドと現代的ラグジュアリーの要素との関係

　以下では，前述の現代的ラグジュアリーの要素をテスラ以外の既存高級車ブランドに当てはめて検証してみる。高級車ブランドは価格帯によってさまざまな種類があるが，本章の主な分析対象がテスラであることから，テスラとほぼ同価格帯の欧州3ブランド（メルセデス・ベンツ，BMW，アウディ）と，1989年誕生の後発ブランドとして成功を収めたレクサスの合計4ブランドについて考察を行う。ちなみに各ブランドの概要は以下のとおりである。

■ 各ブランドの概要

《メルセデス・ベンツ（2022年世界販売台数：約204万台）》　　メルセデス・ベンツの源流はゴットリーフ・ダイムラーとカール・ベンツという2人のドイツ人技術者に遡る。1886年に両者は世界で初の「ガソリンで走る自動車」をほぼ同時に開発しており，1926年に2人の会社が合併した「ダイムラー・ベンツ」が現在のメルセデス・ベンツの前身である。ガソリン車の発明に始まり，多くの新技術を世界に先駆けて開発し，常に完璧を求める姿勢を表したスローガンは Das Beste oder nichts（最善か，無か）である。

《BMW（2022年世界販売台数：約239万台）》　　1916年にミュンヘンで創業。当初は航空機エンジンのメーカーであり，本格的な自動車事業への参入は1960年代からである。1970年代以降は「5シリーズ」「3シリーズ」などのヒット・モデルを発売。室内の居住性を多少犠牲にしても車両前後の重量配分

（50：50）にこだわることでハンドリング性能を重視し，メルセデス・ベンツとは異なるスポーティなイメージを確立していく。また，同社はスポーツバイクのメーカーとしても有名であり，スローガンは Freude am Fahren（駆け抜ける喜び）である。

《アウディ（2022 年世界販売台数：約 161 万台）》　　1901 年，メルセデス・ベンツで工場長を務めたアウグスト・ホルヒがザクセン州ツヴィッカウでホルヒ社を設立して同年から自動車製造を開始。その後，中規模の自動車会社が合併，結成された Auto Union が現在のアウディにつながっている。1956 年にはダイムラー・ベンツの支配下に入り，64 年からは VW グループ傘下で中上級クラスを担当するブランドになる。1980 年代に乗用車用四輪駆動システム（quattro）を開発し，オンロード 4WD のパイオニア的存在となる。独自の技術力を表現したスローガンは Vorsprung durch Technik（技術による先進）である。

《レクサス（2022 年世界販売台数：約 63 万台）》　　1989 年にトヨタ自動車が「北米向け高級ブランド」として導入。最初の導入車種はメルセデス・ベンツのSクラスに相当するラージサイズの LS とミドルサイズ・セダンの ES であった。その後販売地域を世界に拡大しつつ，1998 年にラグジュアリー SUV の先駆けである RX を導入し，99 年にはアメリカ高級車市場で販売台数1位となる。2016 年に New Chapter（新しい章）を宣言し，デザイン・コンセプトの変更，スポーツモデルの導入と新しいブランド施策の展開を行った。導入当初のスローガンは Pursuit of Perfection（完璧の追求）であったが，現在は Experience Amazing（感動の経験）になっている。

■ 既存4ブランドと現代的ラグジュアリーの要素の関係

　以下では，既存4ブランドを前述の現代ラグジュアリーの要素に当てはめて検証していく。

(1)　高性能・高品質——各社ともに高い技術力と品質をもち，顧客に訴求し続けている。ガソリン自動車を発明し，現代の自動車技術の多くを発明してきたメルセデス・ベンツはもちろんのこと，BMW の「50：50」の前後重量配分による高い操縦性能，アウディの4輪駆動システム（quattro）は両ブランドの看板技術になっている。一方，レクサスはハイブリッドなど

の基本技術はトヨタ・ブランドと共有しつつ，トヨタを上回る「レクサス品質」を強く訴求している。また，販売店での接客も「広義の品質」と捉え，顧客へのホスピタリティを徹底的に高めることで，欧州ブランドとの差別化を図ってきた。

(2) 価値表示の高価格――欧州3ブランドの価格はほぼ同レベルである。レクサスは定価を欧州3ブランドよりやや低く設定しているが，基本的に値引きを行わないという手法をとっているために実売価格はほぼ同等である。同じVW（フォルクスワーゲン）グループに属し，車両スペックがほぼ同等なVWゴルフとアウディA3の価格を比較すると，アウディのほうが2割近く高いことを見てもブランドの価値が価格に転嫁されていることがわかる。トヨタとレクサスの関係もほぼ同じである。

(3) 歴史・伝統――欧州3ブランドのなかでもとくにメルセデス・ベンツの歴史は圧巻である。本社のあるシュトゥットガルトの「メルセデス・ベンツ・ミュージアム」を訪れ，エレベーターで最上階に上がると，目に飛び込んでくるのが「馬」であり，その次に創業者であるカール・ベンツとゴッドリーフ・ダイムラーがつくった2台の世界初のガソリン自動車が置かれている。馬に代わる乗り物（クルマ）を発明したのがメルセデス・ベンツであることを伝えているのである。一方，BMWやアウディも歴史の訴求には力を入れている。BMWは航空機エンジンの製造に遡る自社技術の歴史やモータースポーツでの活躍を訴えており，アウディも創業者であるアウグスト・ホルヒに遡る歴史や，quattroが乗用車4輪駆動の先駆者であることを伝え続けている。一方，レクサスは1989年と歴史が浅いため，欧州3ブランドほどには歴史訴求を行っていない。

(4) 地理的な文化背景――ドイツ，日本ともに世界を代表する工業大国，自動車大国であり，「ドイツ車」「日本車」を強く打ち出している。製造工程において，欧州3ブランドは「マイスター」(Meister)，レクサスは「匠」という言葉を好んで使用している。

(5) 排他性・希少性の演出――事実としての排他性や希少性については，各ブランドともにフェラーリやランボルギーニのようなスーパーカー・ブランドには及ばないが，ハイエンド・モデルや高価な限定車により，排他性・希少性の演出を行っている。エントリー・モデルは500万円前後から

表1　現代的ラグジュアリーの要素×既存高級車ブランド

	メルセデス・ベンツ	BMW	アウディ	レクサス
(1)　高性能・高品質	○	○	○	○ とくに品質と ホスピタリティに力点
(2)　価値表示の高価格	○	○	○	○
(3)　歴史・伝統	◎ 自動車史の 象徴的存在	○	○	× 歴史の浅さ
(4)　地理的な文化背景	○	○	○	○
(5)　排他性・希少性の演出	○	○	○	○
(6)　スター的人物の存在	△	△	△	× 社員スター 化を好まず
	チーフデザイナーが一部該当			

用意されているが，上級モデルは 2000 万〜3000 万円（またはそれ以上）という庶民には手が届かない商品を揃えており，限定モデルは販売後に高値で取引されることも少なくない。導入期のレクサスは欧州 3 ブランドのような超高額モデルがなかったが，その後は 2012 年に価格 3750 万円，世界限定 500 台のスーパースポーツ LFA を発売したことや，クルーザー（LY650；価格 4 億 5000 万円）の販売も行うなど，欧州 3 ブランドと同様に排他性・希少性の演出にも力を入れている。

(6)　スター的人物の存在——シャネルのカール・ラガーフェルドほどではないものの，欧州 3 ブランドでも「チーフ・デザイナー」はファンの間でスター的な存在である。各ブランドともに全車種に共通するデザイン・コンセプトやアイコンをもっており，その決定権をもつ人物（チーフ・デザイナー）は一社員とは異なる社会的な知名度をもち，ファッション業界と同じく何社かの有名ブランドを渡り歩くことも多い。一方，レクサスにはこれに該当する人物はいない。日本の企業文化として一社員を特別扱いすることを好まないためだと思われる。

以上より，欧州 3 ブランド（メルセデス・ベンツ，BMW，アウディ）は(1)〜(6)

のほぼすべてで「現代的ラグジュアリーの要素」との合致が見られる。一方，レクサスは欧州3ブランドとはやや異なる傾向が見られた。とくに(3)歴史・伝統，(6)スター的人物の存在の2項目は当てはまらず，その他の要素についても，「トヨタ車以上の高品質」「販売店でのホスピタリティ」「値引きをしない販売手法」など欧州3ブランドとの差別化戦略をとってきたことがわかる。ただし，総じていえば現代ラグジュアリーの要素を一定レベル以上押さえているともいえ，まったく新しい高級車とまではいえないだろう。表1はラグジュアリーの要素に欧州3ブランドとレクサスを当てはめたものである。

3 テスラの沿革と商品ラインナップ──急成長の理由

テスラは2003年に創業され，08年に最初のモデルであるロードスターを発売した。2016年に量販車である「モデル3」を発売するまでは年間数万台程度の会社であったが，その後急速に販売を伸ばし，今や欧州3ブランドに迫る規模にまで急成長している。以下では，テスラの成り立ちから実際に行っている各種の活動を整理していく。

■ テスラの沿革：創業からまだ20年

テスラは2003年にマーティン・エバーハード，マーク・ターペニングという2人のエンジニアによってアメリカのデラウェア州で設立され，度重なる資金調達を行うなかで，PayPalの共同設立者であったイーロン・マスクが08年にCEOに就任して自動車事業を本格化する。ちなみにテスラという社名はセルビア出身の物理学者ニコラ・テスラから名づけられた。ニコラ・テスラはマッド・サイエンティストとも呼ばれた人物であり，イーロン・マスクのイメージと重なる部分もある。以下では，テスラが販売してきたモデルを時系列で紹介していく。

■ テスラの商品：わずか4モデルで130万台を売る

• ロードスター（2008年）──スポーツカー・メーカーであるロータス社のエリーゼをベースにしたEVスポーツカー。価格は9万8000ドル。車載電池にはノートパソコンなどに使われていたパナソニック製の円筒型セル

が採用された。満充電時の航続距離は 356 km。4 秒未満で時速 100 km に到達する加速力が評判になり，2012 年の生産終了までに 32 カ国で 2515 台が販売された。

- モデル S（2012 年）——メルセデス・ベンツ E クラス，BMW5 シリーズ，アウディ A6 と同クラスの 5 ドア・ハッチバック。ダッシュボードに設置されたタブレット型の液晶画面からさまざまな操作ができる機能や，自動運転を含めたさまざまな機能を通信によるソフトウェア・アップデートで行うなど，その後のテスラ・モデルの原型になる機能が搭載されている。日本国内価格は約 1200 万円から（現在は販売を中断）。

- モデル X（2015 年）——モデル S をベースに開発された SUV（sports utility vehicle）。外観の特徴として「ファルコン・ウィング・ドア」と名づけられた跳ね上げ式ドアを装備（採用）している。2023 年 3 月時点の日本国内価格は約 1300 万円から（現在は販売を中断）。

- モデル 3（2017 年）——コンパクト・クラスの 4 ドア・セダンであり，テスラ初の量販モデル。2016 年 3 月に発表され，11 万 5000 人余りが予約注文した。標準モデルから 4WD の高性能モデルまで幅広いラインナップが用意され，最上級モデルの「パフォーマンス」は 3.3 秒で時速 100 km に到達するスーパーカー以上の高い加速性能をもつ。2023 年 3 月時点の日本国内価格は約 537 万円から。

- モデル Y（2020 年）——モデル 3 をベースにした SUV。部品の 75 % はモデル 3 と共通。オプションの 3 列シートを選択すれば最大 7 名が乗車できる。2023 年 3 月時点の日本国内価格は約 584 万円から。

上記 5 モデルのうち，ロードスターはすでに販売中止になり，現在はモデル S とモデル X の生産が制限されているため，総販売台数の 95 % は量販車であるモデル 3 とモデル Y で占められている。2022 年はこの 2 モデルのみで 120 万台以上を販売しており，1 モデル当たりの販売台数（60 万台）は 11 モデルを投入しているレクサスに相当する。ちなみに欧州 3 ブランドは 200 万台前後を販売するために各社 30 モデル以上を投入している。前述のとおり，2016 年時点のテスラの世界販売台数（8 万台程度）は欧州 3 ブランドの 3〜4 % 程度，レクサスの 1 割強にすぎなかった。図 1 は 2016〜22 年の各ブランドの販売台数の推移であるが，欧州 3 ブランドやレクサスがほぼ横ばいのなかで，テスラの

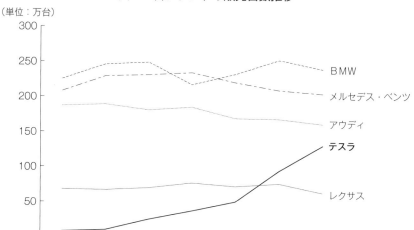

図1　各ブランドの販売台数推移

（単位：万台）

販売は 15 倍以上に伸び，近い将来には欧州 3 ブランドを上回る勢いである。ちなみに，2022 年の EV の世界市場は 722 万台であり，テスラのシェアは 18.2% とトップである。

　今後は「新型ロードスター」，ピックアップ・トラックの「サイバートラック」，大型トラックの「Semi」などの投入が発表されている。「サイバートラック」については，2019 年に発表された際に 5 日間で 25 万台の予約があり，Semi も昨年末から納車が開始されている。また，かねてから噂になっていた 2.5 万ドル以下の廉価モデルも 2024 年以降に導入されるといわれている。

4　テスラの特徴——デジタル時代の高級車

　ここからは 4P のフレームに沿ってテスラの特徴を整理していく。テスラは商品のみならず，価格・販売形態・広告のすべての領域において従来の自動車会社とは大きく異なる特徴をもっていることがわかる。

■ **Product**：シンプル・デザインの IT マシン
・外装デザイン——EV であるテスラ車にはエンジンがないため，通常のク

ルマにある前方のグリル（エンジンを冷やすための空気の取り込み口）がなく，ボンネット高も低くなるためにシンプルでスポーティなデザインになっている。後方にはマフラー（排気ガスの排出口）もない。

- 乗車時の操作——テスラには普通の鍵はなく，ドアを開ける際には主にクレジットカードのような「キーカード」を使うか，キーカードをスマートフォンのアプリに読み込ませて使用しているユーザーが多い。車内に乗り込むと最初にやることはブレーキを踏むこと。これによってクルマが始動状態に入る。

- 内装デザイン——テスラ車の内装は今までのクルマと比較にならないほどシンプルである。運転者の前方にあるダッシュボードには iPad のような液晶画面以外は何もない。通常のクルマにあるエアコンの吹き出し口やオーディオのスピーカーもなく，すべてダッシュボードを左右に横切ったスリットがその役目を果たしている。そのシンプルさは Apple 製品にも通じるものがある。

- 走行性能——テスラの特徴は加速性能の良さである。スタートしてから時速 100 km に到達する時間は，モデル 3 の最下級モデルでも 5.6 秒と通常のスポーツカー以上であり，最上級モデルの 3.3 秒はスーパーカーをも上回る。なお，加減速はアクセルの踏み加減で調整する「ワンペダル方式」となっている。

- 燃費——テスラ 3 の電費をガソリン自動車に換算すると 40 km/L 程度といわれている。年間走行距離が 1 万 km の場合，一般的なガソリン自動車（10 km/L）より 12 万円程度，プリウスのようなハイブリッド車（20 km/L）より 4 万円程度の費用を節約することができる。

- 高度運転支援機能（ADAS：advanced driver-assistance system）——テスラには Auto Pilot と FSD（full self driving）と呼ばれる 2 つの高度運転支援機能がある。全車標準装備の Auto Pilot は車線をキープしつつ自動でスピードをコントロールしながら前の車を追走する「部分自動運転」で，オプションでレーン・チェンジ（車線変更）機能も追加できる。一方，オプション（約 200 万円）で設定されている FSD はナビを設定すれば信号や標識を認識しつつ目的地までほぼ自動走行を行える。運転中もハンズオン（ハンドルに手を置いた状態）が求められるので，完全自動運転とはいえない

が，ほぼそれに近いレベルを達成している。

- 品質——導入当初から「テスラの品質は悪い」という声が多く聞かれた。2021年のアメリカ・コンシューマー・リポートの初期品質評価（新車購入後12カ月間保有したユーザーへの調査）では28ブランド中27位になっている。ただし，苦情の大多数はドア，ボディーパネル，塗装が中心でバッテリーやモーターといった走行に関わる問題はほとんどなかったといわれている。

- 充電設備——テスラは「スーパーチャージャー」と呼ばれる専用の急速充電ステーションを世界で4万カ所以上（日本国内は50カ所）展開している。30分程度で80%程度まで充電が可能で，充電速度は日本の標準規格であるCHAdeMO規格充電器の2倍以上。テスラは2024年末にはスーパーチャージャーを他社モデルにも開放すると発表している。自宅や集合住宅に充電設備を設置する場合は専用機器（ウォールコネクター）も別売で用意されている。

■ Price：告知もなしにホームページ上で価格が変わる

テスラのプライシングはきわめて特徴的である。通常，自動車会社が価格改定を行うのはモデルチェンジや商品改良のときであるが，テスラは商品変更がない場合にも，ユーザーへの告知もなく価格改定を行う。モデル3の最廉価モデル（スタンダード・プラス）は2021年2月に従来の511万円から429万円に82万円の値下げを行った。製造場所がアメリカ工場から上海工場に変わったタイミングである。その後は一転して値上げに転じ，2021年は6回，22年は5回の値上げを行い，2年間で4割近く価格を上げた。値上げの背景には電池部材や半導体の原材料費高騰があったと思われるが，その後2022年の後半から販売の伸びが世界的に鈍化すると，一転して約60万円の値下げを実施している。一般的には高級品の価格は「価値の表示」の考え方のもとで行われ，コスト変動や販売不振があったとしてもこれほど頻繁に価格が上下することはないだろう。顧客への対応を考えても，「告知もなく突然価格を上下させる」というテスラのやり方は衝撃的である。

■ Place：販売店なし，メーカー直販の EC のみで販売

　テスラには「販売店」という仕組みがなく，すべて EC によるメーカー直販となっている。顧客はウェブサイトで希望のモデルを選び，メーカー直営のショールームでの試乗予約を行い，気に入ればウェブサイト上で「購入」のボタンを押す。購入した車両が準備されると顧客はデリバリー・センターに出向くことになるが，デリバリー・センターは全国で 4 カ所（東京，名古屋，大阪，福岡）しかない。東京は江東区の有明ガーデンというショッピング・センターの立体駐車場の 3 階がその場所であるが，販売員のサポートはまったくなく，顧客自らが自身のクルマを探し，スマホで開錠，運転して持ち帰る。テスラ車の操作は他のクルマとはかなり勝手が違うが，テスラには取扱説明書がなく，スマホで操作方法を調べて新車を運転するには，一定レベルの IT リテラシーがないと難しいだろう。自動車業界でも EC による直販の流れが議論されつつあるようだが，高級車については販売店での接遇が重要との考え方が依然として強い。そんななかでテスラの販売手法は異彩を放っている。

■ Promotion：広告費ゼロでなぜ売れるのか

　テスラが広告活動をまったく行わないのは有名な話である。多くの高級車ブランドが広告に多額の予算を投下し，マスメディア，デジタル・メディアでの CM や，大金を投じてスポーツや芸術分野の大型イベント協賛などを行っているのとは対照的である。一方，テスラが広告活動を行わずに済むのはイーロン・マスクに強烈な発信力があるからだろう。たびたび物議を醸すことも含めてマスクのパワーは別格であり，その露出量を広告費に換算すればライバルの広告予算を大きく凌駕しているだろう。確かにテスラは既存の広告を行っていないが，「CEO 自らが広告塔となって膨大なメディア露出を実現している稀有な企業」と理解するのが正しいだろう。

　また，テスラは「リファラル・プログラム」と呼ばれる顧客による紹介制度も導入し，テスラ・オーナーが他の人にテスラ車を購入するよう紹介すると，テスラ製品と交換可能な「テスラ・クレジット」を付与していた。

■ ユーザー調査結果：「購入希望者」から見たテスラとは

Product, Price, Place, Promotion のすべてにおいて，テスラは高級車ブラン

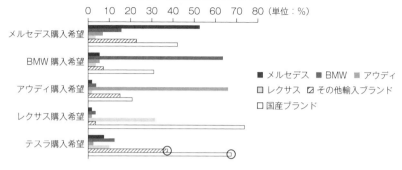

図2　現在の保有ブランド

■ メルセデス　■ BMW　▨ アウディ
□ レクサス　▨ その他輸入ブランド
□ 国産ブランド

ドのみならず自動車業界の常識を変えるようなさまざまな活動を行っているが，今回，筆者自身がテスラも含めた高級車ブランドの「次期購入意向層」を対象にした調査を実施した。以下では調査結果の一部を抜粋して紹介する。なお調査概要は以下のとおりである。

・調査対象——次期購入車として，メルセデス・ベンツ，BMW，アウディ，レクサス，テスラを検討している方（日本国内，各ブランド60名程度）
・調査期間——2023年3月9〜12日（インターネット調査）
・調査会社——株式会社クロス・マーケティング

《現在の保有車》　欧州3ブランドの購入希望者は，現保有車も同ブランドである比率が高く，ロイヤルティの高さを感じさせる（図2）。レクサスの購入希望者は，国産ブランドとレクサスを保有している比率が高く，トヨタも含めた日本ブランドからの支持を集めていることがわかる。一方，テスラの購入希望者は，欧州3ブランド，レクサスの保有者以上に「国産ブランド」や「その他の輸入ブランド」（VW, MINI, プジョー，シトロエン，ジャガー，レンジローバー，ポルシェ，フェラーリ，ランボルギーニ）の保有者が多い。テスラは欧州3ブランドやレクサスから顧客を奪うだけではなく，より幅広い層から支持を集める可能性を示している。

《購入希望者による重視点》　欧州3ブランドやレクサスは「外装デザイン」「内装デザイン」「加速性能等，運転の楽しさ」といった自動車の代表的な購入理由が上位にくるのに対して，テスラの購入重視点は「IT系の先進機能」「燃費の経済性」「環境負荷の低さ」が他ブランドに比べて際立って高い（図3）。

図３　購入希望者による重視点

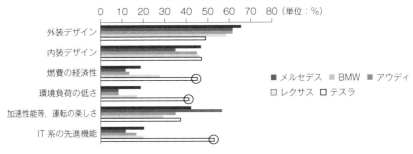

0 10 20 30 40 50 60 70 80 （単位：%）

外装デザイン
内装デザイン
燃費の経済性
環境負荷の低さ
加速性能等，運転の楽しさ
IT系の先進機能

■ メルセデス　■ BMW　■ アウディ
□ レクサス　□ テスラ

図４　購入希望者から見たブランド・イメージ

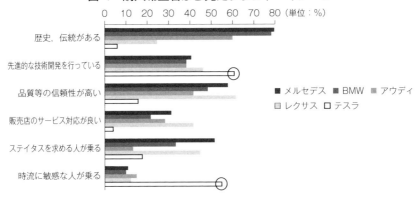

0 10 20 30 40 50 60 70 80 （単位：%）

歴史，伝統がある
先進的な技術開発を行っている
品質等の信頼性が高い
販売店のサービス対応が良い
ステイタスを求める人が乗る
時流に敏感な人が乗る

■ メルセデス　■ BMW　■ アウディ
□ レクサス　□ テスラ

これはテスラの特徴をきわめてわかりやすく示している。

《購入希望者から見たブランド・イメージ》　欧州３ブランドは「歴史，伝統がある」が総じて高く，レクサスは「品質等の信頼性が高い」「販売店のサービス対応が良い」が高いのは前述の各ブランドの特性と合致している（図4）。一方，テスラが高いのは「先進的な技術開発を行っている」「時流に敏感な人が乗る」というイメージである。また，「ステイタスを求める人が乗る」については，メルセデス，レクサス，BMWが高いのに対してテスラは非常に低いのが特徴的であり，テスラの購入希望者は旧来的なステイタスより先進性や時流を重視する傾向が強いことがわかる。

《デジタル・メディアの使用状況》　Netflixなどの動画配信サービスやSNS全般について，テスラ購入希望層は総じて高い使用率を示している（図5）。前述のとおり，テスラ車は「走るIT」のような商品であり，購入検討から実際の

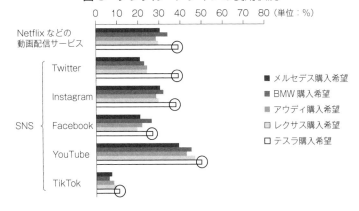

図5 デジタル・メディアの使用状況

0 10 20 30 40 50 60 70 80 (単位：%)

Netflix などの
動画配信サービス

SNS
　Twitter
　Instagram
　Facebook
　YouTube
　TikTok

■ メルセデス購入希望
■ BMW 購入希望
■ アウディ購入希望
□ レクサス購入希望
□ テスラ購入希望

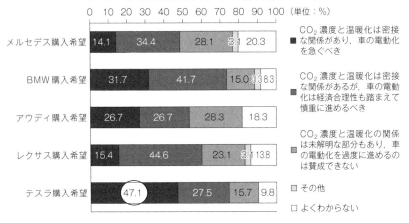

図6 地球温暖化とクルマの電動化について

0 10 20 30 40 50 60 70 80 90 100 (単位：%)

メルセデス購入希望	14.1	34.4	28.1	3.1	20.3
BMW 購入希望	31.7	41.7	15.0	3.3	8.3
アウディ購入希望	26.7	26.7	28.3		18.3
レクサス購入希望	15.4	44.6	23.1	3.1	13.8
テスラ購入希望	47.1	27.5	15.7		9.8

■ CO$_2$濃度と温暖化は密接
　な関係があり、車の電動化
　を急ぐべき

■ CO$_2$濃度と温暖化は密接
　な関係があるが、車の電動
　化は経済合理性も踏まえて
　慎重に進めるべき

■ CO$_2$濃度と温暖化の関係
　は未解明な部分もあり、車
　の電動化を過度に進めるの
　は賛成できない

□ その他

□ よくわからない

使用に至るまでの多くのシーンで一定のIT リテラシーを求める「IT 弱者に
は優しくないブランド」であるが，逆にいえば，IT リテラシーの高い顧客が
増えれば，テスラの支持者が増える可能性がある。

《地球温暖化とクルマの電動化》　　テスラの購入希望層は「CO$_2$濃度と温暖化
は密接な関係があり，車の電動化を急ぐべきである」と考える人の比率が５割
近くあり，欧州３ブランド，レクサスを大きく上回っている（図6）。購入重視
点での「環境負荷の低さ」が高いこと（図3）もあわせ，テスラを好む人は燃
費の経済性だけでなく地球環境の視点からもクルマの購入を考える傾向が強い。

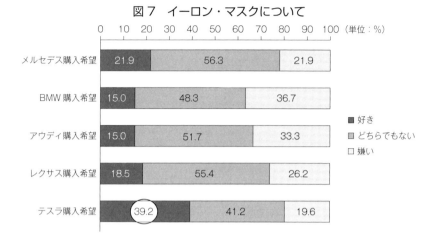

図7　イーロン・マスクについて

《イーロン・マスクについて》　テスラ購入希望者の４割近くが「イーロン・マスク氏が好き」と答えており，他ブランドの購入希望者より非常に高くなっている（図7）。このことは，イーロン・マスクのイメージがテスラの購入意向に貢献していることを示している。

　以上の結果を見ると，テスラの購入希望層には既存高級ブランド（欧州３ブランド，レクサス）の購入希望層と異なる価値観をもつ層が多く含まれていることがわかる。IT技術や環境問題に関心をもち，クルマの購入に際してもデザインや走行性能と同等またはそれ以上に自動運転やOTA（over the air：通信でクルマの機能をアップデートする機能）といった先進技術やEVの環境技術を重視する層である。図8は，テスラ車の特徴についての理解度を示したものであるが，テスラ購入希望層はテスラ車の主要な特徴を理解している人が多いことがわかる。購入希望層とはいえ，広告活動を行わずにこれほどの理解度を達成していることは評価すべきである。

　以上，テスラの行ってきた4P戦略はきわめて特徴的であり，購入希望層はそれをポジティブに受け入れている。また，従来の高級車ユーザーが否定的なポイントとして挙げる「品質の不安」も大きな障害にはなっていない。また，購入希望層自身のITリテラシーが高く，従来の高級車ユーザーとは異なり，「クルマにステイタスを求めない層」が買うブランドであることもわかった。

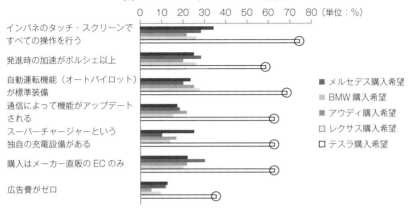

図8 テスラ車についての知識

0　10　20　30　40　50　60　70　80（単位：%）

インパネのタッチ・スクリーンで
すべての操作を行う

発進時の加速がポルシェ以上

自動運転機能（オートパイロット）
が標準装備

通信によって機能がアップデート
される

スーパーチャージャーという
独自の充電設備がある

購入はメーカー直販のECのみ

広告費がゼロ

■ メルセデス購入希望
■ BMW 購入希望
■ アウディ購入希望
□ レクサス購入希望
□ テスラ購入希望

　表2は，前述の「現代的ラグジュアリーの要素」にテスラを当てはめたもので
あるが，ほとんどの項目がテスラには当てはまらず，まさに異色のブランドで
あることがわかる。

- 高性能・高品質：△——テスラは EV であることに加え，走行性能（とく
  に加速性能）も高いレベルにあるが，顧客がとくに評価しているのは IT 系
  の新技術，燃費の経済性，環境性能である。一方，高価格であるにもかか
  わらず品質についての評価が低いという稀有なブランドである。
- 価値表示の高価格：×——テスラの価格は「価値の表示」の視点ではなく，
  原価や販売状況によって頻繁に変更される。対顧客の観点からは非常識に
  思われるが，現状の顧客からは不満の声はあまり聞かれない。
- 歴史・伝統：×——テスラの創業は 2003 年と新しく，伝統より革新に集
  中しているブランドである。
- 地理的な文化背景：×——アメリカで誕生したブランドであるが，生産地
  は中国をはじめとして世界中に広げている。当初はシリコンバレー・ブラ
  ンドの象徴のようにいわれたが，2021 年にあっさりとテキサスに本社を
  移転した。
- 排他性・希少性の演出：×——結果的な品不足はあったが，量的な拡大を
  求めて世界中に生産拠点を拡大しつつあり，今後は 25 万ドルの廉価モデ
  ルの導入も踏まえ，2030 年には 2000 万台の販売を目指すと宣言している。

表2　現代的ラグジュアリーの要素（既存高級車ブランド＋テスラ）

	メルセデス・ベンツ	BMW	アウディ	レクサス	テスラ
（1）　高性能・高品質	○	○	○	○ とくに品質とホスピタリティに力点	△ EV，IT：◎ 品質評価：×
（2）　価値表示の高価格	○	○	○	○	× 原価や販売状況で頻繁に変更
（3）　歴史・伝統	◎ 自動車史の象徴的存在	○	○	× 歴史の浅さ	× 創業からわずか20年
（4）　地理的な文化背景	○	○	○	○	× 売れるところでつくる
（5）　排他性・希少性の演出	○	○	○	○	× 強い拡大志向で2000万台目指す
（6）　スター的人物の存在	△	△	△	× 社員スター化を好まず	◎ マスク氏の強烈なカリスマ性

（6）行の△3列にまたがる注記：チーフデザイナーが一部該当

- スター的人物の存在：◎──この点だけはテスラが他ブランドを圧倒している。イーロン・マスクはスターを超えたカリスマ的な存在である。

■ テスラの情報，新しい計画

　販売台数を急速に伸ばすテスラは収益環境も大きく向上している。2022年4〜12月のテスラの収益状況は，売上高8兆5590億円，純利益1兆2600億円であった。トヨタ自動車と比較すると売上高は約3割だが，純利益は7割近いレベルである。実質2モデル（モデル3，モデルY）であることを考えれば，驚異的である。とくに台当たり利益はトヨタの5倍の水準であり，メルセデス・ベンツをも上回っている。一方，テスラは下記のような斬新な計画も次々と発表している。

- 車両のコストを半分にする──2023年の3月に車両の製造コストを半分にすると発表した。車両を6つのブロックに分けて組み立て，最後に一体化させる方法だが，100年以上前にフォードが基礎をつくった自動車の生産方式を根底から変える工法である。製造工程については，テスラはすでに「ギガプレス」という方法で大型部品をアルミ合金の一体鋳造で作り出すことにも成功している。

- 電力会社になる——テスラは「分散型の電力会社」になる構想を発表し，太陽光発電設備や家庭用蓄電池を一括制御する仮想発電所事業も進めている。2022年12月にはテキサス州でテスラの家庭用蓄電池の利用者を対象にしたプロジェクト（テスラエレクトリック）の加入者募集を開始した。
- 人型ロボットを開発する——2021年の8月に人型ロボットを開発すると発表し，22年9月には試作機（オプティマス）を公開。まずは自社の工場で活用して労働力不足の解消につなげたいとしている。

おわりに：テスラは高級車ブランドのあり方を変えるのか

　今後の自動車産業の方向を議論する際に「CASE」という言葉がよく使われる。connected（つながるクルマ），autonomous（自動運転），shared（保有からシェア），electric（電動化）の頭文字をとったものである。そのなかで，E（電動化）はテスラが先行したが，既存の自動車会社も急速にキャッチアップしてくるだろうし，A（自動運転）もテスラだけが圧倒的に進んでいるというわけではない。C（つながるクルマ）についても，テスラが先行するOTAと類似のものは他社も作りはじめている。しかし，既存の自動車会社が燃料をガソリンから電気に変え，人の運転を機械に任せるという「置き換え」の発想が強いのに対して，テスラは「クルマ自体を作り変える」と考えているように思える。専用充電器（スーパーチャージャー）の他社ユーザーへの開放や，事故を起こして批判を浴びながらもFSD（自動運転）を強力に推進しているのも，そのための情報を集めることが目的なのではないだろうか。仮想発電所も多くの企業が構想を発表しているが，テスラは圧倒的に台数の多い自社EVと自社製の家庭用蓄電池を使って電力インフラを押さえることを考えているはずである。

　一方，本章の対象である「高級車ブランド」に視点を戻すと，昨今の富裕層拡大の流れを見ても，高級車市場が今後も魅力的な市場であることは間違いない。しかし，自動車産業自体が変革を迫られているなかで，既存の高級車ブランドも現状のままでは生き残れないだろう。以下では「デジタル化の視点」「ラグジュアリーの視点」の2点から，今後の高級車ブランドの方向を提示して，本章の終わりとする。

- デジタル化の視点——今回の調査でテスラ購入希望者のITリテラシーが高いことがわかったが，今後の購買層の中心がミレニアル世代やZ世代

に移行していくと，クルマの購入理由における情報サービスの比重が増大していくだろう。EV は一般家庭 5 日分程度の蓄電が可能であり，クルマが「電源をもった動く部屋」として生活のさまざまな場面で活用できるようになると，上記 CASE のなかでも「C（つながるクルマ）」の重要性が高まってくる。その際に重要なのはコンテンツの提供力だろう。大衆車ユーザーとは異なり，クルマに 1000 万円近い金額，またはそれ以上出費できる富裕層が求める魅力的なサービスを開発・提供できれば高い競争力をもてる。ただし，そのためにはハード中心の開発体制を見直さなければならないだろう。

- ラグジュアリーの視点——デジタル化が進んでも，前述の「現代ラグジュアリーの要素」がすべてなくなるわけではない。技術が進歩しても人間は簡単には変わらないからだ。テスラが低価格モデルに移行するのとは逆に，既存高級車ブランドは販売価格帯を上げ，台数より利益を重視する戦略もあるだろう。歴史や伝統，匠の技術などを活かしたモノづくりはテスラにはできない。大衆車の電動化が進むなかで，高級車にはガソリン・エンジンを残すのも一案である。現在はカーボン・ニュートラルな合成燃料（グリーン水素と回収 CO_2 を合成してつくるガソリン）の開発も進み，2035 年にガソリン車を禁止するとしていた EU も合成燃料を認める方向に動き始めた。合成燃料のコストは当面は通常のガソリンより相当高くなるだろうが，富裕層を対象にするのであれば十分に可能性はある。

　1970 年代にクオーツの登場で大打撃を受けたスイスの時計産業が従来の機械式時計にこだわって復活した例があるように，時代が変わっても「従来的なクルマの魅力」を求める層は残るだろうし，「内燃機関の環境車」を提供するのは既存の高級車ブランドしかできない仕事である。

参考・引用文献

■第 1 章

Ahir, H., Bloom, N., and Furceri, D.（2022）"The world uncertainty index"（https://www.nber.org/papers/w29763）.

Batra, R., and Keller, K. L.（2016）"Integrating marketing communications: New findings, new lessons, and new ideas," *Journal of Marketing*, 80（6）, 122–145.

Bonneuil, C., and Fressoz, J-B.（2016）*L'Evenement Anthropocene: La Terre, L'histoire et Nous*, Editions du Seuil.（野坂しおり訳『人新世とは何か──「地球と人類の時代」の思想史』青土社，2018 年）

Boston Consulting Group（2014）"2014 BCG local dynamos: How companies in emerging markets are winning at home"（https://www.iberglobal.com/files/How_Companies_in_Emerging_Markets_are_Winning_at_Home_Jul_2014.pdf）.

Boston Consulting Group（2018）"The 2018 BCG local dynamos: Emerging-market companies up their game"（https://web-assets.bcg.com/img-src/BCG-Emerging-Market-Companies-Up-Their-Game-Oct-2018_tcm9-204262.pdf）.

Boyce, P.（2023）"Oligopoly: Definition, characteristics, examples"（https://boycewire.com/oligopoly-definition/）.

Branding strategy insider（2011）"The birth of brand image"（https://brandingstrategyinsider.com/the-birth-of-brand-image/）.

Branislav, P.（2017）"Organic wine sees close to 300% growth in europe"（https://www.esmmagazine.com/drinks/organic-wine-sees-295-growth-europe-280-globally41565）.

Cowen, T.（2011）*The great stagnation: How America ate all the low-hanging fruit of modern history, got sick, and will（eventually）feel better*, Tantor Media Inc.（池村千秋訳『大停滞』NTT 出版，2011 年）

Desjardins, J.（2016）"14 companies control the entire auto industry"（https://www.visualcapitalist.com/14-companies-control-entire-auto-industry/）.

Gardner, B. B., and Levy, S. J.（1955）"The Product and the Brand," *Harvard Business Review*, March-April, 33–39.

郭四志（2021）『産業革命史──イノベーションに見る国際秩序の変遷』筑摩書房。

Halton, M.（2018）"Recycling hope for plastic-hungry enzyme"（https://www.bbc.com/news/science-environment-43783631）.

IPCC（2021）*Climate change 2021: The physical science basis*（https://www.ipcc.ch/report/ar6/wg1/）.

石原順（2023）「GAFAM 決算比較，対話型 AI めぐる覇権争い」（https://media.monex.co.jp/articles/-/21404）。

石井淳蔵（2022）『進化するブランド──オートポイエーシスと中動態の世界』碩学舎。

Jacoby, J.（1984）"Perspectives on information overload," *Journal of Consumer Research*, 10（4）, 432–435.

Jacoby, J., Speller, D. E., and Kohn, C. A.（1974）"Brand choice behavior as a function of information load," *Journal of Marketing Research*, 11（1）, 63–69.

株式会社 I-ne（2022）「I-ne がヘアケア市場 メーカーシェア国内 2 位を獲得！使用感満足度 99% の『BOTANIST』が累計販売数 1.5 億を突破！」（https://i-ne.co.jp/news/61094/）。

木内登英（2023）「木内登英の経済の潮流──『異次元緩和 10 年と日本銀行新体制の政策展望』」（https://www.nri.com/jp/journal/2023/0310）。

キリン（n.d.）「オーガニックワインとは？」（https://www.kirin.co.jp/alcohol/wine/wine_academy/trivia/variety/05.html）。

Lehrer, J.（2009）*How We Decide*, Houghton Mifflin Harcourt.（門脇陽子訳『一流のプロは「感情脳」で決断する』アスペクト，2009 年）

Maesano, G., Di Vita, G., Chinnici, G., Gioacchino, P., and D'Amico, M.（2021）"What's in organic wine consumer mind? A review on purchasing drivers of organic wines," *Wine Economics and Policy*, 10（1），3–21.

Milanovic, B.（2019）*Capitalism, Alone: The Future of the System That Rules the World*, Harvard University Press.（西川美樹訳『資本主義だけ残った』みすず書房，2021 年）

Milgram, S.（1970）"The experience of living in cities," *Science*, 167（3924），1461–1468.

Monastersky, R.（2015）"Anthropocene: The human age"（https://www.nature.com/articles/519144a）

内閣府（2017）「主要地域の経済動向と構造変化」『世界経済の潮流』。

中谷巌（2017）「資本主義はどこに向かうのか？──現代資本主義は，21 世紀を生き延びられるか」『季刊　政策・経営研究』2, 71–85 頁。

日本経済新聞（2021 年）「進む寡占，技術革新に影　研究開発費の伸び半減」（https://www.nikkei.com/article/DGXZQODF23A130T20C21A4000000/）。

野村優子（2017）「シェア拡大手掛かりに　変革迫られる企業に期待」（https://www.nikkei.com/article/DGXLZO17432960X00C17A6EN1000/）。

Ogilvy, D.（2004）*Confessions of an Advertising Man*, Baror International.（山内あゆ子訳『ある広告人の告白（新版）』海と月社，2006 年）

大橋源一郎（2022）「2022 年ヒット商品ランキング　日経トレンディが選んだベスト 30」（https://xtrend.nikkei.com/atcl/contents/18/00732/00001/）。

大澤真幸（2021）『新世紀のコミュニズムへ──資本主義の内からの脱出』NHK 出版。

Parker, G. G., Van Alstyne, M. W., and Choudary, S. P.（2016）*Platform Revolution: How Networked Markets are Transforming the Economy and How to Make Them Work for You*, Baror International.（渡部典子訳『プラットフォーム・レボリューション──未知の巨大なライバルとの競争に勝つために』ダイヤモンド社，2018 年）

Pekic, B.（2017）"Organic wine sees close to 300% growth In Europe"（https://www.esmmagazine.com/drinks/organic-wine-sees-295-growth-europe-280-globally-41565）.

Piketty, T.（2013）*Le Capital Au XXIe Siècle*, Editions du Seuil.（山形浩生・守岡桜・森本正史訳『21 世紀の資本』みすず書房，2014 年）

Ratan, Z. A., Parrish, A-M., Zaman, S. B., Alotaibi, M. S., and Hosseinzadeh, H.（2021）"Smartphone addiction and associated health outcomes in adult populations: A systematic review," *International Journal of Environmental Research and Public Health*, 18（22），12257.

Roman, K.（2010）*The King of Madison Avenue: David Ogilvy and the Making of Modern Advertising*, Griffin.（山内あゆ子訳『デイヴィッド・オグルヴィ──広告を変えた男』海と月社，2012 年）

斎藤幸平（2020）『人新世の「資本論」』集英社。

Santos, F. A., Diório, G. R., Guedes, C. C. F., Fernandino, G., Giannini, P. C. F., Angulo, R. J., de Souza, M. C., César-Oliveira, M. A. F., and Oliveira, A. R.（2022）"Plastic debris forms: Rock analogues emerging from marine pollution," *Marine Pollution Bulletin*, 182, 114031.

芹澤敬介・村上岳（2017）「つながる世界の成熟とイノベーションの停滞」（https://bizgate.nikkei.com/article/DGXMZO31097920290520180000000）。

瀬戸賢一（1995）『メタファー思考』講談社。

篠原雅武（2018）『人新世の哲学——思弁的実在論以後の「人間の条件」』人文書院。

消費者庁（2020）「倫理的消費（エシカル消費）に関する消費者意識調査報告書」。

Simon, H. A. (1945) *Administrative Behavior* (3rd ed.), The Free Press.（松田武彦・高柳暁・二村敏子訳『経営行動——経営組織における意思決定プロセスの研究』ダイヤモンド社，1989 年）

Sparrow, B., Liu, J., and Wegner, D. M. (2011) "Google effects on memory: Cognitive consequences of having information at our fingertips," *Science*, 333, 776–778.

Statista (2022) "Annual Herfindahl-Hirschman index market concentration score worldwide from 1988 to 2020" (https://www.statista.com/statistics/1339418/herfindahl-hirschman-index-worldwide/).

田中洋（2017）『ブランド戦略論』有斐閣。

鳥海不二夫・山本龍彦（2022）「共同提言『健全な言論プラットフォームに向けて——デジタル・ダイエット宣言 ver. 1.0』」『KGRI Working Papers』(2)（https://www.kgri.keio.ac.jp/docs/S2101202201.pdf）。

Twitchell, J. B. (2000) *Twenty Ads that Shook the World: The Century's Most Groundbreaking Advertising and How It Changed Us All*, Three Rivers Press.

矢守亜夕美・大久保明日奈・福山章子（2020）「1 世紀で 150 万倍に増大した情報伝達力——情報の急速な伝染『インフォデミック』とは」（https://www2.deloitte.com/jp/ja/pages/strategy/articles/cbs/information-epidemic.html）。

■第 2 章

Aaker, D. A. (1991) *Managing Brand Equity: Capitalizing on the Value of a Brand Name*, The Free Press.（陶山計介・中田善啓・尾崎久仁博・小林哲訳『ブランド・エクイティ戦略——競争優位をつくりだす名前，シンボル，スローガン』ダイヤモンド社，1994 年）

Aaker, D. A. (1996) *Building Strong Brands*, The Free Press.（陶山計介・小林哲・梅本春夫・石垣智徳訳『ブランド優位の戦略——顧客を創造する BI の開発と実践』ダイヤモンド社，1997 年）

Aaker, D. A. (2004) *Brand Portfolio Strategy: Creating Relevance, Differentiation, Energy, Leverage, and Clarity*, The Free Press.（阿久津聡訳『ブランド・ポートフォリオ戦略』ダイヤモンド社，2005 年）

Aaker, D. A., and Joachimsthaler, E. (2000) *Brand Leadership*, The Free Press.（阿久津聡訳『ブランド・リーダーシップ』ダイヤモンド社，2000 年）

青木幸弘（2000）「ブランド研究の系譜——その過去，現在，未来」青木幸弘・岸志津江・田中洋編著『ブランド構築と広告戦略』日経広告研究所，19–52 頁。

Arvdsson, A., and Caliandro, A. (2016) "Brand public," *Journal of Consumer Research*, 42 (5), 723–748.

Bardhi, F., and Eckhardt, G. M. (2017) "Liquid consumption," *Journal of Consumer Research*, 44 (3), 582–597.

Baron, S., Conway, T., and Warnaby, G. (2010) *Relationship Marketing: A Consumer Experience Approach*, Sage Publications.

Batra, R., and Keller, K. L. (2016) "Integrating marketing communications: New findings, new lessons, and new ideas," *Journal of Marketing*, 80 (6), 122–145.

Cunningham, R. M. (1956) "Brand loyalty: What, where, how much," *Harvard Business Review*, 34 (1), 116–128.

Fournier, S. (1998) "Consumers and their brands: Developing relationship theory in consumer research," *Journal of Consumer Research*, 24 (4), 343–373.

Gardner, B. B., and Levy, S. J. (1955) "The product and the brand," *Harvard Business Review*, March-April, 33–39.

Keller, K. L. (1998) *Strategic Brand Management: Building, Measuring, and Managing Brand Equity*, Prentice Hall.（恩蔵直人・亀井昭宏訳『戦略的ブランド・マネジメント』東急エージェンシー，2000 年）

Keller, K. L., and Swaminathan, V. (2020) *Strategic Brand Management: Building, Mearing, and Managing Brand Equity*（*5th ed.*），Peason International Ltd.

小林哲（2014）「2 つの地域ブランド論——その固有性と有機的結合」田中洋編『ブランド戦略全書』有斐閣，137-161 頁。

Kotler, P., and Pfoertsch, W. (2010) *Ingredient Branding: Making the Invisible Visible*, Springer.（杉光一成訳『コトラーのイノベーション・ブランド戦略』白桃書房，2014 年）

久保田進彦（2020a）「消費環境の変化とリキッド消費の広がり——デジタル社会におけるブランド戦略にむけた基盤的検討」『マーケティングジャーナル』39（3），52-66 頁。

久保田進彦（2020b）「デジタル社会におけるブランド戦略——リキッド消費に基づく提案」『マーケティングジャーナル』39（3），67-79 頁。

久保田進彦・阿久津聡・余田拓郎・杉谷陽子（2019）「ブランド研究の現状と課題」『マーケティングジャーナル』39（1），61-74 頁。

Leuthesser, L. ed. (1989) *Defining, Measuring and Managing Brand Equity: Conference Summary*, Marketing Science Institute.

Lusch, R. F., and Vargo, S. L., eds. (2006) *The Service Dominant Logic of Marketing: Dialog, Debate, and Directions*, M. E. Sharpe.

MacInnis, D. J., Park, C. W., and Priester, J. R., eds. (2009) *Handbook of Brand Relationships*, M. E. Sharpe.

Maltz, E. ed. (1991) *Managing Brand Equity: Conference Summary*, Marketing Science Institute.

Merz, M. A., He, Y., and Vargo, S. L. (2009) "The evolving brand logic: A service-dominant logic perspective," *Journal of The Academy of Marketing Science*, 37（3），328–344.

南知恵子（2008）「顧客との価値共創——サービス・ドミナント・ロジックをてがかりに」『マーケティングジャーナル』27（3），2-3 頁。

Muniz, A. M., and O'Guinn, T. C. (2001) "Brand community," *Journal of Consumer Research*, 27（4），412–432.

Prahalad C, K. and Ramaswamy, V. (2004) *The Future of Competition*, Harvard Business School Press.（有賀裕子訳『価値共創の未来へ——顧客と企業の Co-Creation』ランダムハウス講談社，2004 年）

Schultz, D. E., Barnes, B. E., Schultz, H. F., and Azzaro, M. (2009) *Building Customer-Brand Relationships*, M. E. Sharpe.

Schultz, D.E. and Schultz, H. F. (2004) *IMC, The Next Generation: Five Steps for Delivering Value and Measuring Returns Using Marketing Communication*, McGraw-Hill.（博報堂タッチポイント・プロジェクト訳『ドン・シュルツの統合マーケティング——顧客への投資を企業価値の創造につなげる』ダイヤモンド社，2005 年）

Smith, W. R. (1956) "Product differentiation and market segmentation as alternative marketing strategies," *Journal of Marketing*, 21（1），3-8.

総務省編（2019）「令和元年版 情報通信白書」。

田中洋（2017）『ブランド戦略論』有斐閣。

Tedlow, R. S. (1990) *New and Improved: The Story of Mass Marketing in America*, Basic Books.（近藤文男監訳『マス・マーケティング史』ミネルヴァ書房，1993 年）

山本晶（2022）「デジタル時代の消費者行動①〜⑧（やさしい経済学）」『日本経済新聞』（2022年6月29日〜7月8日付）。

余田拓郎（2016）『BtoB事業のための成分ブランディング——製品開発と組織購買への応用』中央経済社。

■第3章

Aaker, D. A.（1991）*Managing Brand Equity: Capitalizing on the Value of a Brand Name*, The Free Press.（陶山計介・中田善啓・尾崎久仁博・小林哲訳『ブランド・エクイティ戦略——競争優位をつくりだす名前，シンボル，スローガン』ダイヤモンド社，1994年）

Aaker, D. A.（2011）*Brand Relevance*, Wiley and Sons.（阿久津聡監訳／電通ブランド・クリエーション・センター訳『カテゴリー・イノベーション——ブランド・レレバンスで戦わずして勝つ』日本経済新聞社，2011年）

阿部周造（1978）『消費者行動——計量モデル』千倉書房。

阿部周造（2009）「解釈レベル理論と消費者行動研究」『流通情報』41（4），6-11頁。

Alba, J. W., and Hutchinson, J. W.（1987）"Dimensions of consumer expertise," *Journal of Consumer Research*, 13（4），411-454.

Allison, R. I., and Uhl, K. P.（1973）"Brand identification and perception," in H. H. Kassarjian and T. S. Robertson eds., *Perspectives in Consumer Behavior*（*Revised ed.*）, Scott Foresman and Company, 17-23.

青木幸弘（2000）「ブランド研究の系譜——その過去，現在，未来」青木幸弘・岸志津江・田中洋編著『ブランド構築と広告戦略』日経広告研究所，19-52頁。

青木幸弘（2010）『消費者行動の知識』日本経済新聞社。

青木幸弘（2014）「消費者行動研究における最近の展開——新たな研究の方向性と可能性を考える」『流通研究』16（2），3-17頁。

Bagozzi, R. P.（1975）"Marketing as exchange," *Journal of Marketing*, 39（4），32-39.

Corfman, K. P.（1991）"Comparability and comparison levels used in choices among consumer products," *Journal of Marketing Research*, 28（3），368-374.

Duncan, T., and Moriarty, S.（1997）*Driving Brand Value*, The McGraw-Hill Companies, Inc.（有賀勝訳『ブランド価値を高める統合型マーケティング戦略』ダイヤモンド社，1999年）

羽藤雅彦（2016）「ブランド・コミュニティへの参加を促す要因に関する研究」『流通研究』19（1），25-37頁。

Hirschman, E. C.（1980）"Attributes of attributes and layers of meaning," *Advances in Consumer Research*, 7, 7-12.

Holbrook, M. B., and Hirschman, E. C.（1982）"The experiential aspects of consumption: Consumer fantasies, feelings, and fun," *Journal of Consumer Research*, 9（2），132-140.

堀内圭子（2001）『「快楽消費」の追求』白桃書房。

Howard, J. A., and Sheth, J. N.（1969）*The Theory of Buyer Behavior*, Wiley and Sons.

Hoyer, W. D., and Ridgway, N. M.（1984）"Variety seeking as an explanation for exploratory purchase behavior: A theoretical model," *Advances in Consumer Research*, 11, 114-119.

Hughes, G. D., and Ray, M. L.（1974）*Buyer/Consumer Information Processing*, UNC Press.

井上淳子（2009）「ブランド・コミットメントと購買行動との関係」『流通研究』12（2），3-21頁。

石井淳蔵（2009）『ビジネス・インサイト——創造の知とは何か』岩波書店。

石井裕明（2020）『消費者行動における感覚と評価メカニズム』千倉書房。

石淵順也（2019）『買物行動と感情——「人」らしさの復権』有斐閣。

Johnson, M. D. (1988) "Comparability and Hierarchical Processing in Multialternative Choice," *Journal of Consumer Research*, 15 (3), 303-314.

菅野佐織 (2013)「自己とブランドの結びつきがブランド・アタッチメントに与える影響」『商学論究』60 (4), 233-259 頁。

柏木惠子・北山忍・東洋編 (1997)『文化心理学――理論と実証』東京大学出版会。

Keller, K. L. (1998) *Strategic Brand Management: Building, Measuring, and Managing Brand Equity*, Prentice-Hall.（恩藏直人・亀井昭宏訳『戦略的ブランド・マネジメント』東急エージェンシー, 2000 年）

Keller, K. L. (2003) *Strategic Brand Management and Best Practice in Branding Cases (2nd ed.)*, Pearson Education, Inc.（恩藏直人研究室訳『ケラーの戦略的ブランディング』東急エージェンシー, 2003 年）

久保田進彦 (2012)『リレーションシップ・マーケティング――コミットメント・アプローチによる把握』有斐閣。

Lusch, R. F., and Vargo, S. L. (2014) *Service Dominant Logic: Premises, Perspectives, Possibilities*, Cambridge University Press.（井上崇通監訳／庄司真人・田口尚史訳『サービス・ドミナント・ロジックの発想と応用』同文舘出版, 2016 年）

麻里久 (2020)「ソーシャルメディアはブランドコミュニティか, ブランドパブリックか？――企業公式Facebookページの分析」『マーケティングジャーナル』39 (3), 104-115 頁。

McAlister, L., and Pessemier, E. (1982) "Variety seeking behavior: An interdisciplinary review," *Journal of Consumer Research*, 9 (3), 311-322.

宮澤薫・松本大吾 (2022)「ブランド・コミュニティへの参加に関する探索的研究」『千葉商大論叢』60 (2), 79-100 頁。

水越康介 (2022)『応援消費――社会を動かす力』岩波書店。

西原彰宏 (2020)「リレーションシップマーケティングにおける顧客エンゲージメント――エンゲージメント概念の整理を中心として」山本昭二・国枝よしみ・森藤ちひろ編著『サービスと消費者行動』千倉書房, 61-83 頁。

小川孔輔 (1992)「消費者行動とブランド選択の理論」大澤豊責任編集『マーケティングと消費者行動――マーケティング・サイエンスの新展開』有斐閣, 155-180 頁。

小野晃典 (2018)「巻頭言 制御焦点理論――マーケティング分野における応用」『マーケティングジャーナル』38 (2), 3-5 頁。

大山翔平・新倉貴士・西原彰宏・磯田友里子 (2022)「オンライン・コミュニティ「Blabo!」からのマーケティング・インプリケーション探求」日本商業学会第72回全国研究大会統一論題セッション「オンライン・コミュニティとデジタル・コミュニケーション」配布資料。

斉藤嘉一・星野浩美・宇田聡・山中寛子・魏時雨・林元杰・松下光司 (2012)「何がブランドコミットメントを生み出すか？ブランドと自己との結びつき, ノスタルジックな結びつき, ブランドラブの効果の包括的テスト」『消費者行動研究』18 (1・2), 57-84 頁。

Schmitt, B. (2003) *Customer Experience Management*, Wiley and Sons.（嶋村和恵・広瀬盛一訳『経験価値マネジメント――マーケティングは製品からエクスペリエンスへ』ダイヤモンド社, 2004 年）

Schultz, D., and Schultz, H. (2004) *IMC, The Next Generation: Five Steps for Delivering Value and Measuring Returns Using Marketing Communication*, The McGraw-Hill Companies, Inc.（博報堂タッチポイント・プロジェクト訳『ドン・シュルツの統合マーケティング――顧客への投資を企業価値の創造につなげる』ダイヤモンド社, 2005 年）

Simonson, I., and Tversky, A. (1992) "Choice in context: Tradeoff contrast and extremeness aversion," *Journal of Marketing Research*, 29（3）, 281-295.

Simonson, I., and Rosen, E.（2014）*Absolute Value: What Really Influences Customers in the Age of（Nearly）Perfect Information*, Harper Business.（千葉敏生訳『ウソはバレる──「定説」が通用しない時代の新しいマーケティング』ダイヤモンド社，2016 年）

須永努（2018）『消費者理解に基づくマーケティング──感覚マーケティングと消費者情報消化モデル』有斐閣。

鈴木和宏（2017）「使用状況の認知構造がブランド・エクスペリエンスに与える影響──使用状況の影響ルートと影響を与える使用状況の認知要素の検討」『商学論究』64（5），101-121 頁。

田中洋（2000）「ふたたび，今，なぜブランドなのか──基本概念の再検討と状況分析」青木幸弘・岸志津江・田中洋編著『ブランド構築と広告戦略』日経広告研究所，1-16 頁。

外川拓・八島明朗（2014）「解釈レベル理論を用いた消費者行動研究の系譜と課題」『消費者行動研究』20（2），65-94 頁。

土田昭司（1994）「消費者の態度構造──認知論的アプローチによる態度のリンケージ・モデル」『消費者行動研究』1（2），1-12 頁。

矢作敏行（2021）『コマースの興亡史──商業倫理・流通革命・デジタル破壊』日本経済新聞出版。

山本奈央（2009）「企業主宰型ブランドコミュニティに関する考察」『産研論集』36，71-80 頁。

山本奈央（2022）「ソーシャルメディ時代のブランドマネジメント」『日本商業学会第 72 回全国研究大会報告論集』。

和田充夫（1984）『ブランド・ロイヤルティ・マネジメント』同文館。

和田充夫・梅田悦史・圓丸哲麻・鈴木和宏・西原彰宏（2020）『ブランド・インキュベーション戦略──第三の力を活かしたブランド価値協創』有斐閣。

■第 4 章

Aaker, J. L.（1997）"Dimensions of brand personality," *Journal of Marketing Research*, 34（3）, 347-356.

Aaker, J. L.（1999）"The malleable self: The role of self-expression in persuasion," *Journal of Marketing Research*, 36（1）, 45-57.

Aaker, J. L., and Lee, A. Y.（2001）"'I' seek pleasures and 'we' avoid pains: The role of self-regulatory goals in information processing and persuasion," *Journal of Consumer Research*, 28（1）, 33-49.

Akpinar, E., Verlegh, P. W. J., and Smidts, A.（2018）"Sharing product harm information: The effects of self-construal and self-relevance," *International Journal of Research in Marketing*, 35（2）, 319-335.

Álvarez, G., Kotera, Y., and Pina, J.（2022）"World index of moral freedom"（https://www.elmundofinanciero.com/adjuntos/98982/WIMF-2022.pdf）.

Anderson, C., Hildreth, J. A. D., and Howland, L.（2015）"Is the desire for status a fundamental human motive? A review of the empirical literature," *Psychological Bulletin*, 141（3）, 574-601.

Aron, A., and Aron, E. N.（1986）*Love as the Expansion of Self: Understanding Attraction and Satisfaction*, Hemisphere.

Bareket-Bojmel, L., Moran, S., and Shahar, G.（2016）"Strategic self-presentation on facebook: Personal motives and audience response to online behavior," *Computers in Human Behavior*, 55（B）, 788-795.

Batra, R., Ahuvia, A., and Bagozzi, R. P.（2012）"Brand love," *Journal of Marketing*, 76（2）, 1

-16.

Bazarova, N. N. (2012) "Public intimacy: Disclosure interpretation and social judgments on facebook," *Journal of Communication*, 62 (5), 815–832.

Bearden, W. O., and Etzel, M. J. (1982) "Reference group influence on product and brand purchase decisions," *Journal of Consumer Research*, 9 (2), 183–194.

Bernritter, S. F., Loermans, A. C., Verlegh, P. W. J., and Smit, E. G. (2017) "'We' are more likely to endorse than 'I': The effects of self-construal and brand symbolism on consumers'online brand endorsements," *International Journal of Advertising*, 36 (1), 107–120.

Carroll, B. A., and Ahuvia, A. C. (2006) "Some antecedents and outcomes of brand love," *Marketing Letters*, 17 (2), 79–89.

Cheng, J. T., Tracy, J. L., and Henrich, J. (2010) "Pride, personality, and the evolutionary foundations of human social status," *Evolution and Human Behavior*, 31 (5), 334–347.

Cheng, S. Y. Y., White, T. B., and Chaplin, L. N. (2012) "The effects of self-brand connections on responses to brand failure: A new look at the consumer-brand relationship," *Journal of Consumer Psychology*, 22 (2), 280–288.

Cheung, C. M. K., Chiu, P. -Y., and Lee, M. K. O. (2011) "Online social networks: Why do students use Facebook?" *Computers in Human Behavior*, 27 (4), 1337–1343.

Cialdini, R. B., and Goldstein, N. J. (2004) "Social influence: Compliance and conformity," *Annual Review of Psychology*, 55, 591–622.

Cialdini, R. B., Reno, R. R., and Kallgren, C. A. (1990) "A focus theory of normative conduct: Recycling the concept of norms to reduce littering in public places," *Journal of Personality and Social Psychology*, 58 (6), 1015–1026.

Cialdini, R. B., and Trost, M. R. (1998) "Social influence: Social norms, conformity and compliance," in D. T. Gilbert, S. T. Fiske and G. Lindzey eds., *The Handbook of Social Psychology*, McGraw-Hill, 151–192.

Cross, S. E., Hardin, E. E., and Gercek-Swing, B. (2011) "The what, how, why, and where of self-construal," *Personality and Social Psychology Review*, 15 (2), 142–179.

電通総研・池田謙一 (2022)『日本人の考え方　世界の人の考え方Ⅱ──第7回世界価値観調査から見えるもの』勁草書房。

Dunning, D., Meyerowitz, J. A., and Holzberg, A. D. (1989) "Ambiguity and self-evaluation: The role of idiosyncratic trait definitions in self-serving assessments of ability," *Journal of Personality and Social Psychology*, 57 (6), 1082–1090.

Escalas, J. E., and Bettman, J. R. (2003) "You are what they eat: The influence of reference groups on consumers' connections to brands," *Journal of Consumer Psychology*, 13 (3), 339–348.

Escalas, J. E., and Bettman, J. R. (2005) "Self-construal, reference groups, and brand meaning," *Journal of Consumer Research*, 32 (3), 378–389.

Fishbein, M., and Ajzen, I. (1975) *Belief, Attitude, Intention, and Behavior: An Introduction to Theory and Research*, Addison-Wesley.

Frost, R. L., and Rickwood, D. J. (2017) "A systematic review of the mental health outcomes associated with Facebook use," *Computers in Human Behavior*, 76, 576–600.

Fournier, S. (1998) "Consumers and their brands: Developing relationship theory in consumer research," *Journal of Consumer Research*, 24 (4), 343–373.

藤井保文・尾原和啓 (2019)『アフターデジタル──オフラインのない時代に生き残る』日経BP。

福沢愛・繁桝江里・菅原育子（2021）「文化的自己観と幸福感との関連について——日本人を対象とした年代別比較」『老年社会科学』42（4），327-336頁。

Granovetter, M. S. (1973) "The strength of weak ties," *American Journal of Sociology*, 78 (6), 1360–1380.

Griskevicius, V., Shiota, M. N., and Nowlis, S. M. (2010) "The many shades of rose-colored glasses: An evolutionary approach to the influence of different positive emotions," *Journal of Consumer Research*, 37 (2), 238–250.

Griskevicius, V., Tybur, J. M., Sundie, J. M., Cialdini, R. B., Miller, G. F., and Kenrick, D. T. (2007) "Blatant benevolence and conspicuous consumption: When romantic motives elicit strategic costly signals," *Journal of Personality and Social Psychology*, 93 (1), 85–102.

Griskevicius, V., Tybur, J. M., and Van den Bergh, B. (2010) "Going green to be seen: Status, reputation, and conspicuous conservation," *Journal of Personality and Social Psychology*, 98 (3), 392–404.

Han, Y. J., Nunes, J. C., and Drèze, X. (2010) "Signaling status with luxury goods: The role of brand prominence," *Journal of Marketing*, 74 (4), 15–30.

Hepper, E. G., Gramzow, R. H., and Sedikides, C. (2010) "Individual differences in self-enhancement and self-protection strategies: An integrative analysis," *Journal of Personality*, 78 (2), 781–814.

Higgins, E. T. (1987) "Self-discrepancy: A theory relating self and affect," *Psychological Review*, 94 (3), 319–340.

Hong, S., Jahng, M. R., Lee, N., and Wise, K. R. (2020) "Do you filter who you are?: Excessive self-presentation, social cues, and user evaluations of instagram selfies," *Computers in Human Behavior*, 104, 106159.

Hwang, J., and Hyun, S. S. (2012) "The antecedents and consequences of brand prestige in luxury restaurants," *Asia Pacific Journal of Tourism Research*, 17 (6), 656–683.

池田謙一（2013）『社会のイメージの心理学——ぼくらのリアリティはどう形成されるか（新版）』サイエンス社。

Jackson, L. A., and Wang, J. -L. (2013) "Cultural differences in social networking site use: A comparative study of china and the united states," *Computers in Human Behavior*, 29 (3), 910–921.

Jin, F., Zhu, H., and Tu, P. (2020) "How recipient group membership affects the effect of power states on prosocial behaviors," *Journal of Business Research*, 108, 307–315.

Johnson, C. M., Tariq, A., and Baker, T. L. (2018) "From Gucci to green bags: Conspicuous consumption as a signal for pro-social behavior," *Journal of Marketing Theory and Practice*, 26 (4), 339–356.

Joinson, A. N. (2003) *Understanding the Psychology of Internet Behaviour: Virtual Worlds, Real Lives*, Palgrave Macmillan.

Joo, J., Lee, Y. -J., and Yoon, H. J. (2022) "Interdependent self-construal and number of twitter followers: Consumer responses to alcohol industry corporate social responsibility (CSR) campaign on twitter," *International Journal of Advertising*, 41 (6), 1095-1120.

株式会社日本リサーチセンター（2022）「新型コロナウィルス感染症自主調査——新型コロナウイルスに対する予防策として、『公共の場ではマスクを着用する』の回答率～世界14か国を比較～」(https://www.nrc.co.jp/nryg/220526.html)。

北山忍・唐澤真弓（1995）「自己——文化心理学的視座」『実験社会心理学研究』35（2），133-163頁。

小林哲郎（2012）「ソーシャルメディアと分断化する社会的リアリティ」『人工知能学会誌』27 (1)，51–58頁。

Kross, E., Verduyn, P., Demiralp, E., Park, J., Lee, D. S., Lin, N., Shablack, H., Jonides, J., and Ybarra, O. (2013) "Facebook use predicts declines in subjective well-being in young adults," *PLoS ONE*, 8 (8), e69841.

Kumar, A., Paul, J., and Starčević, S. (2021) "Do brands make consumers happy? A masstige theory perspective," *Journal of Retailing and Consumer Services*, 58, 102318.

MacInnis, D. J., and Folkes, V. S. (2017) "Humanizing brands: When brands seem to be like me, part of me, and in a relationship with me," *Journal of Consumer Psychology*, 27 (3), 355–374.

Malär, L., Krohmer, H., Hoyer, W. D., and Nyffenegger, B. (2011) "Emotional brand attachment and brand personality: The relative importance of the actual and the ideal self," *Journal of Marketing*, 75 (4), 35–52.

Markus, H. R., and Kitayama, S. (1991) "Culture and the self: Implications for cognition, emotion, and motivation," *Psychological Review*, 98 (2), 224–253.

Matsumoto, D. (1999) "Culture and self: An empirical assessment of markus and kitayama's theory of independent and interdependent self-construals," *Asian Journal of Social Psychology*, 2 (3), 289–310.

Melnyk, V., Carrillat, F. A., and Melnyk, V. (2022) "The influence of social norms on consumer behavior: A meta-analysis," *Journal of Marketing*, 86 (3), 98–120.

Mun, I. B., and Kim, H. (2021) "Influence of false self-presentation on mental health and deleting behavior on instagram: The mediating role of perceived popularity," *Frontiers in Psychology*, 12, 660484.

日本経済新聞（2022）「Z世代論ブーム，識者に聞く　百家争鳴の背景と意義」（https://www.nikkei.com/article/DGXZQOUC265LA0W2A021C2000000/）。

Panchal, S., and Gill, T. (2020) "When size does matter: Dominance versus prestige based status signaling," *Journal of Business Research*, 120, 539–550.

Park, C. W., Macinnis, D. J., Priester, J., Eisingerich, A. B., and Iacobucci, D. (2010) "Brand attachment and brand attitude strength: Conceptual and empirical differentiation of two critical brand equity drivers," *Journal of Marketing*, 74 (6), 1–17.

Qiu, L., Lin, H., Leung, A. K., and Tov, W. (2012) "Putting their best foot forward: Emotional disclosure on Facebook," *Cyberpsychology, Behavior, and Social Networking*, 15 (10), 569–572.

Reimann, M., Castano, R., Zaichkowsky, J., and Bechara, A. (2012) "How we relate to brands: Psychological and neurophysiological insights into consumer-brand relationships," *Journal of Consumer Psychology*, 22 (1), 128–142.

Reinecke, L., and Trepte, S. (2014) "Authenticity and well-being on social network sites: A two-wave longitudinal study on the effects of online authenticity and the positivity bias in SNS communication," *Computers in Human Behavior*, 30, 95–102.

Schifter, D. E., and Ajzen, I. (1985) "Intention, perceived control, and weight loss: An application of the theory of planned behavior," *Journal of Personality and Social Psychology*, 49 (3), 843–851.

Searle, J. R. (1995) *The Construction of Social*, Penguin Books.

Shim, M., Lee-Won, R. J., and Park, S. H. (2016) "The self on the net: The joint effect of self-construal and public self-consciousness on positive self-presentation in online social networking among south korean college students," *Computers in Human Behavior*, 63,

530–539.

Shimul, A. S.（2022）"Brand attachment: A review and future research," *Journal of Brand Management*, 29（4）, 400–419.

Sirgy, M. J.（1982）"Self-concept in consumer behavior: A critical review," *Journal of Consumer Research*, 9（3）, 287–300.

Solomon, S., Greenberg, J., and Pyszczynski, T.（1991）"A terror management theory of social behavior: The psychological functions of self-esteem and cultural worldviews," *Advances in Experimental Social Psychology*, 24, 93–159.

総務省（2023）「令和4年通信利用動向調査の結果」（https://www.soumu.go.jp/johotsu sintokei/statistios/statistics05.html）。

総務省情報通信政策研究所（2022）「令和3年度情報通信メディアの利用時間と情報行動に関する調査報告書」。

Statista（2023）"Social media and user-generated content"（https://www.statista.com/ markets/424/topic/540/social-media-user-generated-content/#overview）.

Sung, Y., and Choi, S. M.（2012）"The influence of self-construal on self-brand congruity in the United States and Korea," *Journal of Cross-Cultural Psychology*, 43（1）, 151–166.

杉谷陽子（2023）「ブランド・アタッチメント」恩藏直人・坂下玄哲編『マーケティングの力 ――最重要概念・理論枠組み集』有斐閣，148–150頁。

Swaminathan, V., Page, K. L., and Gürhan-Canli, Z.（2007）"'My' brand or 'our' brand: The effects of brand relationship dimensions and self-construal on brand evaluations," *Journal of Consumer Research*, 34（2）, 248–259.

Talhelm, T., Zhang, X., and Oishi, S.（2018）"Moving chairs in starbucks: Observational studies find rice-wheat cultural differences in daily life in china," *Science Advances*, 4（4）, 29707634.

田中洋（2017）『ブランド戦略論』有斐閣。

Taras, V., Sarala, R., Muchinsky, P., Kemmelmeier, M., Singelis, T. M., Avsec, A., Coon, H. M., Dinnel, D. L., Gardner, W., Grace, S., Hardin, E. E., Hsu, S., Johnson, J., Aygün, Z. K., Kashima, E. S., Kolstad, A., Milfont, T. L., Oetzel, J., Okazaki, S., Probst, T. M., Sato, T., Shafiro, M., Schwartz, Seth. J., and Sinclair, H. C.（2014）"Opposite ends of the same stick? multi-method test of the dimensionality of individualism and collectivism," *Journal of Cross-Cultural Psychology*, 45（2）, 213–245.

Thomson, M., MacInnis, D. J., and Park, C. W.（2005）"The ties that bind: Measuring the strength of consumers' emotional attachments to brands," *Journal of Consumer Psychology*, 15（1）, 77–91.

Valsesia, F., Proserpio, D., Nunes, J. C.（2020）"The positive effect of not following others on social media," *Journal of Marketing Research*, 57（6）, 1152–1168.

Veblen, T.（1899）*The Theory of the Leisure Class*, Macmillan.

Verduyn, P., Lee, D. S., Park, J., Shablack, H., Orvell, A., Bayer, J., Ybarra, O., Jonides, J., and Kross, E.（2015）"Passive Facebook usage undermines affective well-being: Experimental and longitudinal evidence," *Journal of Experimental Psychology: General*, 144（2）, 480–488.

Wang, W., Shao, T., Yi, Y., Fang, S., Song, J., and Yu, Z.（2021）"Subtle signals of status on social network sites: Evidence from China," *Frontiers in Psychology*, 12, 741602.

Wanke, M.（2008）"What's social about consumer behavior?" in M. Wanke ed., *Social Psychology of Consumer Behavior*, Psychology Press, 3–18.

Wilson, A. E., Giebelhausen, M. D., and Brady, M. K.（2017）"Negative word of mouth can be a positive for consumers connected to the brand," *Journal of the Academy of Marketing Science*, 45 (4), 534–547.

Zhao, S. (2006) "The internet and the transformation of the reality of everyday life: Toward a new analytic stance in sociology," *Sociological Inquiry*, 76 (4), 458–474.

Zhao, S., Grasmuck, S., and Martin, J. (2008) "Identity construction on facebook: Digital empowerment in anchored relationships," *Computers in Human Behavior*, 24 (5), 1816–1836.

■第５章

airbnb.jp "Travel as unique as your DNA" (https://www.airbnb.jp/d/heritagetravel).

ancestry.com "What is the music in your DNA?" (https://www.ancestry.com/cs/spotify).

Arthur, R. (2017) "Louis Vuitton becomes latest luxury brand to launch a chatbot" (https://www.forbes.com/sites/rachelarthur/2017/12/08/louis-vuitton-becomes-latest-luxury-brand-to-launch-a-chatbot/?sh=48661c42fe10).

Bharadwaj, N., Ballings, M., Naik, P. A., Moore, M., and Arat, M. M. (2022) "A new livestream retail analytics framework to assess the sales impact of emotional displays," *Journal of Marketing*, 86 (1), 27–47.

Chung, M., Ko, E., Joung, H., and Kim, S. J. (2020) "Chatbot e-service and customer satisfaction regarding luxury brands," *Journal of Business Research*, 117, 587–595.

Crolic, C., Thomaz, F., Hadi, R., and Stephen, A. T. (2022) "Blame the bot: Anthropomorphism and anger in customer–chatbot interactions," *Journal of Marketing*, 86 (1), 132–148.

Daviet, R., Nave, G., and Wind, J. (2022) "Genetic data: Potential uses and misuses in marketing," *Journal of Marketing*, 86 (1), 7–26.

Hoffman, D. L., Moreau, C. P., Stremersch, S., and Wedel, M. (2022) "The rise of new technologies in marketing: A framework and outlook," *Journal of Marketing*, 86 (1), 1–6.

石村尚也 (2022)「ビームスはメタバース時代の『百貨店』になる？ 生接客に手応え」(https://xtrend.nikkei.com/atcl/contents/18/00660/00002/)。

Leung, F. F., Gu, F. F., Li, Y., Zhang, J. Z., and Palmatier, R. W. (2022) "Influencer marketing effectiveness," *Journal of Marketing*, 86 (6), 93–115.

Longoni, C., and Cian, L. (2022) "Artificial intelligence in utilitarian vs. Hedonic contexts: The 'word-of-machine' effect," *Journal of Marketing*, 86 (1), 91–108.

Miao, F., Kozlenkova, I. V., Wang, H., Xie, T., and Palmatier, R. W. (2022) "An emerging theory of avatar marketing," *Journal of Marketing*, 86 (1), 67–90.

Ramaswamy, V., and Ozcan, K. (2018) "Offerings as digitalized interactive platforms: A conceptual framework and implications," *Journal of Marketing*, 82 (4), 19–31.

Swaminathan, V., Sorescu, A., Steenkamp, J. -B. E. M., O'Guinn, T. C. G., and Schmitt, B. (2020) "Branding in a hyperconnected world: Refocusing theories and rethinking boundaries," *Journal of Marketing*, 84 (2), 24–46.

Tan, Y. -C., Chandukala, S. R., and Reddy, S. K. (2022) "Augmented reality in retail and its impact on sales," *Journal of Marketing*, 86 (1), 48–66.

Wichmann, J. R. K., Wiegand, N., and Reinartz, W. J. (2022) "The platformization of brands," *Journal of Marketing*, 86 (1), 109–131.

■第６章

Aaker, D. A. (1996) *Building Strong Brands*, The Free Press. (陶山計介・小林哲・梅本春夫・石垣智徳訳『ブランド優位の戦略——顧客を創造する BI の開発と実践』ダイヤモン

ド社，1997 年）

Aaker, J. L. (1997) "Dimensions of brand personality," *Journal of Marketing Research*, 34 (3), 347–357.

秋山隆平・杉山恒太郎（2004）『ホリスティック・コミュニケーション』宣伝会議。

Allen, C. T., Fournier, S., and Miller, F. (2008) "Brands and their meaning makers," in C. Haugtvedt, P. Herr and F. Kardes eds., *Handbook of Consumer Psychology*, Routledge, 781–822.

青木幸弘，（2011）「ブランド論の変遷――その過去と現在」青木幸弘編『価値共創時代のブランド戦略――脱コモディティ化への挑戦』ミネルヴァ書房，1–14 頁。

青木幸弘（2014）「ブランド論の過去・現在・未来」田中洋編『ブランド戦略全書』有斐閣，1–21 頁。

浅野智彦（2001）『自己への物語論的接近――家族療法から社会学へ』勁草書房。

Batra, R., and Keller, K. L. (2016) "Integrated marketing communications: New findings, new lessons, and new ideas," *Journal of Marketing*, 80 (6), 122–145.

Blackshaw, P. (2008) *Satisfied Customers Tell Three Friends, Angry Customers Tell 3,000: Running a Business in Today's Consumer-Driven World*, Crown Business.

Carlzon, J. (1987) *Moments of Truth*, HarperCollins.（堤猶二訳『真実の瞬間――SAS のサービス戦略はなぜ成功したか』ダイヤモンド社，1990 年）

Colley, R. H. (1961) *Defining Advertising Goals for Measured Advertising Results*, Association of National Advertisers.（八巻俊雄訳『目標による広告管理』ダイヤモンド社，1966 年）

Court, D., Elzinga, D., Mulder, S., and Vetvik, O. J. (2009) "The consumer decision journey" (https://www.mckinsey.com/capabilities/growth-marketing-and-sales/our-insights/the-consumer-decision-journey#/).

da Silveira, C., Lages, C., and Simões, C. (2013) "Reconceptualizing brand identiti in a dynamic environment," *Journal of Business Research*, 66, 28–36.

Dahlen, M., Lange, F., and Smith, T. (2010) *Marketing Communications: A Brand Narrative Approach*, Wiley and Sons.

Fournier, S. (1998) "Consumers and their brands: Developing relationship theory in consumer research," *Journal of Consumer Research*, 24 (4), 343–373.

Google (2012) "ZMOT Handbook: Ways to Win Shoppers at the Zero Moment of Truth" (https://www.thinkwithgoogle.com/_qs/documents/705/2012-zmot-handbook_research-studies.pdf).

Hanlon, P. (2006) *Primalbranding: Create Zealots for Your Brand, Your Company, and Your Future*, Free Press.

販促会議編集部編（2017）『デジタルで変わるセールスプロモーション基礎』宣伝会議。

Heding, T., Knudtzen, C. F., and Bjerre, M. (2020) *Brand Management: Mastering Research, Theory and Practice* (3rd ed.), Routledge.

Holt, D. B. (2004) *How Brands Become Icons: The Principles of Cultural Branding*, Harvard Business School Press.（斉藤裕一訳『ブランドが神話になる日』ランダムハウス講談社，2005 年）

本庄加代子（2020）「ブランド研究におけるカルチュラルブランディングの意義の理解」『マーケティングジャーナル』39 (4)，60–65 頁。

家島明彦（2012）「マクアダムスのナラティブ・アイデンティティ」梶田叡一・溝上慎一編『自己の心理学を学ぶ人のために』世界思想社，63–72 頁。

片平秀貴（1999）『パワー・ブランドの本質――企業とステークホルダーを結合させる「第五

の経営資源」（新版）』ダイヤモンド社。

河合隼雄（2013）『こころの最終講義』新潮文庫。

Keller, L. K.（1998）*Strategic Brand Management*, Pearson.（恩藏直人・亀井昭宏監訳『戦略的ブランド・マネジメント』東急エージェンシー，2000年）

Keller, L. K.（2008）*Strategic Brand Management*（*3rd ed.*）, Pearson.（恩藏直人監訳『戦略的ブランド・マネジメント（第3版）』東急エージェンシー，2010年）

Keller, L. K.（2016）"Unlocking the power of integrated marketing communications: How integrated is your IMC program?" *Journal of Advertising*, 45（3）, 286–301.

Keller, L. K., Sternthal, B., and Tybout, A.（2002）"Three questions you need to ask about your brand," *Harvard Business Review*, 80（9）, 80–86.（スコーフィールド素子訳（2003）「ブランドポジショニングの最適化戦略」『Diamondハーバード・ビジネス・レビュー』28（6）, 56–65頁）

岸志津江（1999）「マーケティング・コミュニケーション統合の課題――消費者情報処理過程からの考察」『マーケティングジャーナル』19（2）, 4–14頁。

岸志津江（2006）「ブランド戦略とIMC」『AD Studies』15（Winter）, 15–18頁。

岸志津江（2017）「IMC概念を再考する――進化と課題」『マーケティングジャーナル』36（3）, 6–22頁。

Kotler, P., Kartajaya, H., and Setiawan, I.（2016）*Marketing4.0: Moving from Traditional to Digital*, Wiley and Sons.（藤井清美訳『コトラーのマーケティング4.0――スマートフォン時代の究極法則』朝日新聞出版，2017年）

Kotler, P., Keller, K. L., and Chernev, A.（2022）*Marketing Management*（*16th ed.*）, Pearson.（恩藏直人監訳『コトラー＆ケラー＆チェルネフ マーケティング・マネジメント［原書16版］丸善出版，2022年）

Lavidge, R. J., and Steiner, G. A.（1961）"A model for predictive measurements of advertising effectiveness," *Journal of Marketing*, 25（6）, 59–62.

Louro, M. J., and Cunha, P. V.（2001）"Brand management paradigms," *Journal of Marketing Management*, 17（7・8）, 849–875.

Mark, M., and Pearson, C. S.（2001）*The Hero and the Outlaw: Building Extraordinary Brands through the Power of Arckhetypes*, McGraw-Hill.（千葉敏生訳『ブランド・アーキタイプ戦略――驚異的価値を生み出す心理学的アプローチ』実務教育出版，2020年）

丸岡吉人（1998）「ラダリング法の現在――調査方法，分析方法，結果の活用と今後の課題」『マーケティング・サイエンス』7（1・2）, 40–61頁。

丸岡吉人（2021）「マーケティングコミュニケーションの新手法群――新しい情報環境下における取組み」田中洋・岸志津江・嶋村和恵編『現代広告全書――デジタル時代への理論と実践』有斐閣，106–119頁。

松浦祥子（2004）「神話の中のアーキタイプによるブランド構築――ユング心理学のブランディングへの応用」『マーケティングジャーナル』24（2）, 4–17頁。

McAdams, D. P., and McLean, K. C.（2013）"Narrative identity," *Current Directions in Psychological Science*, 22（3）, 233–238.

McQuail, D., and Deuze, M.（2020）*McQuail's Media and Mass Communication Theory*（*7th ed.*）, Sage.

Moriarty, S., and Schultz, D.（2012）"Four theories of how IMC works," in S. Rogers and E. Thorson eds., *Advertising Theory*, Routledge, 491–505.

小川捷之（1978）「アーキタイプ」大山正・藤永保・吉田正昭編『心理学小辞典』有斐閣，2頁。

Ogilvy, D.（1983）*Ogilvy on Advertising*, Crown.（松岡茂雄訳『売る広告』成文堂新光社,

1985 年)

岡田浩一 (2000)「広告計画の基礎知識」日経広告研究所編『広告に携わる人の総合講座——理論とケース・スタディ (平成 12 年版)』日本経済新聞出版，75-88 頁。

音部大輔 (2021)『The Art of Marketing マーケティングの技法——パーセプションフロー® ・モデル全解説』宣伝会議。

Procter & Gamble (2006) *P&G 2006 Annual Report*, The Procter & Gamble Company and Subsidiaries.

Ries, A., and Trout, J. (1986) *Positioning: The Battle for Your Mind*, McGraw-Hill. (嶋村和恵・西田俊子訳『ポジショニング——情報過多社会を制する新しい発想』電通，1987 年)

Rossiter, J. R., and Percy, L. (1987) *Advertising and Promotion Management*, McGraw-Hill.

Rossiter, J. R., Percy, L., and Bergkvist, L. (2018) *Marketing Communications: Objectives, Strategy, Tactics*, Sage. (岸志津江監訳『広告コミュニケーション成功の法則——理論とデータの裏打ちで，あなたの実務を強くする。』東急エージェンシー，2022 年)

Schultz, D. E., and Barnes, B. E. (1999) *Strategic Brand Communication Campaigns* (5th ed.), NTC Business Books.

Schultz, D. E., Tannenbaum, S. I., and Lauterborn, R. F. (1993) *Integrated Marketing Communications*, NTC. (有賀勝訳『広告革命 米国に吹き荒れる IMC 旋風——統合型マーケティングコミュニケーションの理論』電通，1994 年)

関谷直也・薗部靖史・北見幸一・伊吹勇亮・川北眞紀子 (2022)『広報・PR 論——パブリック・リレーションズの理論と実際 (改訂版)』有斐閣。

Shank, R. C., and Abelson, R. P. (1995) "Knowledge and memory: The real story," in R. S. Wyer, Jr. ed., *Knowledge and Memory: The Real Story*, LEA, 1-85.

Sherry, J. F. Jr. (2005) "Brand meaning," in A. Tybout and T. Calkins eds., *Kellogg on Branding*, Wiley and Sons, 40-69. (小林保彦・広瀬哲治『ケロッグ経営大学院 ブランド実践講座——戦略の実行を支える 20 の視点』ダイヤモンド社，2006 年)

Sinek, S. (2009) *Start with Why: How Great Leaders Inspire Everyone to Take Action*, Portfolio. (栗木さつき訳『WHY から始めよ！——インスパイア型リーダーはここが違う』日本経済新聞社，2012 年)

Solomon, M., Bamossy, G., Askegaard, S., and Hogg, M. K. (2006) *Consumer Behaviour: A European Perspective* (3rd. ed.), Prentice Hall.

鈴木哲也 (2018)『セゾン——堤清二が見た未来』日経 BP。

高尾義明 (2019)『はじめての経営組織論』有斐閣。

高岡浩三 (2022)『イノベーション道場——極限まで思考し，人を巻き込む極意』幻冬舎。

竹内淑恵・丸岡吉人 (2006)「統合マーケティング・コミュニケーション戦略」田中洋・清水聰編『消費者・コミュニケーション戦略』有斐閣，155-178 頁。

田中洋 (2017)『ブランド戦略論』有斐閣。

田中洋・丸岡吉人 (1991)『新広告心理』電通。

ヤマトホールディングス株式会社 (2020)「ヤマトグループ 100 年史」(https://www.yamato-hd.co.jp/100th-anniversary/history/)。

Zaltman, G. (2003) *How Customers Think: Essential Insights into the Mind of the Market*, Harvard Business School Press. (藤川佳則・阿久津聡訳『心脳マーケティング——顧客の無意識を解き明かす』ダイヤモンド社，2005 年)

Zaltman, G., and Zaltman, L. (2008) *Marketing Metaphoria: What Deep Metaphors Reveal Bout the Minds of Consumers*, Harvard Business Press.

■第7章

Alderson, W.（1957）*Marketing Behavior and Executive Action*, Homewood.

Bardhi, F., and Eckhardt, G. M.（2012）"Access-based consumption: The case of car sharing," *Journal of Consumer Research*, 39（4）, 881–898.

Bardhi, F., and Eckhardt, G. M.（2015）"Liquid consumption," in E. W. Wan and M. Zhang eds., *Asia-Pacific Advances in Consumer Research 11*, Association for Consumer Research, 134–135.

Bardhi, F., and Eckhardt, G. M.（2017）"Liquid consumption," *Journal of Consumer Research*, 44（3）, 582–597.

Bardhi, F., and Eckhardt, G. M.（2020）"New dynamics of social status and distinction," *Marketing Theory*, 20（1）, 85–102.

Bauman, Z.（2000）*Liquid Modernity*, Polity.

Belk, R. W.（2010）"Sharing," *Journal of Consumer Research*, 36（5）, 715–734.

Benoit, S., Baker, T. L., Bolton, R. N., Gruber, T., and Kandampully, J.（2017）"A triadic framework for collaborative consumption（CC）: Motives, activities and resources and capabilities of actors," *Journal of Business Research*, 79, 219–227.

Botsman, R., and Rogers, R.（2010）*What's Mine Is Yours: The Rise of Collaborative Consumption*, Harper Collins.

Chu, H., and Liao, S.（2007）"Exploring consumer resale behavior in C2C online auctions: Taxonomy and influences on consumer decisions," *Academy of Marketing Science Review*, 11（3）, 1–25.

Chu, H., and Liao, S.（2010）"Buying while expecting to sell: The economic psychology of online resale," *Journal of Business Research*, 63（9–10）, 1073–1078.

Dwyer, F. R., Schurr, P. H., and Oh, S.（1987）"Developing buyer-seller relationships," *Journal of Marketing*, 51（2）, 11–27.

Eckhardt, G. M., Houston, M. B., Jiang, B., Lamberton, C., Rindfleisch, A., and Zervas, G.（2019）"Marketing in the sharing economy," *Journal of Marketing*, 83（5）, 5–27.

gmi@hatena（2022）「ヒット曲『サビまで待てない』倍速消費，企業も走る」へのブックマークコメント（https://b.hatena.ne.jp/entry/4725180496608793635/comment/gmi）。

Hoffman, D. L., and Novak, T. P.（2018）"Consumer and object experience in the internet of things: An assemblage theory approach," *Journal of Consumer Research*, 44（6）, 1178–1204.

久保田進彦（2019）「ブランド戦略の変遷と課題」『宣伝会議』929, 14-17 頁。

久保田進彦（2020a）「消費環境の変化とリキッド消費の広がり——デジタル社会におけるブランド戦略にむけた基盤的検討」『マーケティングジャーナル』39（3）, 52–66 頁。

久保田進彦（2020b）「デジタル社会におけるブランド戦略——リキッド消費に基づく提案」『マーケティングジャーナル』39（3）, 67–79 頁。

久保田進彦（2022a）「消費の流動化尺度の開発」『青山経営論集』56（4）, 110–129 頁。

久保田進彦（2022b）「消費の流動化尺度の拡張と活用」『青山経営論集』56（4）, 132–170 頁。

Lawson, S. J.（2011）"Forsaking ownership: Three essays on non-ownership consumption and alternative forms of exchange"（https://diginole.lib.fsu.edu/islandora/object/fsu%3A254154）.

Lawson, S. J., Gleim, M. R., Perren, R., and Hwang, J.（2016）"Freedom from ownership: An exploration of access-based consumption," *Journal of Business Research*, 69（8）, 2615–2623.

Nissanoff, D.（2006）*Future Shop: How the New Auction Culture Will Revolutionize the Way We Buy, Sell, and Get the Things We Really Want*, Penguin Press.

Novak, T. P., and Hoffman, D. L.（2019）"Relationship journeys in the internet of things: A new framework for understanding interactions between consumers and smart objects," *Journal of the Academy of Marketing Science*, 47（2）, 216–237.

Swaminathan, V., Sorescu, A., Steenkamp, J. -B. E. M., O'Guinn, T. C. G., and Schmitt, B.（2020）"Branding in a hyperconnected world: Refocusing theories and rethinking boundaries," *Journal of Marketing*, 84（2）, 24–46.

山本晶（2021）「一時的所有行動に関する概念的検討」『マーケティングジャーナル』41（2）, 7–18頁。

■第8章

天野彬（2019）『SNS 変遷史──「いいね！」でつながる社会のゆくえ』イースト・プレス。

Arthur, C.（2006）"What is the 1% rule?"（https://www.theguardian.com/technology/2006/jul/20/guardianweeklytechnologysection2）.

Avery, J.（2019）*Glossier: Co-Creating a Cult Brand with Digital Community*, Harvard Business School.

Bagozzi, R. P.（2000）"On the concept of intentional social action in consumer behavior," *Journal of Consumer Research*, 27（3）, 388–396.

Berger, J.（2013）*Contagious: Why Things Catch On*, Simon and Schuster.（貫井佳子訳『なぜ「あれ」は流行るのか？──強力に「伝染」するクチコミはこう作る！』日本経済新聞出版社, 2013年）

Bickart, B., and Schindler, R. M.（2001）"Internet forums as influential sources of consumer information," *Journal of Interactive Marketing*, 15（3）, 31–40.

Choudary, S. P.（2015）"The rise of social graphs for businesses"（https://hbr.org/2015/02/the-rise-of-social-graphs-for-businesses）.

Hoffman, D. L., and Novak, T. P.（1996）"Marketing in hypermedia computer-mediated environments: Conceptual foundations," *Journal of Marketing*, 60（3）, 50–68.

Keller, E., and Fay, B.（2011）*The Face-To-Face Book: Why Real Relationships Rule in a Digital Marketplace*, Free Press.（澁谷覚・久保田進彦・須永努訳『フェイス・トゥ・フェイス・ブック──クチコミ・マーケティングの効果を最大限に高める秘訣』有斐閣, 2016年）

久保田進彦・澁谷覚・須永努（2022）『はじめてのマーケティング（新版）』有斐閣。

Küçük, M.（2010）"Lurking in Online Asynchronous Discussion," *Procedia: Social and Behavioral Sciences*, 2（2）, 2260–2263.

Lim, Y. -S., and Van Der Heide, B.（2015）"Evaluating the wisdom of strangers: The perceived credibility of online consumer reviews on yelp," *Journal of Computer-Mediated Communication*, 20（1）, 67–82.

Lovelock, C. H.（1975）*Southwest Airlines（C）*, Harvard Business School.

Moon, Y., and Quelch, J.（2003）*Starbucks: Delivering Customer Service*, Harvard Business School.

Nielsen, J.（2006）"The 90–9–1 rule for participation inequality in social media and online communities"（https://www.nngroup.com/articles/participation-inequality/）.

奥谷孝司・岩井琢磨（2022）『マーケティングの新しい基本』日経BP。

Pollitt, C.（2014）"Content curation and the interest graph: Delivering context to the consumer"（https://www.huffingtonpost.com/chad-pollitt/content-curation-and-the-_

b_4619375).

Rashad, M.（2012）"5 key components of a successful interest graph"（https://mashable. com/2012/02/21/interest-graph/#.pny4hd1puqE).

Rangan, V. K., Corsten, D., Higgins, M., and Schlesinger, L. A.（2021）"How direct-to-consumer brands can continue to grow," *Harvard Business Review*, 99（6）, 101-109

Reagans, R.（2011）"Close encounters: Analyzing how social similarity and propinquity contribute to strong network connections," *Organization Science*, 22（4）, 835-849.

佐々木康裕（2020）『D2C──「世界観」と「テクノロジー」で勝つブランド戦略』ニューズピックス。

Sharp, B.（2010）*How Brands Grow: What Marketers Don't Know*, Oxford University Press.（加藤巧監訳／前平譲二訳『ブランディングの科学──誰も知らないマーケティングの法則 11』朝日新聞出版，2018 年）

澁谷覚（2017）「知らない他者とのコミュニケーション──オフラインとオンラインにおけるインタレストグラフの役割」『マーケティングジャーナル』36（3），23-36 頁。

van Mierlo, T.（2014）"The 1% rule in four digital health social networks: An observational study," *Journal of Medical Internet Research*, 16（2）, e33.

■第 9 章

青木幸弘（2011）「ブランド研究における近年の展開──価値と関係性の問題を中心に」『商学研究』58（4），43-68 頁。

Argo, J. J., Popa, M., and Smith, M. C.（2010）"The sound of brands," *Journal of Marketing*, 74（4）, 97-109.

Brakus, J. J., Schmitt, B. H., and Zarantonello, L.（2009）"Brand experience: What is it? How is it measured? Does it affect loyalty?" *Journal of Marketing*, 73（3）, 52-68.

Brasel, S. A., and Gips, J.（2014）"Tablets, touchscreens, and touchpads: How varying touch interfaces trigger psychological ownership and endowment," *Journal of Consumer Psychology*, 24（2）, 226-233.

Choi, Y. K., and Taylor, C. R.（2014）"How do 3-dimensional images promote products on the internet?" *Journal of Business Research*, 67（10）, 2164-2170.

Collins, L.（1977）"A name to compare with a discussion of the naming of new brands," *European Journal of Marketing*, 11（5）, 337-363.

Crolic, C., Thomaz, F., Hadi, R., and Stephen, A. T.（2022）"Blame the bot: Anthropomorphism and anger in customer-chatbot interactions," *Journal of Marketing*, 86（1）, 132-148.

Elder, R. S., and Krishna, A.（2012）"The 'visual depiction effect' in advertising: Facilitating embodied mental simulation through product orientation," *Journal of Consumer Research*, 38（6）, 988-1003.

Gao, F., and Lan, X.（2020）"Sensory brand experience: Development and validation in the chinese context," *Frontiers in Psychology*, 11, 1436.

Ghosh, T., Sreejesh, S., and Dwivedi, Y. K.（2022）"Brand logos versus brand names: A comparison of the memory effects of textual and pictorial brand elements placed in computer games," *Journal of Business Research*, 147, 222-235.

Hepola, J., Karjaluoto, H., and Hintikka, A.（2017）"The effect of sensory brand experience and involvement on brand equity directly and indirectly through consumer brand engagement," *Journal of Product and Brand Management*, 26（3）, 282-293.

Ho, C., Jones, R., King, S., Murray, L., and Spence, C.（2013）"Multisensory augmented reality in the context of a retail clothing application," in K. Bronner, R. Hirt and C. Ringe eds., 《《(ABA)》》 *Audio Branding Academy Yearbook 2012/2013*, Nomos, 167–175.

Holbrook, M. B., and Hirschman, E. C.（1982）"The experiential aspects of consumption: Consumer fantasies, feelings, and fun," *Journal of Consumer Research*, 9（2）, 132–140.

堀内圭子（2001）『「快楽消費」の追究』白桃書房。

Knoeferle, K. M., Knoeferle, P., Velasco, C., and Spence, C.（2016）"Multisensory brand search: How the meaning of sounds guides consumers' visual attention," *Journal of Experimental Psychology: Applied*, 22（2）, 196–210.

Krishna, A.（2013）*Customer Sense: How the 5 Senses Influence Buying Behavior*, Palgrave Macmillan.（平木いくみ・石井裕明・外川拓訳『感覚マーケティング──顧客の五感が買い物にどのような影響を与えるのか』有斐閣，2016 年）

國田圭作（2022）「日用品ブランドのブランド経験とロイヤルティに関する考察──脱コモディティ化のための経験価値アプローチの可能性」『プロモーショナル・マーケティング研究』15, 7–28 頁。

Li, H., Daugherty, T., and Biocca, F.（2001）"Characteristics of virtual experience in electronic commerce: A protocol analysis," *Journal of Interactive Marketing*, 15（3）, 13–30.

Liberman, N., and Trope, Y.（2008）"The psychology of transcending the here and now," *Science*, 322, 1201–1205.

Lindstrom, Martin（2005）*Brand Sense: Build Powerful Brands through Touch, Taste, Smell, Sight, and Sound*, The Free Press.（ルディー和子訳『五感刺激のブランド戦略──消費者の理性的判断を超えた感情的な絆の力』ダイヤモンド社，2005 年）

Miao, F., Kozlenkova, I. V., Wang, H., Xie, T., and Palmatier, R. W.（2022）"An emerging theory of avatar marketing," *Journal of Marketing*, 86（1）, 67–90.

Motoki, K., and Togawa, T.（2022）"Multiple senses influencing healthy food preference," *Current Opinion in Behavioral Sciences*, 48, 101223.

Narumi, T., Nishizaka, S., Kajinami, T., Tanikawa, T., and Hirose, M.（2011）"Augmented reality flavors: Gustatory display based on edible marker and cross-modal interaction," *Proceedings of the SIGCHI Conference on Human Factors in Computing Systems*, 93–102.

恩蔵直人・亀井昭宏編（2002）『ブランド要素の戦略論理』早稲田大学出版部。

Park, J., Stoel, L., and Lennon, S. J.（2008）"Cognitive, affective and conative responses to visual simulation: The effects of rotation in online product presentation," *Journal of Consumer Behaviour*, 7（1）, 72–87.

Petit, O., Velasco, C., and Spence, C.（2019）"Digital sensory marketing: Integrating new technologies into multisensory online experience," *Journal of Interactive Marketing*, 45, 42–61.

Pina, R., and Dias, Á.（2021）"The influence of brand experiences on consumer-based brand equity," *Journal of Brand Management*, 28（2）, 99–115.

Ranasinghe, N., Jain, P., Karwita, S., and Do, E. Y.-L.（2017）"Virtual lemonade: Let's teleport your lemonade!" *Proceedings of the Eleventh International Conference on Tangible, Embedded, and Embodied Interaction*, 183–190.

Safeer, A. A., Yuanqiong, H., Abrar, M., Shabbir, R., and Rasheed, H. M. W.（2021）"Role of brand experience in predicting consumer loyalty," *Marketing Intelligence and Planning*, 39（8）, 1042–1057.

Schmitt, B. H.（1999）*Experiential Marketing: How to Get Customers to Sense, Feel, Think, Act, and Relate to Your Company and Brands*, The Free Press.（嶋村和恵・広瀬盛一訳

『経験価値マーケティング——消費者が「何か」を感じるプラス a の魅力』ダイヤモンド社，2000 年）

Schmitt, B. H., and Simonson, A.（1997）*Marketing Aesthetics: The Strategic Management of Brands*, The Free Press.（河野龍太訳『「エスセティクス」のマーケティング戦略——"感覚的経験" によるブランド・アイデンティティの戦略的管理』トッパン・プレンティスホール，1998 年）

Shahid, S., Paul, J., Gilal, F. G., and Ansari, S.（2022）"The role of sensory marketing and brand experience in building emotional attachment and brand loyalty in luxury retail stores," *Psychology and Marketing*, 39（7）, 1398–1412.

Shen, H., Zhang, M., and Krishna, A.（2016）"Computer interfaces and the 'direct-touch' effect: Can iPads increase the choice of hedonic food?" *Journal of Marketing Research*, 53（5）, 745–758.

白井明子・西川英彦（2017）「企業アバターの効果——ローソンクルー♪あきこちゃん」『マーケティングジャーナル』37（2）, 128–149 頁。

Spence, C., Obrist, M., Velasco, C., and Ranasinghe, N.（2017）"Digitizing the chemical senses: Possibilities and pitfalls," *International Journal of Human-Computer Studies*, 107, 62–74.

Stahl, G.（1964）"The marketing strategy of planned visual communications," *Journal of Marketing*, 28（1）, 7–11.

須田孝徳・石井裕明・外川拓・山岡隆志（2021）「デバイスの違いが消費者反応に及ぼす影響——解釈レベル理論による効果の検討」『マーケティングジャーナル』41（2）, 60–71 頁。

田中洋・三浦ふみ（2016）「『ブランド経験』概念の意義と展開」『マーケティングジャーナル』36（1）, 57–71 頁。

Wang, Y. J., Hong, S., and Lou, H.（2010）"Beautiful beyond useful? The role of web aesthetics," *Journal of Computer Information Systems*, 50（3）, 121–129.

■第 10 章

Acquisti, A., Taylor, C., and Wagman, L.（2016）"The economics of privacy," *Journal of Economic Literature*, 54（2）, 442–492.

AI 学会（2020）「AI 課題マップ」（https://www.ai-gakkai.or.jp/pdf/aimap/AIMap_JP_2020 0611.pdf）。

Baek, T. H., Yoo, C. Y., and Yoon, S.（2018）"Augment yourself through virtual mirror: The impact of self-viewing and narcissism on consumer responses," *International Journal of Advertising*, 37（3）, 421–439.

Chattaraman, V., Kwon, W. S., Gilbert, J. E., and Ross, K.（2019）"Should AI-based, conversational digital assistants employ social-or task-oriented interaction style? A task-competency and reciprocity perspective for older adults," *Computers in Human Behavior*, 90, 315–330.

Chen, L., Bolton, P., Holmström, B. R., Maskin, E., Pissarides, C. A., Spence, A. M., and Zhu, F.（2021）"Understanding big data: Data calculus in the digital era," *Luohan Academy*, Available at SSRN 3791018.

Crolic, C., Thomaz, F., Hadi, R., and Stephen, A. T.（2022）"Blame the bot: Anthropomorphism and anger in customer-chatbot interactions," *Journal of Marketing*, 86（1）, 132–148.

Dellaert, B. G., and Häubl, G.（2012）"Searching in choice mode: Consumer decision processes in product search with recommendations," *Journal of Marketing Research*, 49（2）, 277–288.

Diehl, K. (2005) "When two rights make a wrong: Searching too much in ordered environments," *Journal of Marketing Research*, 42 (3), 313–322.

Fitzsimons, G. J., and Lehmann, D. R. (2004) "Reactance to recommendations: When unsolicited advice yields contrary responses," *Marketing Science*, 23 (1), 82–94.

Go, E., and Sundar, S. S. (2019) "Humanizing chatbots: The effects of visual, identity and conversational cues on humanness perceptions," *Computers in Human Behavior*, 97, 304–316.

Goldberg, S. G., Johnson, G. A., and Shriver, S. (2022) "Regulating privacy online: An economic evaluation of the GDPR," *Marketing Science Institute Working Paper Series*, Report No. 22–125.

Goldfarb, A., and Tucker, C. (2012) "Shifts in privacy concerns," *American Economic Review*, 102 (3), 349–353.

Goodman, J. K., Broniarczyk, S. M., Griffin, J. G., and McAlister, L. (2013) "Help or hinder? when recommendation signage expands consideration sets and heightens decision difficulty," *Journal of Consumer Psychology*, 23 (2), 165–174.

Grewal, D., Hardesty, D. M., and Iyer, G. R. (2004) "The effects of buyer identification and purchase timing on consumers' perceptions of trust, price fairness, and repurchase, intentions," *Journal of Interactive Marketing*, 18 (4), 87–100.

博報堂ブランド・トランスフォーメーション（2022）「BX ラウンドテーブル『第7回 コミュニティ・前編』コミュニティはマーケティングを変えるのか？」（https://www.hakuhodo.co.jp/magazine/98764/）。

Haslam, N., Kashima, Y., Loughnan, S., Shi, J., and Suitner, C. (2008) "Subhuman, inhuman, and superhuman: Contrasting humans with nonhumans in three cultures," *Social Cognition*, 26 (2), 248–258.

Hatami, H., Hazan, E., Khan, H., and Rants, K. (2023) "A CEO's guide to the metaverse" (https://www.mckinsey.com/capabilities/growth-marketing-and-sales/our-insights/a-ceos-guide-to-the-metaverse).

Häubl, G., and Trifts, V. (2000) "Consumer decision making in online shopping environments: The effects of interactive decision aids," *Marketing Science*, 19 (1), 4–21.

Haws, K. L., and Bearden, W. O. (2006) "Dynamic pricing and consumer fairness, perceptions," *Journal of Consumer Research*, 33 (3), 304–311.

Hoffman, D. L., and Novak, T. P. (2018) "Consumer and object experience in the internet of things: An assemblage theory approach," *Journal of Consumer Research*, 44 (6), 1178–1204.

Ischen, C., Araujo, T., Voorveld, H., van Noort, G., and Smit, E. (2020) "Privacy concerns in chatbot interactions," in A. Følstad, T. Araujo, S. Papadopoulos, EL-C. Law, O-C. Granmo, E. Luger and P. B. Brandtzaeg eds., *Chatbot Research and Design: Third International Workshop, CONVERSATIONS 2019, Amsterdam, The Netherlands, November 19–20, 2019: Revised Selected Papers*, 34–48.

Johnson, G. A., Shriver, S. K., and Goldberg, S. G. (2023) "Privacy and market concentration: Intended and unintended consequences of the GDPR," *Management Science*, 4709.

Johnson, G. A., Shriver, S. K., and Du, S. (2020) "Consumer privacy choice in online advertising: Who opts out and at what cost to industry?" *Marketing Science*, 39 (1), 33–51.

Keller, A., Vogelsang, M., and Totzek, D. (2022) "How displaying price discounts can mitigate negative customer reactions to dynamic pricing," *Journal of Business Research*,

148, 277–291.

Kull, A. J., Romero, M., and Monahan, L. (2021) "How may I help you? Driving brand engagement through the warmth of an initial chatbot message," *Journal of Business Research*, 135, 840–850.

Kumar, V., Dixit, A., Javalgi, R. (Raj) G., and Dass, M. (2016) "Research framework, strategies, and applications of intelligent agent technologies (IATs) in marketing," *Journal of the Academy of Marketing Science*, 44 (1), 24–45.

國光宏尚 (2022)『メタバースと Web3』エムディエヌコーポレーション。

Lee, C. T., Pan, L. Y., and Hsieh, S. H. (2022) "Artificial intelligent chatbots as brand promoters: A two-stage structural equation modeling-artificial neural network approach," *Internet Research*, 32 (4), 1329–1356.

Loughnan, S., and Haslam, N. (2007) "Animals and androids: Implicit associations between social categories and nonhumans," *Psychological Science*, 18 (2), 116–121.

Luo, X., Tong, S., Fang, Z., and Qu, Z. (2019) "Frontiers: Machines vs. Humans: The impact of artificial intelligence chatbot disclosure on customer purchases," *Marketing Science*, 38 (6), 937–947.

松尾豊 (2015)『人工知能は人間を超えるか──ディープラーニングの先にあるもの』 KADOKAWA／中経出版。

Miao, F., Kozlenkova, I. V., Wang, H., Xie, T., and Palmatier, R. W. (2022) "An emerging theory of avatar marketing," *Journal of Marketing*, 86 (1), 67–90.

Mueller, A., Kuester, S., and Janda, S. V. (2022) "Off the mark: The influence of AI-induced errors on consumers," *Marketing Science Institute Working Paper Series*, Report No. 22-119, 1–47.

小畑陽一・菊池達也・仁藤玄 (2021)『ユーザー起点マーケティング実践ガイド』マイナビ出版。

Raisch, S., and Krakowski, S. (2021) "Artificial intelligence and management: The automation-augmentation paradox," *Academy of Management Review*, 46 (1), 192–210.

Ramon, Y., Vermeire, T., Martens, D., Evgeniou, T., and Toubia, O. (2021) "How should artificial intelligence explain itself? Understanding preferences for explanations generated by XAI algorithms," *Columbia Business School Research Paper*, 2139.

Riveiro, M., and Thill, S. (2021) "'That's (not) the output I expected!'On the role of end user expectations in creating explanations of AI systems," *Artificial Intelligence*, 298 (C), 103507.

Rudin, C., Chen, C., Chen, Z., Huang, H., Semenova, L., and Zhong, C. (2022) "Interpretable machine learning: Fundamental principles and 10 grand challenges," *Statistic Surveys*, 16, 1–85.

SANRIO (2023)「SANRIO virtual festival 2023 in Sanrio Puroland 公式サイト」(https://v-fes.sanrio.co.jp/)。

Schanke, S., Burtch, G., and Ray, G. (2021) "Estimating the impact of 'humanizing' customer service chatbots," *Information Systems Research*, 32 (3), 736–751.

Smink, A. R., Van Reijmersdal, E. A., Van Noort, G., and Neijens, P. C. (2020) "Shopping in augmented reality: The effects of spatial presence, personalization and intrusiveness on app and brand responses," *Journal of Business Research*, 118, 474–485.

Son, Y., and Oh, W. (2018) "Alexa, buy me a movie!: How AI speakers reshape digital content consumption and preference," *Thirty Ninth International Conference on Information Systems*, 1–17.

総務省（2021）「令和3年改正個人情報保護法について」。

Srinivasan, R., and Sarial-Abi, G. (2021) "When algorithms fail: Consumers' responses to brand harm crises caused by algorithm errors," *Journal of Marketing*, 85 (5), 74–91.

Sun, C., Shi, Z. J., Liu, X., Ghose, A., Li, X., and Xiong, F. (2021) "The effect of voice AI on consumer purchase and search behavior," *Marketing Science Institute Working Paper Series*, Report No. 21–114.

Swaminathan, V., Sorescu, A., Steenkamp, J.-B. E. M., O'Guinn, T. C. G., and Schmitt, B. (2020) "Branding in a hyperconnected world: Refocusing theories and rethinking boundaries," *Journal of Marketing*, 84 (2), 24–46.

田中洋（2017）『ブランド戦略論』有斐閣。

Tong, S., Jia, N., Luo, X., and Fang, Z. (2021) "The janus face of artificial intelligence feedback: Deployment versus disclosure effects on employee performance," *Strategic Management Journal*, 42 (9), 1600–1631.

Tucker, C. E. (2014) "Social networks, personalized advertising, and privacy controls," *Journal of Marketing Research*, 51 (5), 546–562.

Van den Broeck, E., Zarouali, B., and Poels, K. (2019) "Chatbot advertising effectiveness: When does the message get through?" *Computers in Human Behavior*, 98, 150–157.

Yim, M. Y.-C., and Park, S.-Y. (2019) "'I am not satisfied with my body, so I like augmented reality (AR)': Consumer responses to AR-based product presentations," *Journal of Business Research*, 100, 581–589.

Youn, S., and Jin, S. V. (2021) "'In A. I. We trust?' The effects of parasocial interaction and technopian versus luddite ideological views on chatbot-based customer relationship management in the emerging'feeling economy'," *Computers in Human Behavior*, 119, 106721.

Zierau, N., Hildebrand, C., Bergner, A., Busquet, F., Schmitt, A., and Leimeister, J. M. (2022) "Voice bots on the frontline: Voice-based interfaces enhance flow-like consumer experiences and boost service outcomes," *Journal of the Academy of Marketing Science*, 51 (4), 823–842.

■第11章

自動運転LABホームページ（n.d.）(https://jidounten-lab.com)。

桂木洋二（2006）『欧州日・自動車メーカー興亡史』グランプリ出版。

中島順一郎（2020）「テスラvs.トヨタ――最強自動車メーカーはどっちだ？」(https://toyokeizai.net/articles/-/572250)『東洋経済ONLINE』東洋経済新報社。

日本経済新聞（2022）「テスラ『仮想発電所』を拡大――太陽光・蓄電池，一括で制御　電力需給調整を効率化」(12月17日付)

日本経済新聞（2023）「トヨタ，稼ぐ力に陰り　供給網の維持重荷――4～12月の純利益，テスラが猛追」(2月10日付)

週刊エコノミスト編集部（2020）「もうかるEV（電気自動車），電池，モーター」『週刊エコノミスト』2020年12月8日号，毎日新聞出版。

高田敦史・田中洋（2017）「自動車業界におけるラグジュアリー戦略」『マーケティングジャーナル』36（3），52-70頁。

テスラジャパンホームページ（n.d.）(https://tesla.com/ja_jp)。

吉田真帆（2021）「テスラから学ぶ『新時代のマーケティング戦略』――SNS，リファラル，デ・マーケティング，デジタル購買」(https://www.infocubic.co.jp/blog/archives/11335/)。

事 項 索 引

人名・組織名・ブランド名索引

デジタル時代のブランド戦略

Brand Strategy in the Digital Age

2023 年 11 月 30 日　初版第 1 刷発行

編　者	田中　洋
発行者	江草貞治
発行所	株式会社有斐閣
	〒101-0051 東京都千代田区神田神保町 2-17
	https://www.yuhikaku.co.jp/
装　丁	宮川和夫事務所
印　刷	株式会社理想社
製　本	牧製本印刷株式会社
装丁印刷	株式会社亨有堂印刷所